Arme Roma, böse Zigeuner

Norbert Mappes-Niediek

Arme Roma, böse Zigeuner

Was an den Vorurteilen über die Zuwanderer stimmt

Ch. Links Verlag, Berlin

Die Deutsche Nationalbibliothek verzeichnet diese Publikation
in der Deutschen Nationalbibliografie; detaillierte bibliografische
Daten sind im Internet über www.dnb.de abrufbar.

2., durchgesehene Auflage, Oktober 2012
© Christoph Links Verlag GmbH, 2012
Schönhauser Allee 36, 10435 Berlin, Tel.: (030) 44 02 32-0
www.christoph-links-verlag.de; mail@christoph-links-verlag.de
Umschlagfoto und -gestaltung: Burkhard Neie, www.blackpen.xix-berlin.de
Satz: typegerecht berlin
Druck und Bindung: Druckerei F. Pustet, Regensburg

ISBN 978-3-86153-684-0

Inhalt

Auf einen Schelmen anderthalbe

»Eure Journalisten, eure Fotografen und manche eurer Schriftsteller beuten uns nach Strich und Faden aus. Sie legen sich die Dinge sogar zurecht, damit sie ihr Publikum besser unterhalten und mehr Geld verdienen können. Sie bereichern sich auf unsere Kosten und belassen uns in unserem Unglück, verschlimmern es oft sogar noch. Deshalb habe ich mein ganzes Leben lang auch nie jemandem etwas erzählt. Wir denken alle so, und deshalb binden wir ihnen, wenn sie allzu sehr darauf bestehen, einen Bären auf und lachen uns ins Fäustchen, wenn die großen Dummköpfe das alles aufschreiben. Auf einen Schelmen anderthalbe setzen: Das ist unsere Rache.«

Zanko Paleşti

Was läuft falsch?

Sie begegnen einem flüchtig als Bettlerinnen in langen Röcken oder wenn sie einem Schmutzwasser auf die Windschutzscheibe schütten und dafür einen Euro haben wollen. Man weiß nicht viel von ihnen. In den öden Landschaften aus Bahngleisen, Schnellstraßen und LKW-Parks am Rande von Lyon oder Mailand fliegen bei der Fahrt im Zug kleine Hüttensiedlungen vorbei, von denen man sich nicht vorstellen kann, dass da wirklich jemand wohnt. »Das sind Sinti und Roma«, raunt man einander zu. »Aus Bulgarien und Rumänien.« Aber man weiß auch das nicht wirklich, und es stimmt auch nicht: Es sind Roma, keine Sinti, und sie kommen aus allen möglichen Ländern in Mittel- und Südosteuropa, teils als EU-Bürger, teils als Asylbewerber, manchmal einfach so.

Im Niemandsland zwischen irritierender Alltagserfahrung und bruchstückhaftem historischem Wissen gedeiht üppig ein gedankliches und gefühlsmäßiges Unkraut. Sie stehlen und sind arbeitsscheu, behaupten die einen. Sie machen gute Musik und wurden jahrhundertelang verfolgt, erwidern die anderen. Beides widerspricht sich streng genommen nicht. Aber wenn es um Roma geht, hat das Aneinander-vorbei-Reden Methode. Sie sollen eine Minderheit sein und damit den Maßstäben und den Entscheidungen der Mehrheit wenigstens zum Teil entzogen bleiben. Aber niemand kann erklären, was sie eigentlich so grundsätzlich von anderen Menschen unterscheidet. Sind sie eine eigene Nation? Wollen, sollen sie sich anpassen? Wie geht man »korrekt« mit ihnen um? Sind die Roma ein Problem? Oder haben sie eines?

Behörden wissen nicht, ob sie den rätselhaften Wesen helfen müssen oder ob sie sie loswerden können. Politik und öffentliche

Meinung schwanken zwischen Abschiebungsphantasien und diffusen Wünschen nach Integration.

Die Überzeugungen und Konzepte der Parteien und politischen Strömungen scheitern allesamt an den Roma aus Südosteuropa. Mit der ordnungspolitischen Strenge der Konservativen kann man die Gefängnisse füllen und den Armuts-Zuwanderern ihre Familien zerschlagen. Spürt man ein verwahrlostes Kind auf und nimmt es der Mutter weg, so provoziert man nur Leid, keine Besserung. Auch die beliebten strengen Grenzkontrollen funktionieren nicht, denn ein Dasein am Rande der Gesellschaft kann man auch ohne Papiere führen. Sozialisten müssen die schmerzliche Erfahrung machen, dass die Roma meistens wenig Aufstiegsorientierung und Bildungshunger zeigen. Statt ihr Leben auf eine unsichere Arbeitskarriere zuzurichten und dann mit ihrer Gewerkschaft für bessere Löhne zu kämpfen, vertrauen die meisten lieber ihren familiären Netzwerken. Liberale schließlich erleben ihr Freiheitspathos und ihr Lob der Vielfalt an den Roma als bösen Spott. Niemand wählt ein Leben im Elend freiwillig, keiner bettelt aus Berufung. Und mangels Kaufkraft nimmt kein Markt sie wahr.

Für die europäischen Institutionen sind die Roma eine »transnationale« oder »europäische Minderheit«. Vor allem den Osteuropäern wollen sie beibringen, dass sie die Roma in ihrer Eigenheit, ihrer Identität zu respektieren haben und dass sie ihnen gleiche Chancen einräumen müssen – und als Kompensation für ihre Diskriminierung vorübergehend sogar bessere. Arm sind die Roma nur, weil man sie als Volk verachtet und ausgrenzt: das ist die Annahme dahinter, und wenn die Mehrheit ihre Haltung ändert, glaubt man in Europa, wird das Problem sich schon lösen. Das ist aber eine fromme Lüge.

Arm sind die Roma in Wirklichkeit aus exakt demselben Grund, aus dem auch viele Nicht-Roma in Ost- und Südosteuropa arm sind: Es fehlt an bezahlter Arbeit. Die Beschäftigungsrate ist überall in der Region in den letzten zwanzig Jahren bis auf etwa die Hälfte zurückgegangen. Am stärksten war der Schwund bei den minderqualifizierten, den typischen Roma-Jobs. Nicht Ausgrenzung wie im Westen war in Osteuropa historisch das Problem der

Roma, sondern ihre niedrige soziale Stellung. Fragt man die Menschen in den Elendssiedlungen Ungarns, Rumäniens oder Serbiens nach ihrem Leben, so erfährt man, dass so gut wie alle jenseits der vierzig früher einen festen Job hatten. Mittlerweile träumen sie nicht einmal mehr davon. Auch in den Slums sind viele erst gelandet, nachdem sie für ihre Wohnungen die Miete nicht mehr bezahlen konnten.

Statt die Armut zu bekämpfen, betreiben die EU und die europäischen Staaten für die Roma Minderheitenpolitik. Natürlich sind Roma auch »anders«, verfügen über eine besondere Kultur, pflegen bestimmte Werte und Bräuche. Aber »anders«, anders als die Mehrheit der Franzosen, Briten oder Deutschen, sind auch die Nordafrikaner in der Banlieue von Paris, die Pakistanis in London und die Türken in Berlin, ohne dass die kulturelle Differenz eine besondere Minderheitenpolitik nötig machen würde. Alle sollen unabhängig von ihrer Herkunft in gleichem Maße an allem teilhaben können, das ist das neue Prinzip.

Was uns Roma-typisch vorkommt, ist in Wirklichkeit oft einfach Balkan-typisch. Die Armut der Roma jedenfalls lässt sich mit ihrer Kultur nicht erklären. Zehntausende Gastarbeiter-Roma aus Jugoslawien leben schon seit den 1960er und 1970er Jahren unerkannt und unauffällig in Mittel- oder Westeuropa. Dass sie sich nicht zu erkennen geben, ist ein trauriges Zeichen dafür, dass es noch immer viele Vorurteile gibt. Dass sie sich aber so mühelos verstecken können, ist der Beweis, dass ihre Kultur eben nicht das Problem ist.

Weil das so ist, hilft Minderheitenpolitik auch nicht gegen die Armut. Die Roma haben nichts, das sie »autonom« unter einander verteilen könnten. Es gibt viele familiäre und örtliche Gemeinschaften und auch ein vages Gemeinschaftsgefühl von Roma über die Grenzen hinweg, aber es gibt keine organisierte Roma-Gesellschaft und auch keinen Grund, eine solche zu entwickeln. Trotzdem wird – teils bewusst, teils unbewusst – fleißig daran gearbeitet – mit dem Versuch, eine »Roma-Elite« zu schaffen, und mit unzähligen Projekten, die von Stiftungen und internationalen Organisationen gefördert werden. Hervorgebracht haben sie eine

»Gypsy industry« aus Nichtregierungsorganisationen, die oft nur aus ihrem Vorsitzenden und dessen Bankkonto bestehen und deren Know-how sich im Schreiben von Projektanträgen erschöpft. Den Roma in ihren Slums nützt das Treiben höchstens einmal punktuell; ihre soziale Lage hat sich seit dem Aufblühen der Projektkultur um die Jahrtausendwende eher noch verschlechtert. Wenn Fonds mehr oder weniger ausdrücklich nur für Roma bereitgestellt werden, schafft das in den verelendeten Regionen des Balkan überdies noch Neid und böses Blut.

Als »Roma-Problem« lassen sich die Probleme der Roma und die Probleme mit ihnen nicht lösen. Wenn etwas besser werden soll, müssen die Probleme zunächst bei ihrem richtigen Namen genannt werden. Sie heißen Armut, Arbeitslosigkeit, Bildungsmisere oder unterfinanziertes Gesundheitswesen. Sie zu lösen ist teurer und weniger bequem als die Gründung und Finanzierung eines weiteren Roma-Beirats. Westeuropa braucht eine Modernisierung von Bildungswesen und Verwaltung, Osteuropa zusätzlich ein Infrastrukturprogramm, nicht nur wegen der Roma. Aber wenn wir uns den nötigen Reformen nicht stellen, bleibt auch die große europäische Strategie zur Emanzipation der Roma bloß billige Heuchelei.

Die Ökonomie der Armut

oder: Warum kommen sie aus dem Elend nicht heraus?

Nicht einmal in Pata-Rât sind alle gleich. Gabriel, ein Mann in den Vierzigern, kann sich an Geschäftigkeit und Initiativgeist mit jedem Manager messen. Seine Sätze leitet der kräftige, kompakte Mann mit einem Lachen ein, und wenn er erzählt, rudert er mit den Armen. Seinem kleinen Häuschen hat er eine Veranda vorgebaut und sie mit hellroten Kacheln selbst verfliest. Ankommendes Gut checkt er wie ein Schnäppchenjäger, und sein besonderer Stolz ist eine kleine, nicht ganz passende Einbauküche mit glänzenden Schränken und Schubladen. Aber es gibt natürlich auch andere. Elena zum Beispiel, einer dürren Frau von 52 Jahren, steht das Elend ins Gesicht geschrieben. Sie spricht leise und kraftlos und ist zu schüchtern, ihrem Gesprächspartner in die Augen zu blicken. Meistens steht sie allein vor ihrer Hütte, die mit Brettern notdürftig zusammengenagelt ist, und raucht.

Wie alle Leute in den Hütten der kleinen Siedlung an der Müllkippe von Cluj sammeln Elena und Gabriel, was die Städter nicht mehr gebrauchen können. In Pata-Rât leben »Müllmenschen«, wie solche Leute in Reportagen aus Rio de Janeiro oder Buenos Aires doppeldeutig genannt werden. Hält ein Müllwagen an der Sperre vor dem Eingang zur Kippe, klettern als erste die Kinder hinauf und durchwühlen die Ladung, noch bevor der Fahrer sein Ziel erreicht hat und den Abfall auskippt. In der Siedlung, an den Hang einer zugeschütteten Müllhalde gebaut, stehen Hütten aus Holz, Presspappe und Kunststoffplatten. Das Regenwasser bahnt sich seinen Weg durch die Pfade zwischen den Hütten, aber auch zwischen den Platten auf den Dächern. Man geht in Gummistiefeln oder barfuß; alles andere ist sinnlos.

»Die große Armut in der Stadt kommt von der großen Power-teh her«, lässt der Dichter Fritz Reuter einen seiner Romanhelden sagen, wo seine Leser im 19. Jahrhundert doch wussten, dass *pauvreté* nur das französische Wort für Armut ist. Analytisch kann der Spruch nicht recht überzeugen. Aber er gibt die Alltagserfahrung der Leute aus Pata-Rât präzise wieder. Wer arm ist, muss für alles teurer bezahlen. Besonders gefragt sind auf der Müllkippe die Flaschen, denn in der Stadt gibt es jemanden, der sie einem abkauft. Über den Erfolg bei dem Geschäft entscheidet die Transportkapazität. Einige hier haben kleine Handwagen. Gabriel hat ein Auto, zwar mit entwertetem Kennzeichen, aber fahrbereit. Elena dagegen muss alles in Taschen in die Stadt tragen. Nur wer fahren kann, kann mit dem Sammeln Geld verdienen. Je mehr man hat, desto billiger wird das Leben. Nur wer Strom hat, kann zum Beispiel mit einer Tiefkühltruhe etwas anfangen, und wer eine Tiefkühltruhe hat, kann abgelaufene Ware aus dem Container hinter dem Supermarkt einlagern. In Pata-Rât holen sich manche den Strom aus Autobatterien von der Müllkippe, was schon zu Bränden geführt hat. An reguläre Stromversorgung oder an ein ordnungsgemäß angemeldetes Auto, gar an einen Führerschein, kommt man nicht ohne Geld. Bei der Kleidung ist das größte Problem, dass man sie im Winter nicht trocknen kann. Wäscht man sie trotzdem, wird man krank, und wäscht man sie nicht, dann stinkt man, und alle gehen einem aus dem Wege. Wer auf der Leiter nach oben hinaus will aus dem Loch, tut gut daran, auch auf die morschen Sprossen der Illegalität zu steigen. Gabriel hat schon mehrere Gefängnisstrafen abgesessen. Aber in Pata-Rât ist Gabriel der Erfolgreichste. Die hier wohnen, nennen den Ort Dallas, wohl weil es hier ähnlich unsentimental zugeht wie in der Ölmetropole.

Roma sind meistens arm. In Rumänien und Bulgarien leben knapp 80 Prozent von ihnen mit einem Einkommen von weniger als 4,30 US-Dollar pro Tag, in Ungarn sind es 40 Prozent. Unter Roma-Männern zwischen 15 und 64 Jahren hat in Ungarn nicht einmal jeder Dritte ein noch so geringes Arbeitseinkommen, bei den Frauen ist es nur ein Sechstel. Dass unter Roma große und teils extreme Armut herrscht, wird nirgendwo in Europa bestritten. Warum es aber auch mit einer »Roma-Dekade«, mit vielen nationalen »Aktionsplänen« und einem Fokus der Europäischen Union einfach nicht besser werden will, ist Gegenstand einer großen Ost-West-Kontroverse. Im Osten schiebt man das Problem auf das Verhalten und die Kultur der Roma, die nicht arbeiten wollen, ihre Kinder nicht zur Schule schicken, alles Geld immer gleich wieder ausgeben und zu viel trinken. Im Westen schiebt man es auf die Diskriminierung durch rassistische Spießer. An beidem ist etwas dran. Aber in der Substanz des Arguments ist beides falsch.

Integration auf Kommunistisch

Der Bukarester Soziologe Cătălin Zamfir, Jahrgang 1941, steht für die östliche Sicht. Er hat nach dem Ende des Ceaușescu-Regimes gemeinsam mit seiner Frau Elena die erste große Studie zur Situation der Roma in Rumänien erstellt. Eigentlich hätte die Untersuchung in ein nationales Programm münden sollen. Daraus wurde nichts. »Schuld«, sagt Zamfir zwanzig Jahre später, »war zum einen die Wirtschaft: Es gab einfach kein Geld.« Genauso schuld sei aber die westliche Politik gewesen, die die vorhandenen Hilfsgelder falsch eingesetzt habe – zum Schutz vor Diskriminierung nämlich. Den Mund habe er sich seinerzeit fusselig geredet in einer Expertenrunde aus Soziologen, Anthropologen und Politikern beim Europarat. Während die aus dem Osten auf die wirtschaftliche und soziale Situation der Roma verwiesen hätten, sei es denen aus dem Westen immer nur um den Kampf gegen Diskriminierung gegangen. Cătălin Zamfir ist kein Zigeunerhasser, im Gegenteil, und er ist auch nicht der Meinung, dass man Roma ruhig diskriminieren dürfe. Er glaubt nur, die Diskriminierung sei die Folge der sozialen Situation. Im Westen glaubt man meistens, es sei genau umgekehrt. »Ich habe natürlich nichts gegen die Anerkennung der Roma, die sie im Westen immer fordern«, sagt Zamfir. »Bloß hilft sie nicht.«

Wie Zamfir denken in Osteuropa die meisten, gleich ob sie die Roma hassen oder ob sie ihnen leidtun. Die Unterstellung, man jage und quäle die Roma, spielt unter den vielen emotionalen

Kränkungen, die Osteuropäer seit der Wende um das Jahr 1990 von Westlern hinnehmen müssen, eine herausragende Rolle. Die einfachen Gemüter machen meistens geltend, dass die Roma schließlich selbst schuld seien und dass alle, die da so gescheit mit Menschenrechten herumfuchteln, doch mal selbst Tür an Tür mit diesen Zigeunern leben sollten – wie die Frau aus dem ungarischen Gyöngyöspata, der jemand in zwei Jahren zwei Hühner gestohlen hatte und die meint, man solle die Roma aus ihrem Dorf doch bitte bei den letzten drei ungarischen Premierministern einquartieren. Das ist die böse Variante, mit der man leicht fertig werden kann. Cătălin Zamfir denkt so nicht, aber auf westliche Feldzüge gegen die Diskriminierung der Roma in Osteuropa reagiert er genauso allergisch. Er verweist darauf, dass die Roma heute »komplett aus dem System ausgeschlossen« seien. Um Diskriminierung erleiden zu können, müssten sie mit Menschen außerhalb ihres Elendsviertels erst einmal in Kontakt kommen. Für viele gut gemeinte Initiativen hat Zamfir nur Spott übrig – etwa für ein großes Forschungsprogramm gegen Mobbing am Arbeitsplatz. Ob das denn wohl schlimmer sei, als mangels Job gar nicht gemobbt werden zu können? Oder die ewige Parole, die Roma sollten sich doch zusammensetzen und diskutieren: »Schön. Aber was, bitte?«

Wenn Zamfir von dem »System« spricht, von dem die Roma ausgeschlossen sind, dann meint er vordergründig den Arbeitsmarkt. Aber der eigentlich Schuldige ist für ihn der Kapitalismus. Der Professor ist Mitglied der Rumänischen Akademie der Wissenschaften und damit eine Säule der postkommunistischen Geisteswelt. Und Zamfir hat gute Argumente. 1990, nach dem Sturz des Diktators, gab es in Rumänien noch 8,4 Millionen Arbeitsplätze. Heute sind es vier Millionen. Nicht alle Arbeitslosen und Emigranten von heute sind Roma, aber fast alle Roma sind arbeitslos oder gehen ins Ausland. Die Roma waren die ersten, die entlassen wurden. Nicht oder nicht vorrangig wegen der Vorurteile der anderen, so Zamfir, sondern weil sie schlechter ausgebildet und mehrheitlich überhaupt erst auf dem Wege waren, sich an den modernen Lebensstil anzupassen. Die offizielle Politik der Kommunisten sei zwar auf »ethnische Homogenisierung« und »Assimilation« angelegt gewesen. In Sachen Armutsbekämpfung sei sie aber nicht ohne Erfolg geblieben. »In den Sechziger- und Siebzigerjahren«, sagt Zamfir auf der soliden Basis einer Untersuchung von über 3000 Haushalten, »hatten die Roma eine bessere Ausbildung und bessere Jobs als heute.« Mit dem Ausschluss aus dem System seien sie dann notgedrungen in die Solidarität ihrer Familienclans, in die Dörfer und in primitive Landwirtschaft zurückgekehrt. Die Geburtenrate stieg wieder stark an. »Die Bildung«, habe er sich Anfang der Neunzigerjahre noch gedacht, »die bleibt doch wenigstens! Die kann man nicht zerstören!« Aber selbst da, sagt Zamfir bitter, habe er sich eines Besseren belehren lassen müssen. »Man muss einfach nur die Buslinie einstellen, dann können die Kinder nicht mehr zur Schule fahren. So einfach ist das.«

Tatsächlich waren die allermeisten Roma in kommunistischer Zeit nicht nur in Rumänien ins Arbeitsleben integriert. Werksbusse fuhren über Land und holten die arbeitsfähigen Roma in die Fabriken, wo sie anfangs den Hof fegten und später dann an den Maschinen eingesetzt wurden. Produktive Arbeit war ein Recht, aber auch eine Pflicht. Wie alle anderen sollten die Roma Teil des »werktätigen Volkes« werden; die traditionellen, wenig produktiven Handwerke und erst recht der Handel, auch der Kleinhandel, und die Herumreiserei waren den Kommunisten suspekt. Was sie an überkommener Lebensweise antrafen, würde sich mit der Zeit geben, dachten die Kommunisten. Würden die »Lumpenproletarier« erst an regelmäßige Arbeit gewöhnt, so würden sie auch ihre ungewöhnlichen Verhaltensweisen ändern, an festen Orten wohnen und sich um einen Platz im Reihenhaus bewerben, die Kinder in den Kindergarten geben und überhaupt das Leben eines anständigen Werktätigen führen. Wo das richtige Bewusstsein sich nicht rasch genug einstellte, wurde nachgeholfen, in Ungarn und Rumänien etwa mit der Beschlagnahme und Zerstörung von Pferdewagen. In der Tschechoslowakei unternahm die Partei Mitte der Sechzigerjahre den Versuch, die großen Roma-Ghettos im slowakischen Osten aufzulösen und die Bewohner in den tschechischen Westen umzusiedeln. In keiner Gemeinde sollte der Roma-Anteil über fünf Prozent liegen.

Die Strategie erreichte, was sie erreichen sollte. Noch 1960 waren etwa in Ungarn 35 Prozent der Roma ohne ordentliches Beschäftigungsverhältnis, und weitere 32 Prozent waren bloß Gelegenheitsarbeiter. Zwanzig Jahre später gab es so gut wie keine beschäftigungslosen Roma mehr. Der Anteil der Gelegenheitsarbeiter war auf 15 Prozent geschrumpft, und die übrigen 85 Prozent hatten einen permanenten Job. In der Folge glichen sich auch die Lebensverhältnisse rasch einander an. Was die Versorgung mit Kühlschränken, Fernsehapparaten und Autos angeht, begann die Lücke zwischen Minderheit und Mehrheit sich zu schließen.

Die »samtene Revolution« kommt mit der Scheuerbürste

Gemeinsam ist Kommunisten und Postkommunisten in Osteuropa die Überzeugung, dass die tiefere Ursache der Armut und der sozialen Randstellung der Roma ihr überkommenes Verhalten ist. Zu sozialistischer Zeit unterzog sich die Partei der Aufgabe, die unordentlichen Roma zu ordentlichen Proletariern zu erziehen. Wenn es nicht vollständig gelang, dann nur, weil die »samtene Revolution« um das Jahr 1990 das Projekt jäh unterbrochen hat. Heute dagegen ist jeder seines Glückes Schmied, so die allgemeine Überzeugung. Wer nicht will, der hat schon. Bei einer Bevölkerung, der nichts geschenkt wird, kommen Hilfsprogramme für angebliche Arbeits- und Schulverweigerer, Kleinkriminelle, Verschwender und Alkoholiker nicht gut an.

Für die Roma kam die »samtene Revolution« mit der Scheuerbürste; der Trend zur Integration kehrte sich in allen mittel- und osteuropäischen Ländern augenblicklich um. Wo die Hälfte der Arbeitsplätze wegfiel, braucht es nicht viel Phantasie, sich vorzustellen, warum unter den vielen Betroffenen auch so gut wie alle Roma zu finden waren. Sie hatten die schlechtesten Jobs und die schwächste Stellung bei den Betriebsführungen. Sie waren noch immer am schlechtesten ausgebildet. Als die Wirtschaft sich langsam wieder zu erholen begann, tat sie es ohne die Roma. Sie hatten schon vor dem Kommunismus nichts besessen und gingen bei der

Rückerstattung von Grund und Boden ebenso wie bei Privatisierungen entsprechend leer aus. Bildung war in der Marktwirtschaft noch wichtiger als im Sozialismus. Was die meisten Roma davon mitbekommen hatten, reichte nicht aus. Zu allem Überfluss feierte, als bezahlte Arbeit knapp wurde, überall die persönliche Patronage fröhliche Urständ; auch dabei fiel für die Roma nichts ab. Was dann noch an Erklärungsbedarf bleibt, mag man mit ethnischer oder »rassischer« Diskriminierung auffüllen. Mit mehr gesellschaftlicher Anerkennung und mehr Wertschätzung für Roma, wie EU und Europarat sie für die osteuropäischen Roma forderten, hätten aber wohl höchstens einer oder zwei von hundert Roma ihren alten Arbeitsplatz behalten. Stattdessen hätte man dann einen oder zwei Rumänen entlassen. Nur im Westen fragt man sich, warum im »letzten Wagen« der Gesellschaft lauter Roma sitzen. Im Osten fragt man sich dagegen, warum der letzte Wagen unbedingt abgekoppelt werden muss.

Cătălin Zamfir urteilt ausgewogen. In der rumänischen Provinz hört sich das ganz anders an. »Die Zigeuner werden hier nicht diskriminiert«, behauptet mit zusammengekniffenen Augen Ina Voinea, Chefredakteurin der *Gazeta de Sud* in Craiova, die eine romafeindliche Kampagne nach der anderen fährt. »Und wenn es doch Diskriminierung gibt, dann höchstens eine positive.« Dass Roma gar nicht benachteiligt, sondern im Gegenteil bevorteilt würden, kann man von vielen Ungarn, Slowaken, Rumänen und Bulgaren hören. Das ist natürlich nicht wahr. In Wirklichkeit hat in den genannten Ländern niemand, der nach Roma »riecht«, so aussieht, der eine einschlägige Adresse vorweist oder einen entsprechenden Namen trägt, auf dem privaten Arbeitsmarkt eine Chance. Roma werden auch für Hilfstätigkeiten nicht eingestellt. Man rühmt sich, für Zigeuner einen scharfen Blick zu haben; auch blonde Haare und blaue Augen nützen da nichts. Der stillen Übereinkunft schließen sich sogar große Unternehmen an, wie die Tochter des US-Konzerns Bechtel, die für den Autobahnbau jede Menge Hilfsarbeiter brauchte. Eine Beschäftigungszusage wurde zwar verkündet, dann aber nicht eingehalten; man will keinen Ärger mit dem Stammpersonal. Im slowakischen Filákovo arbeiteten vor der Wende Hunderte Roma im Stahlwerk. Sie leben noch heute in den Wohnblocks ringsum; seit das Werk an US Steel verkauft wurde, ist kein einziger von ihnen mehr dort beschäftigt. Aus der Slowakei sind etliche Fälle dokumentiert, dass Roma in Kneipen gesonderte, besonders kahle und primitive Räume zugewiesen bekommen – wie im Apartheid-Regime in Südafrika. Die einen kriegen ihr Bier in Gläsern, die anderen in Joghurtbechern. Nachrichten über Mauern, mit denen in Tschechien, der Slowakei und Rumänien Roma-Viertel von den Wohngebieten der »Weißen« abgeteilt werden, erregen mit schöner Regelmäßigkeit die liberale Öffentlichkeit im Westen, ebenso wie etwa das »Herumstehverbot«, das der Bürgermeister des tschechischen Rotava mit Blick auf die Roma in seiner Gemeinde erließ. Dass Roma sterilisiert werden sollten, damit sie sich nicht »wie die Karnickel« vermehren, ist vor allem in der Slowakei und in Ungarn eine Überzeugung, die viele ganz selbstverständlich und ohne besonderen Hass vortragen. Sogar dass »alle vergast« gehören, kann man mitunter hören.

Die Osteuropäer und ihre Roma

Diskriminierung und öffentliche Herabwürdigung von Roma waren schon zu sozialistischer Zeit üblich. Die Strategie, die Außenseiter in rechtschaffene Angehörige des werktätigen Volkes zu verwandeln, machte die Roma zu Objekten der Pädagogik, zu Kindern, und rief das Mehrheitsvolk in die Lehrerrolle. Wer von den kommunistischen Behörden belehrt, geschurigelt und zu Bekenntnissen gezwungen wurde, konnte seinen Ärger darüber nach unten weitergeben. In ungarischen Dörfern erschien im Jahrestakt die Armee und führte kollektive Waschaktionen durch: Männer, Frauen und Kinder mussten sich unter den Augen der Soldaten mal so richtig sauber schrubben – eine öffentliche Erniedrigung, die auf der einen Seite so empfunden und auf der anderen genau so gemeint war. In der sozialistischen Tschechoslowakei schließlich wurde Roma-Frauen sogar Geld angeboten, damit sie sich sterilisieren ließen. Noch am liberalsten war der Umgang mit Roma eigenartigerweise in der stalinistischen Phase. Schüchterne Versuche zu einer kulturellen Emanzipation der Roma, wie eigene Klubs, Theater, Interessenvertretungen, wichen in den Ländern des Ostblocks, in der Tschechoslowakei ebenso wie in Polen, der Sowjetunion, Ungarn und Rumänien, ab Mitte der Fünfzigerjahre einer rigorosen Assimilierungspolitik. In Bulgarien schlossen die Kommunisten alle Roma-Einrichtungen. Meist Muslime wie die Türken, mussten sie sogar ihre Namen gegen slawische eintauschen. In Rumänien wurden die Roma öffentlich totgeschwiegen und unter den »mitwohnenden Nationalitäten« wie den Ungarn oder Deutschen nicht aufgezählt. »Diskriminierung« war das im eigentlichen Sinne des Wortes nicht; die Roma sollten von allen anderen eben nicht »diskriminiert«, also unterschieden werden. Aber wie so oft ließ sich im Schutz proklamierter Gleichheit besonders effizient diskriminieren.

Trotz des eindeutigen Befunds wird die schlechte Behandlung der Roma von der Mehrheit der Osteuropäer geleugnet. Der Grund dafür liegt tief in ihrem Selbstbild. Wie soll ich, wie sollen wir jemanden diskriminieren? Kann das überhaupt sein? Ich habe doch weder Geld noch Macht! Man versteht sich selbst mindestens ebenso wie die Roma als Opfer und hält sich als solches zu Ungerechtigkeit oder gar Unterdrückung für unfähig. Wenn einer etwas zu verteilen hat, dann ist das nach der Vorstellung der meisten der Staat, und der bevorzugt unfairerweise mit besonderen Hilfs- und Förderprogrammen die Roma. »Die Gesellschaft« und damit jeden Einzelnen als selbständigen Akteur haben viele gar nicht auf dem Schirm. Besonders den Dorfbewohnern in den Übergangsländern ging und geht es tatsächlich schlecht. Im ungarischen Gyöngyöspata brach die Hysterie gegen die Roma in dem Moment aus, als die Finanzkrise dort angekommen war. Arme Roma stehen potenziell in Konkurrenz zu armen Ungarn, Rumänen, Slowaken: So stellt sich die Lage für die Mehrheit dar. Mit der Behauptung, sie würden diskriminiert, verschaffen sich die Roma auf typische Zigeunerart einen Vorteil, meinen viele. In Rumänien, klagen die Experten der EU-Kommission, wird nur jeder siebte Euro, der im Sozialfonds, im Regionalfonds und im Fonds für ländliche Entwicklung für die Roma zur Verfügung stünde, wirklich abgerufen. Noch weniger ist es geworden, als wichtige Kompetenzen in dem zentralisierten Land von der nationalen auf die kommunale Ebene verlagert wurden. Heute muss der Gemeinderat entscheiden, ob er Gelder für ein schönes Gesundheitszentrum im Roma-Viertel abrufen will. Wenn er wiedergewählt werden will, lässt er es besser bleiben.

Es ist aber nicht nur der Futterneid; die Roma stehen auch für eine Kränkung. Die verarmende Landbevölkerung in Ungarn, der Slowakei oder Rumänien hatte die absurde, oft chaotische Planwirtschaft mit altbäuerlichen Tugenden wie Sparsamkeit, Fleiß und Disziplin überstanden. Dem sozialistischen System, fand man auf dem Lande, haftete dagegen etwas Windiges, Zigeunerisches an. Seine Unehrlichkeit, die Geschwätzigkeit, die Unordnung, das Renommieren galten als klassische »zigeunerische« Gebrechen. Von Ceauşescu hielt sich zu dessen Lebzeiten hartnäckig das – im Übrigen unzutreffende – Gerücht, er sei ein Zigeuner gewesen. Nach der Wende mussten die Bauern erfahren, dass ihr Fleiß in der Marktwirtschaft noch weniger zählt als im Sozialismus, »zigeunerische« Eigenschaften dagegen mehr. Dass die realen Roma von der »Verzigeunerung« ihres Landes überhaupt nicht profitieren, spielt dabei nur eine mindere Rolle. Sie sind die Geier, die sich über den Leichnam einer kleinbürgerlichen Existenz hermachen, oder die Raben, die das neue Unheil ankündigen. »Raben« ist in Rumänien ein beliebtes Schimpfwort für Roma. In jedem Falle gehören sie abgeschossen.

»Man tut alles für sie, und dennoch ...«

Im Sozialismus musste, wer sich liederlich betrug, mit Ermahnungen und Zwangsmaßnahmen sowie, auch wenn das offiziell nicht vorgesehen war, mit Erniedrigung rechnen. Aber immerhin winkte denen, die darauf aus waren, der Aus- und Aufstieg aus dem Ghetto. Wenn die Roma aus ihren Elendsvierteln nicht herauskommen, dann ist der tiefere Grund dafür ihr eigentümliches Betragen: Das Bild hat sich bis heute gehalten. Müssten nicht gerade sie, denen es ja so schlecht geht, händeringend nach Arbeit suchen und wenigstens die miserabel bezahlten Jobs annehmen, die sich hier und da bieten? Wie kann es sein, dass ausgerechnet die Roma, für die eine gute Schulbildung doch der einzige Ausweg aus der Misere ist, ihre Kinder so unregelmäßig zum Unterricht schicken? Warum geben Roma Unsummen zum Beispiel für ein Hochzeitskleid aus, wo sie das Geld doch so gut in ein kleines, bescheidenes Geschäft investieren könnten? Warum sind ausgerechnet in den Roma-Vierteln, wo doch jeder Cent dringend gebraucht würde, Schnaps und Glücksspiel so beliebt? Das sind die Fragen, die man reflexartig gestellt bekommt, wenn man sich über das Elend erschüttert zeigt. Die Antwort auf die Fragen wird je nach Weltanschauung und Grad der Modernität mal im ewigen »Volksgeist« der Zigeuner oder in ihrer »Kultur der Armut« gesucht, mit der die Betroffenen sich selbst im Wege stehen. Wer dagegen die Diskriminierung der Roma für ihr Elend verantwortlich macht, hat, wie die meisten Osteuropäer wohl vermuten würden, noch nie ein Roma-Viertel betreten und von den Verhältnissen, über die er spricht, keine Ahnung. Ihre Roma, Sinti, Kalé oder Manouches kennen die allermeisten Westeuropäer nur aus der Zeitung, aus Romanen oder aus der Oper. In Osteuropa dagegen ist fast jeder irgendwann mit Roma-Kindern zur Schule gegangen – oft nur kurz, denn viele von ihnen holten sich nur am ersten Schultag die kostenlosen Schulbücher und blieben dem Unterricht von da an dauerhaft fern. Dass Roma andere Maßstäbe haben, ist Osteuropäern seit ihrer Kindheit klar. Wenn Westler das nicht wahrhaben wollen, sind sie entweder naive Idealisten oder suchen nur nach einem weiteren Argument, um sich von den angeblich rückständigen und rechtsradikalen Ostlern abzuheben.

Immer, wenn wieder ein Projekt zur Lösung der »Roma-Frage« gescheitert ist, hat es an der fatalen Mischung aus dem Unverstand der Betreiber und dem Unwillen der Betroffenen gelegen. Es wurde einfache Arbeit angeboten, aber es ist keiner erschienen. Man hat, wie im ungarischen Gyöngyöspata, wenigstens gemeinsamen Religionsunterricht angeboten, aber niemand ist darauf eingegangen. Es gab Kredite, aber das Geld wurde in eine Party gesteckt. Ob nun das Angebot verlockender hätte sein können oder ob die Roma in ihrer Lage nach jedem Strohhalm hätten greifen sollen, ist Ansichtssache; strenge Sparkommissare und freigiebige Keynesianer, Roma-Freunde und Roma-Feinde können mit ihren Argumenten endlos Ping-Pong spielen.

An Projekten, wie Roma in osteuropäischen Slums zu helfen wäre, mangelt es nicht, nicht einmal an Geld. Trotzdem hat das »Jahrzehnt der Roma-Inklusion«, von zwölf europäischen Staaten für die Jahre 2005 bis 2015 ausgerufen, kaum greifbare Ergebnisse gebracht. Jedes Mitgliedsland, das sind alle zwischen Tschechien im Norden bis Bulgarien im Süden sowie Spanien, legte einen »Aktionsplan« zu Bildung, Beschäftigung, Gesundheit und Wohnen vor. Das Geld kommt von der Weltbank, der privaten Soros-Stiftung, von der EU, verschiedenen Uno-Organisationen wie dem Entwicklungsprogramm UNDP, dem Flüchtlingskommissariat, von Habitat und dem Kinderhilfswerk Unicef, vom Europarat und mehreren staatlich finanzierten Roma-Agenturen. Vergeben wird es für allerlei Projekte, von denen manche sinnvoll und wirksam sind, andere weniger. In jedem Falle haben die vielen Einzelmaßnahmen in Summe an der Lage der meisten Roma wenig geändert. Die Experten der Soros-Stiftung, die anders als die teilnehmenden Staaten und internationalen Organisationen nichts schönreden müssen, machten einige Fortschritte bei der Integration von *gitanos* in Córdoba und ganz Andalusien aus. Für ungarische Roma, fanden sie, hat sich der Zugang zu preiswertem Wohnraum verbessert, für rumänische der zur Schulbildung. Sonst geschah wenig, »außer in Dokumenten«, sagt Daniela Tarnovschi, Projektkoordinatorin der Soros-Stiftung in Rumänien.

Europa und das Projekt Volkserziehung

Wie es bei solchen Projekten zugeht, hat die Wiener Forscherin Sabrina Kopf in dem ostslowakischen Ort Veľká Ida beobachtet. Die Regierung der Region hatte zwei Projekte aufgelegt, eines, um

Männer in Arbeit zu bringen, ein anderes, um Frauen mit Grundfertigkeiten im Lesen, Schreiben und Rechnen erst einmal die Voraussetzungen für die Arbeitssuche zu vermitteln. Die Mittel kamen zur Hälfte aus dem Europäischen Sozialfonds, zur anderen Hälfte von der Region – solche »Kofinanzierung« ist für EU-Fonds ein festes Muster. Mehrere hundert Männer aus Veľká Ida und zwei anderen Orten sollten in EDV, im Schweißen und Sägen geschult werden. Die wirkliche Teilnehmerzahl lag dann bei nur 135. Lediglich 49 bekamen danach tatsächlich einen Job, wenn auch meistens nur einen saisonalen. Wer zum Beispiel einen Arbeitsplatz in einem Sägewerk wollte, hätte hundert Kilometer fahren müssen und die Familie nur am Wochenende gesehen. Dazu war aber niemand bereit. Noch schlimmer war das Ergebnis bei den Frauen. Eigentlich hätten die Teilnehmerinnen neben ihrem Kurs alle einen Putzjob in der Schule bekommen sollen – zehn Stunden wöchentlich bei einem Monatslohn von 58 Euro. Das Arrangement kam nicht zustande, mit dem Ergebnis, dass die Frauen größtenteils ausstiegen und den Projektbetreiberinnen vorwarfen, sie hätten sich das Geld in die eigene Tasche gesteckt.

Das Projekt krankte an den üblichen Gebrechen. Die ausführenden Mitarbeiter schoben den Misserfolg auf die mangelnde Kooperationsbereitschaft der Behörden, die unzureichende Vorbereitung, auf den hohen Verwaltungsaufwand. Desinteresse, Desorganisation, unüberlegter Zuschnitt, Vorurteile – das sind nach Meinung von Kritikern der Szene die Hauptübel des Projektwesens. Geht es bei den Projekten gezielt um Roma, mischen sich oft die Stereotype der Organisatoren in die Arbeit. Es geht nicht um die Interessen der Zielgruppe, sondern um deren Erziehung. Was die Roma konkret wollen, sagen sie oft nicht, und wenn doch, bleibt es unberücksichtigt: Sie wollen es ja nur, weil sie eben kulturell und zivilisatorisch rückständig sind und von den wirklichen Erfordernissen des Arbeitsmarkts keine Ahnung haben. Immer wieder kommt in solchen Fällen die Forderung, man müsse die Hilfs- und Nichtregierungsorganisationen der Roma mit Projekten betrauen. Aber auch dieser Ansatz hat seine Grenzen. Gut ausgebildete, junge Roma sind knapp, und wo es sie gibt, genießen sie in den Roma-Communities wegen ihrer Jugend wenig Autorität. Wer eine Universität durchlaufen hat, ist den Elendssiedlungen meistens schon seit früher Kindheit entfremdet, wenn er überhaupt je Kontakt zu ihnen gehabt hat. Roma ist eben nicht gleich Roma.

Vor allem aber haben Koordinatoren und Sozialarbeiter das Gefühl, sie müssten die Nutznießer ihres Projekts zu ihrem Glück zwingen. Statt sich zu fragen, was sie noch besser machen können, stellen sie die naheliegende Frage, warum sie das eigentlich tun sollten. »Die leben eben davon, was das Sozialamt ihnen gibt«, resümierte es der zuständige Sachbearbeiter auf dem Gemeindeamt von Veľká Ida. »Ein paar wollen leben wie die Weißen und mehr erreichen. Das sind aber höchstens fünf Prozent.« Auch der Sozialarbeiter des Ortes sah sich bestätigt: »Die haben keine Motivation.« Dass niemand so gern einen Job in hundert Kilometer Entfernung annimmt, ist verständlich. Aber wenn das nackte Elend die Alternative ist? Und ist Lesen, Schreiben und Rechnen lernen nicht auch ohne motivierenden Job etwas Erstrebenswertes?

Wie Ungarn seine Roma auf Trab bringt

Mit den Tücken der Volkserziehung kämpft auf andere Art auch die »nationale Roma-Strategie« Ungarns. Hier wird nicht gefragt, sondern angetrieben. Ein wichtiges Element dabei sind Beschäftigungsprogramme mit einem festen Rahmen. Wer sich dort anmeldet, wird von der Gemeinde mit einfachen Arbeiten betraut. Im Monat gibt es umgerechnet 150 Euro und damit 60 Euro oder 40 Prozent mehr als den Sozialhilfesatz, weniger aber, als der gesetzliche Mindestlohn ausmacht. Wer sich nicht anmeldet oder wegen eigenen Fehlverhaltens ausgeschlossen wird, verliert für volle drei Jahre seinen Anspruch auf Sozialhilfe. Die Teilnehmer müssen für das Geld ganztägig arbeiten und können auch über Land geschickt werden, wo sie dann die Woche über in Baucontainern schlafen. Die Gemeinden suchen sich einen Träger für die Arbeitsbrigaden, zum Beispiel die Försterei oder das Amt, das für die Grünflächen zuständig ist, die Müllabfuhr oder einen Staatsbetrieb. Problematisch ist die gut gemeinte Strategie vor allem durch die Anbindung an die Kommunen, in denen die Roma seit jeher eine feste – und zwar die niedrigste – soziale Stellung einnehmen. Die ungarischen Nachbarn, die ihnen mit Ablehnung und Misstrauen begegnen, sind jetzt ihre Chefs. Was in Budapest als eine Art Ermutigungsstrategie geplant war, wird in den Dörfern der Puszta so zu einer guten Gelegenheit, die Zigeuner endlich mal auf Trab zu bringen und ordentlich zu kujonieren.

Auf ähnliche Weise und in ähnlicher Position waren die Roma schon im Sozialismus in Arbeit gebracht worden. Es gelang damals; zu einer nachhaltigen Verbesserung hat die Strategie aber nicht geführt. In dem berühmt gewordenen Dorf Gyöngyöspata, wo eine paramilitärische Garde die Roma über Monate schikaniert hatte, organisierte der neue, rechtsextreme Bürgermeister die Arbeitsbeschaffungsmaßnahmen. Als Aufseher über seine Roma setzte das Forstamt einen Mann aus der Garde ein. Der ließ seine Arbeiter jeden Morgen in Reih und Glied aufmarschieren. Der Bürgermeister und die Polizei schauten, wie bei einer Sträflingsbrigade, regelmäßig nach dem Rechten. Klagen über Schikanen setzten sofort ein; unglaubwürdig sind sie nicht. Bleiben die Roma weg, ist dann der Beweis erbracht, dass bei ihnen sowieso Hopfen und Malz verloren ist.

Dass das Programm mit Hürden, Beschwernissen und Zumutungen verbunden ist, gehört zum Ansatz. »Menschen in Arbeit bringen« ist der erklärte Impetus der nationalen Roma-Strategie. »Die sollen!« So beginnt der (ungeschriebene) erste Satz jedes Projekts. Damit sie das auch können und Arbeit finden, sollen sie erst einmal lernen. Ein Programm sieht zum Beispiel gemeinsamen Schulbesuch von Kindern, Eltern und Großeltern vor. Die Bildung von Sportvereinen soll gefördert werden. Gezielte Trainingsprogramme richten sich an junge Roma, besonders an Frauen, deren Rolle gestärkt werden soll. Unternehmen, die Roma einstellen, sollen bei öffentlichen Ausschreibungen bevorzugt werden. Viele der Projekte sind sinnvoll und gut gemeint, manches musste ihr Initiator, Staatssekretär Zoltán Balog, gegen eingeschworene Roma-Feinde durchsetzen. Alle aber setzen sie auf Ermutigung.

Ermutigung allerdings ist kein typisch osteuropäisches Herangehen. Die Idee hinter der ungarischen Roma-Strategie beruht auf einer These des amerikanischen Soziologen Charles Murray, die seit den Neunzigerjahren bei den Sozialreformen vieler Länder Pate gestanden hat, unter anderem auch beim deutschen Hartz-IV-Gesetz. Danach halten soziale Hilfsleistungen Arbeitslose davon ab, sich selbst zu helfen. Folglich muss man Sozialleistungen im Interesse der Armen abbauen; *tough love* nennt man das in Amerika: harte Liebe. Dass es der These bis heute an empirischer Unterfütterung mangelt, tat ihrem Erfolg keinen Abbruch. Sie bot Regierungen eine willkommene Gelegenheit, den teuren Sozialhaushalt zu entlasten und sich zugleich moralisch gut zu fühlen. In der Slowakei etwa wurde im Zuge der sogenannten aktivierenden Sozialpolitik der Sozialhilfesatz auf die Hälfte gekürzt und die Anbindung an den Lebensstandard damit aufgegeben. Immer sind die Roma und die anderen Sozialhilfeempfänger zu etwas aufgefordert, allenfalls werden sie ein wenig gelockt. Damit ist die Strategie auch der Mehrheit der Ungarn verkäuflich, die den Roma vorhalten, sie seien arbeitsscheu, schwänzten die Schule und seien bloß hinter Sozialhilfe her. Wer will, kann aus dem regierungsamtlichen »Die sollen!« sein eigenes »Die sollen aber jetzt mal!« oder auch sein radikales »Die sollen gefälligst!« machen. Aber das Ziel lässt sich eben auch freundlich rechtfertigen. Zur Arbeit muss man erzogen werden, und Arbeit selbst erzieht einen dann weiter. Regelmäßig arbeiten, Frustrationen überwinden, das ist der Weg aus der Armutsfalle, so die Annahme. Nur am Anfang braucht man einen kräftigen Schubs.

Wer arm ist, muss sich umso mehr anstrengen

Die Gegner dieser Art Armutspolitik weisen meistens auf den latenten Zwang hin, der damit verbunden ist, und machen eine Gegenrechnung auf: Roma werden diskriminiert, sie wurden verfolgt, können nicht anders, sind Gefangene der Geschichte. Das möge schon so sein, antworten die Verteidiger. Aber müsste die historische Randstellung für die Roma nicht gerade Ansporn sein, sich besonders anzustrengen und die Vorurteile, sie seien arbeitsscheu, durch besonderen Fleiß zu überwinden? Das ist schon eine sehr westliche Frage. In der Tat hat die Misere auch ein subjektives Element. Für eine große Mehrheit der Osteuropäer steht fest, dass die Roma entweder nicht wollen oder, weil sie in eine bestimmte Kultur oder Mentalität hineingeboren sind, gar nicht anders können. Geschichte heißt für viele Osteuropäer noch immer: Das sitzt ganz tief und ist nicht zu ändern. Im Westen dagegen lautet die Formel zur Geschichte, dass sie ihrer Natur nach vorbei ist und man sie möglichst vergessen sollte. Liberale Ökonomen halten die Lebensregeln, die in den Roma-Ghettos herrschen, zwar vielleicht für historisch fundiert, damit zugleich aber für irrational. Gerade wer arm ist, argumentieren sie, müsste umso arbeitseifriger, sparsamer und bildungshungriger sein, denn der Nutzen von Arbeit, Sparsamkeit und Bildung ist für jemanden, der im Elend lebt, ja viel höher als für den, dessen Grundbedürfnisse schon erfüllt sind.

Eginald Schlattner trägt den Ehrennamen »Apostel der Zigeuner«. Er war schon Pfarrer in Rothberg, einem Dorf der Siebenbürger Sachsen, als 1989 die Wende kam. Innerhalb weniger Monate reisten fast alle seine Pfarrkinder nach Deutschland aus; bis auf den heutigen Tag hält Pfarrer Schlattner jeden Sonntag vor leeren Bänken seinen Gottesdienst. Als guter Christ hat er sich den Roma zugewandt, die nach und nach in die Häuser der Sachsen einzogen. »Im Dorf gibt es heute etwa 250 Rumänen und rund 1200 Zigeuner«, erzählt der alte Herr in seinem verwunschenen Pfarrhaus, das sich als Kulisse für einen Film aus der Goethe-Zeit gut eignen würde. Verachtung den Roma gegenüber lag ihm immer fern; er schulte seinen Blick vielmehr an den objektiven Hindernissen, die sich den neuen Bürgern von Rothberg oder Roşia entgegenstellten. Nach der achtklassigen Grundschule landeten die meisten Kinder auf der Straße. Arbeit gab es keine, auch keine weiterführende Schule, deren Abschluss für einen Arbeitsplatz in Rumänien so gut wie unerlässlich ist. Um aber nach Sibiu aufs Gymnasium, die Berufsschule oder die Fachoberschule zu gehen, fehlte den Kindern das Geld für den Bus; eine Monatskarte kostet an die 40 Euro bei einem Mindestlohn von 150 Euro, den aber hier kaum jemand bekommt. Mit Spenden schaffte es der Pfarrer, talentierten Kindern die Fahrt zur höheren Schule zu finanzieren. Fünf brachten es zu einem höheren Bildungsabschluss – bei aller Anstrengung keine besonders eindrucksvolle Ausbeute. Dankbarkeit wurde dem Pfarrer nicht zuteil. Als er ein Mädchen im Pfarrhaus aufnahm, das sich vor Misshandlung in der Familie zu ihm geflüchtet hatte, wurde er im Dorf sogar zu einer Unperson.

Schlattner ist nicht nur Pfarrer, sondern als Autor lebendiger, kluger und viel gelesener Romane auch ein reflektierter Mensch. Einiges in seiner veränderten Lebensumgebung ist ihm aber nach zwanzig Jahren noch rätselhaft geblieben. Zwei wichtige Besonderheiten zeichneten die Roma doch gegenüber allen anderen aus, meint er: ihr Verhältnis zur Arbeit und ihr Verhältnis zur Zeit. Die größere Herausforderung von den beiden ist für ihn die unbekümmerte Haltung der Roma von Roşia zur Zukunft. »Feuerholz für den Winter fangen sie erst an zu sammeln, wenn der erste Schnee fällt«, hat er beobachtet, noch immer verblüfft. Dass Vorsorge in den Siedlungen der Roma in Südosteuropa keine große Rolle spielt, ist schon vielen aufgefallen. Zur geringen Sorge um die Zukunft passt die Gleichgültigkeit zur Vergangenheit. Fragt man in Siedlungen, seit wann sie bestehen und wer der Erste hier war, kriegt man als Besucher nie eine Antwort. Man weiß es nicht, und es scheint auch niemanden zu interessieren. Dass Roma zur Zeit ein besonderes Verhältnis pflegen, ist ein Klischee, wenn auch ein mit Erfahrung reich unterfüttertes. Ein Alleinstellungsmerkmal ist es aber nicht einmal für die Ärmsten unter den Roma. Auch in Elendssiedlungen kann man Holzstöße und Heuhaufen antreffen. Die bessergestellten Geschäftsleute unter den Roma schließlich mögen rauschende Feste feiern, protzige Villen bauen und dicke Autos fahren. Sie vergessen aber nicht, zu investieren und Rücklagen zu bilden.

Mit seinem Schwerpunkt auf Bildung hat sich Pfarrer Schlattner unter den Roma seines Dorfes nicht wirklich durchgesetzt. Bildungsorientiertes Denken und Vorsorge gehören ja auch zusammen: Man muss jahrelang lernen, um viel später einmal Geld damit zu verdienen. In ganz Osteuropa lässt der Schulbesuch von Roma stark zu wünschen übrig. In Albanien, Bosnien und Montenegro gehen zwischen 45 und 50 Prozent der Schulpflichtigen nicht zur Schule, in Serbien sind es 33 und im EU-Land Bulgarien immerhin noch 20 Prozent. In der Slowakei ist die Abbrecherquote unter Roma-Kindern 30 Mal höher als unter ethnischen Slowaken. Besonders schlecht ausgebildet sind die Mädchen; von den Traditionen der Roma hat sich vielerorts die Unsitte gehalten, sie schon zu Beginn der Pubertät aus der Schule zu nehmen, im Haushalt und mit der Beaufsichtigung kleinerer Geschwister zu beschäftigen und früh, oft schon mit vierzehn oder gar mit dreizehn Jahren, informell zu verheiraten. Dass die Kinder aus den Roma-Familien gar nicht oder nur sporadisch zur Schule gingen, kann so gut wie jeder Osteuropäer aus seiner Kindheit berichten.

Hindernisse auf dem Schulweg

Wer den mangelnden Schulbesuch erklären will, kommt an der Diskriminierung nicht vorbei. Gegenüber Schulschwänzern geben die Behörden sich traditionell milde; nicht aus Sympathie allerdings. Die Lehrer sind nicht versessen darauf, die ausbleibenden Roma-Kinder zurückzuholen, und manche würden sich in die Siedlung, in der die Kinder leben, auch gar nicht hineintrauen. In Tschechien und der Slowakei ist es bis heute üblich, Roma-Kinder pauschal und ohne Ansehen der tatsächlichen Leistungsfähigkeit in Sonderschulen zu stecken, wo sie von vornherein kaum gefordert werden. Argumente dafür finden sich immer reichlich: Das Kind hat beim Eingangstest den Stift nicht halten können, konnte auf einfachste Fragen keine Antwort geben – wobei oft gar nicht in den Gesichtskreis der Lehrpersonen gerät, dass es bei den Eltern des Kindes womöglich gar keinen Stift gibt oder dass zu Hause eine andere Sprache, das Romanes, gesprochen wird. Man weist Roma ab, um den Ruf der Schule zu retten. Wie viele Roma-Kinder in einer Klasse sitzen, nehmen viele Eltern als Gradmesser für die Qualität einer Schule. In Rumänien wird die Aus- und Absonderung der Roma aus den Elementarschulen schon lange und mit einigem Erfolg bekämpft. Aber die Gegenseite gab sich lange nicht geschlagen. Als die Regierung das Abschieben der Roma-Kinder in Sonderschulen das erste Mal unterband, wunderten sich die Verantwortlichen in Bukarest darüber, dass sich plötzlich so viele Schulen im Lande so engagiert für die Belange der verachteten Minderheit einsetzten und sogar Anstrengungen auf sich nahmen, um Unterricht in Romanes anzubieten. Bis sie dahinterkamen, dass das nur ein Trick war: Zwei Wochenstunden in Romanes dienten als Vorwand, die Roma-Kinder wiederum in gesonderten Klassen zusammenzufassen. Heute ist dieser Trick ausdrücklich verboten und wird auch nicht mehr angewandt. Noch immer aber melden Eltern in Orten mit großen Roma-Siedlungen ihre Kinder zur Schule in Roma-freien Nachbardörfern an, so dass die Schule im Hauptort de facto zur Roma-Restschule wird. Es ist nicht erlaubt, wird in der Praxis aber oft toleriert.

Abschieben in Sonderschulen und die Bildungsferne der Eltern allein erklären allerdings noch nicht vollständig, warum der Schulbesuch und der Wissensdurst der Roma-Kinder so gebremst sind. Bevor man als Joker aber jetzt schon gleich die kulturellen Besonderheiten der Roma einsetzt, sollte man sich das Klima gegenüber der Minderheit in Ländern wie der Slowakei, Tschechien oder Ungarn vor Augen führen. Kinder aus Elendssiedlungen wegen ihrer Kleidung, ihrer Aussprache, wegen mangelnder Hygiene oder auch wegen der Hautfarbe zu mobben ist gang und gäbe. Eltern lassen es ebenso durchgehen wie nicht wenige Lehrer. »Ich würde ja Roma-Kinder unterrichten«, so eine slowakische Lehrerin, »mir macht das nichts aus. Aber, wissen Sie, mein Mann, der hat so eine feine Nase. Der kann es einfach nicht ertragen, wenn ich mit dem Geruch nach Hause komme.« Wer sich nicht scheut, kleine Kinder so tief und so sorgfältig ausgesucht zu beleidigen, wird wohl auch im Klassenraum Wege finden, seine Verachtung spüren zu lassen. Dass Sechsjährige zu solchen Lehrern nicht in die Schule gehen wollen, bedarf keiner Erklärung. Sogar für Eltern, die sie in so einem Fall nicht zwingen, wird man wohl Verständnis aufbringen müssen.

Dass es Hindernisse gibt und dass Roma-Kinder an vielen Schulen nicht willkommen sind, kann niemand ernsthaft bestreiten. Andere Minderheiten aber, wird eingewandt, begreifen die widrigen Verhältnisse als Herausforderung und fordern vom Staat eine angemessene Ausbildung ein, wenn sie sie nicht gar selbst organisieren. Widrige Verhältnisse dienen dazu, die Spreu vom Weizen zu trennen. So wird neuerdings in einigen westlichen Ländern, zum Beispiel in Deutschland und den Niederlanden, gegenüber Migranten argumentiert: Türken und Araber, heißt es dann, nehmt euch ein Beispiel an den eingewanderten Vietnamesen und Chinesen! Die nehmen ihr Schicksal selbst in die Hand! Die Roma aus Osteuropa gehören dabei selbstverständlich zur Spreu. Wer sich den toughen Lebensregeln der Zuwanderungsgesellschaft nicht unterwirft, hängt entweder einer rückständigen, irrationalen Kultur an, oder es mangelt ihm einfach an Intelligenz. Westliche Gesellschaften geben, wenn sie sich auf diese Logik einlassen, ihren moralischen Vorsprung gegenüber den offen diskriminierenden im Osten bereitwillig preis. Sogar die Abschiebung von Roma-Kindern in Sonderschulen, die in Rumänien gerade überwunden wurde, hält in einigen entwickelten Demokratien Westeuropas wieder Einkehr. Das schlichte Argument dafür ist, dass Roma eben dümmer seien als andere.

Die dumme Idee von der Dummheit der Roma

Geistiger Vater dieser These ist der Leipziger Intelligenzforscher Volkmar Weiss. Er beruft sich wiederum auf zwei umstrittene Amerikaner, Richard Herrnstein und den schon zitierten Charles Murray, die 1994 zum Entzücken rechter Republikaner die mindere Intelligenz der Schwarzafrikaner meinten bewiesen zu haben. Der Deutsche Weiss errechnet für die Roma einen »mittleren Intelligenzquotienten« von 85 – Minderbegabung an der Grenze zur Debilität also. Der Mühe, auch nur ein Roma-Kind auf seine Intelligenz zu testen, hat Weiss sich gar nicht erst unterzogen. Auf die Zahl kommt er vielmehr indirekt. Viele Roma gehen auf Sonderschulen, wenige auf die Universität. Man nehme also den Durchschnitts-IQ von Sonderschülern und den von Studenten und lege ihn auf den Roma-Anteil in beiden Schulformen um. So kommt man auf 85 – ein Gedankengang, der wenigstens für einen Intelligenzforscher als ungewöhnlich gelten muss. Dass Roma-Kindern eben ungeachtet ihrer wirklichen Intelligenz pauschal Dummheit unterstellt wird und dass ihre Eltern sich gegen die Klassifizierung vielleicht gar nicht wehren können oder dass man Kinder auch aus anderen Gründen als ihrer niedrigen Intelligenz auf Sonderschulen schicken könnte, das alles kommt dem Forscher überhaupt nicht in den Sinn. Trotzdem erfreuen sich die Konstruktionen großer Beliebtheit. Ein noch etwas gröberes Muster hat der tschechische Forscher Petr Bakalář popularisiert: Obwohl von der »Rasse« her »europid«, habe sich unter den Roma eine »negroide« Selektion der Gene entwickelt, die zu niedriger Intelligenz führe.

Manche Forscher geben sich zur Untermauerung ihrer These von der Dummheit der Roma mehr Mühe; wenn auch wohl nicht genug. Ein Team aus kanadischen und serbischen Wissenschaftlern testete wirklich 323 Roma in drei verschiedenen Siedlungen in Serbien auf ihre Intelligenz und kam auf einen Durchschnitts-IQ von 70. Aussagekräftig im Sinne der Volkmar-Weiss-Anhänger wäre das Ergebnis allerdings nur, wenn die Forscher eine ethnisch-serbische Vergleichsgruppe mit ähnlicher Bildung, ähnlichem Einkommen und ähnlicher Wohnsituation gefunden hätten. Auch sonst ist ihre Studie nicht frei von Absurditäten: So werden die serbischen Roma aus genetischen Gründen zu den »Südasiaten« gerechnet, und die Autoren schreiben, die Roma hätten sich seit ihrer Ankunft in Europa »mit eingeborenen Europäern meistens nicht vermischt« – eine kühne Behauptung, die gerade von genetischen Studien widerlegt wird. Sie wollen auch sicher nur die reine Intelligenz getestet haben, sonst nichts: Auf »kulturelle Effekte« fanden sie »keinen Hinweis«. Dabei springen diese kulturellen Effekte schon dem Laien ins Auge. Drei von vier zitierten Fragekomplexen sind rein sprachlich: die Definition von Substantiven, die Suche nach gegensätzlichen Adjektiven, der Test auf das Sprachgedächtnis. Wie und wie viel die Getesteten überhaupt mit Sprache umgehen, und mit welcher Sprache, gibt den Forschern nicht zu denken. Beim Zeichentest bleibt unberücksichtigt, ob die Probanden mit Papier und Stift je zu tun hatten. Wer kulturelle oder soziale Besonderheiten von »reiner« Intelligenz unterscheiden will, muss schon etwas mehr Phantasie entwickeln. In einem slowakischen Test sollten Roma-Kinder zum Beispiel eine Vase zusammensetzen. Dass Kinder, die keine Vase im Haus und möglicherweise nie eine gesehen haben, dabei benachteiligt sein könnten, kam den Psychologen nicht in den Sinn. Dabei ist die Problematik solcher Tests der Wissenschaft sehr wohl bekannt. Sie produzieren sogenannte »scheinbar zurückgebliebene« *(pseudo-retarded)* Kinder, die außerhalb des Tests keinerlei Schwierigkeiten haben, ihren Alltag zu bewältigen.

Natürlich bemühen sich Forscher, die ganzen Völkern und Bevölkerungsgruppen Dummheit nachweisen wollen, um kulturbereinigte Tests, die bei allen Menschen auf der Welt unabhängig von ihrer Lebenssituation gleich aussagekräftig sein sollen. Aber den wichtigsten kulturellen Effekt kann auch der beste Test nicht ausschalten: Wer Testsituationen kennt, zum Beispiel aus der Schule, geht ganz anders mit ihnen um. Wer so etwas nicht kennt, stellt sich nicht so gut darauf ein, zeigt weniger Interesse, ist ängstlicher, arbeitet weniger effizient und gibt schneller auf. Das ficht die interessierten Intelligenzforscher nicht an. Im Bestreben, das Einkommens- und Entwicklungsgefälle auf der weiten Welt auf angeblich ererbte Intelligenzunterschiede zurückzuführen, zeichnen sie inzwischen ganze »Weltkarten der Intelligenz«, auf denen der Grips in Ostasien, die Dummheit dagegen in Afrika zu Hause ist. Westeuropa und die USA liegen danach nur deshalb nicht an der Weltspitze, weil sie so viele dumme Einwanderer ins Land gelassen haben. Der Teufel steckt bei solchen verblüffenden Forschungsergebnissen allerdings im Detail. So wunderten sich Wissenschaftler darüber, wie mühelos vierjährige Kinder in China mit dreistelligen Zahlen hantieren, während bei gleichaltrigen Europäern spätestens bei der Zahl Fünfzig Schluss ist – bis sie darauf kamen, dass Zahlwörter im Chinesischen viel leichter zu bilden sind als in den indoeuropäischen Sprachen.

Was Intelligenz eigentlich ist, gerät gar nicht ins Blickfeld der Forscher; sie tun so, als handele es sich um eine objektive Größe, die man wie die weißen Blutkörperchen unter dem Mikroskop zählen kann und die von Bildung, Stimulation und den Erfordernissen der Lebensumwelt ganz unabhängig wäre. Intelligenz ist aber die Fähigkeit, mit Problemen fertig zu werden, und Probleme kann man sehr verschiedene haben. Würde man zehn Franzosen und zehn Mauretanier in die Wüste Wasser suchen schicken, sähen die Franzosen wahrscheinlich ziemlich dumm aus. Für die Mauretanier aber wäre es ein passabler Intelligenztest.

Von der Unvernunft vernünftigen Sparens

Die einen machen die Kultur, andere die Mentalität und wieder andere die mangelnde Intelligenz der Roma dafür verantwortlich, dass sie auf die gutgemeinten Stimuli von Staat und Mehrheitsgesellschaft so schwach reagieren. Gemeinsam ist allen drei Erklärungsversuchen die Annahme, dass die Roma sich unangemessen verhalten würden – indem sie nicht genug arbeiten, nicht ehrgeizig genug nach Bildung streben, keine Vorsorge treffen. Das wiederum tun sie nicht, weil sie nicht anders können: weil sie entweder zu dumm oder aber in den Regeln einer vormodernen Nomadenkultur gefangen sind.

Aber die Grundannahme hinter der Strategie der Ermutigung ist falsch: Roma in Elendssiedlungen verhalten sich gar nicht unangemessen. Wer den Leuten von der Müllsiedlung in Pata-Rât rät, sich mal ordentlich auf die Hinterbeine zu setzen, zu schuften, zu büffeln und auf einen Handkarren zu sparen, ist nur nicht bereit, sich wirklich auf ihre Verhältnisse einzulassen. Was sinnvolles Handeln ist und was nicht, leiten wir aus unserer geordneten Lebenswelt ab. Wer brav lernt, kriegt später einen guten Job, wer mehr arbeitet, verdient mehr Geld, und wer für schlechte Tage etwas beiseitelegt, muss im Notfall nicht hungern. Das ist die Ökonomie der Bessergestellten; sie gilt nicht nur für Wohlhabende, sondern auch für Menschen mit niedrigem, aber einigermaßen ausreichendem Einkommen. Daneben gibt es auch eine Ökonomie der Armut. Sie gehorcht ganz anderen Gesetzen. Weniger vernünftig ist sie deshalb aber nicht.

Menschen, die in Elendssiedlungen hineingeboren wurden und deren grundlegende Bedürfnisse dauernd unerfüllt bleiben, vergleicht der Philosoph und Armutsforscher Charles Karelis mit Schmerzpatienten. Beide leiden ständig. Wenn man Schmerzpatienten fragt, wünschen sie sich nicht, an dieser oder jener Körperstelle etwas weniger Schmerzen zu haben. Sie wünschen sich vielmehr einen einzigen schmerzfreien Tag – und zwar aus gutem Grund und nicht etwa, weil sie wegen der starken Schmerzen apathisch oder irgendwie unzurechnungsfähig wären. Karelis greift zu einem etwas gesuchten, aber treffenden Beispiel. Nehmen wir einen Menschen, der jeden Morgen mit zwei schmerzenden Wespenstichen aufwacht und jeden zweiten Tag auf seinem Nachttisch zwei Tüpfelchen Salbe findet. Nach der Ökonomie der Bessergestellten wird der Mensch jeden Tag ein Tüpfelchen Salbe sparen, damit er auch am anderen Morgen eines hat. Mit dem einen Tüpfelchen kann er den Schmerz von einem der beiden Stiche heilen. Der andere tut dann aber immer noch weh; die Linderung, die er verspürt, liegt unter 50 Prozent. Nimmt er aber beide Dosen auf einmal, so hat er auf zwei Tage gerechnet seine Schmerzen um die Hälfte reduziert. Auf die Situation der Leute von Pata-Rât bezogen heißt das: Es ist einfach nicht vernünftig, sich immer nur halb satt zu essen. Wenn man sich immer nur halb satt isst, hat man immer Hunger. Isst man sich dagegen jeden zweiten Tag satt, so hat man vielleicht am anderen Tag etwas mehr Hunger als im halbsatten Zustand, kommt unter dem Strich aber besser weg.

Mehr arbeiten führt, wenn man kaum Geld dafür bekommt, nicht zur Zufriedenheit, sondern höchstens zu etwas weniger Unzufriedenheit. Sparen kann man, wenn man in einer Elendssiedlung lebt, so wenig, dass man sich mit dem Ersparten für die zusätzlichen Entbehrungen nicht schadlos halten kann. Der Aufwand, den man selbst für kleine Verbesserungen treiben muss, steht zum Ertrag in keinem angemessenen Verhältnis. Mit seiner Vorliebe für schräge Beispiele vergleicht Karelis die Übel, mit denen verelendete Menschen sich herumschlagen müssen, mit Schreihälsen auf der Straße. Bringt man in einem großen öffentlichen Krawall einen Einzigen von ihnen zum Schweigen, so treibt man zwar viel Aufwand, erzielt aber keinen messbaren Erfolg. Auf einer sonst ruhigen Straße aber macht es einen großen Unterschied, ob man einen Schreihals zum Schweigen bringt oder nicht. Mitten im Krawall ist es einfach nicht sinnvoll. Das ist die Ökonomie der Armut. Sie ist logisch und damit zwingend, entziehen kann man sich ihr nicht. Alle erzieherischen Bemühungen werden an ihr zuschanden. Wer dem Problem mit Anreizen, Belehrungen und Volkshochschulkursen beikommen will, produziert im besten Fall Scham, im schlimmsten Fall Hass. Mit Kultur oder mit individuellen Defiziten hat die Ökonomie der Armut nichts zu tun; sie gilt für Roma in Südosteuropa ebenso wie für die Slumbewohner auf der ganzen Welt und irgendwann in der Zukunft, wenn der Hilfesatz die Grundbedürfnisse nicht mehr erfüllt, vielleicht auch für Hartz-IV-Empfänger.

Das Stromwunder von Stolipinowo …

Dass Roma sich unter ähnlichen Bedingungen nicht anders und vor allem nicht weniger rational verhalten als andere Wirtschaftssubjekte, hat der Stromkonzern EVN in Bulgarien lernen können. Die Österreicher hatten von der Republik das Netz und das Versorgungsmonopol im Süden des Landes gekauft. Dazu gehörte auch Plowdiw mit dem Stadtteil Stolipinowo. Die Trabantenstadt konkurriert mit dem Bukarester Viertel Ferentari und mit Šuto Orizari, einem Stadtbezirk von Skopje, um den Titel der größten Roma-Siedlung Osteuropas. Im Sommer leben hier um die 40 000, im Winter um die 70 000 Menschen. Den Kern des Viertels bilden achtstöckige Plattenbauten aus sozialistischer Zeit. Drum herum ducken sich in großer Zahl ein-, zuweilen auch zweistöckige Häuser und Hütten. Das viele Grün, das es hier einmal gab, ist alles zugebaut. Die Straßen und Wege befinden sich in einem beklagenswerten Zustand; manche Löcher sind so tief, dass ein Mensch darin verschwinden kann. Zu der Plattenbausiedlung aus sozialistischer Zeit gehörte auch ein Kanalsystem, das aber hoffnungslos verstopft ist. So bahnen sich die Abwässer eben ihren eigenen Weg zum großen Kanal unter der Hauptstraße oder gleich in die Maritza. Seit hier niemand mehr Geld verdient und niemand Steuern zahlt, wurde hier auch nicht mehr investiert.

Roma zahlen ihren Strom nicht; das gilt in ganz Bulgarien und nicht nur dort als gesichertes Wissen. Zu sozialistischer Zeit war er hoch subventioniert und damit beinahe eine freie Ressource wie die Luft oder die Sonne. In den Neunzigerjahren ging die staatliche Elektrizitätsgesellschaft dazu über, konsequent Gebühren einzuziehen. In Stolipinowo wurde nicht nur nicht gezahlt, sondern die Besitzer der illegal gebauten Häuschen rund um die Plattenbauten zapften auch die Leitung an. Wo die Fenster nicht mehr schlossen oder die Türen fehlten, wurde kräftig mit Strom geheizt; der Verbrauch stieg von Jahr zu Jahr rapide. Hinzu kamen Netzverluste von 40 Prozent, verursacht durch Diebstahl und durch mangelnde Wartung. Individuelle Stromzähler für jeden Haushalt gab es nicht. Gezählt wurde vielmehr blockweise, und das Ergebnis wurde auf die Mieter nach Quadratmetern umgelegt. Die Zähler waren auf bis zu dreizehn Meter hohen Masten montiert, damit sie niemand manipulieren konnte – was natürlich doch geschah. Am Ende wurden nur noch drei Prozent der Rechnungen bezahlt.

Hatte ein Block einen bestimmten Schuldenstand erreicht, wurde der Strom abgeschaltet. Das traf dann alle, auch die, die bezahlt hatten. Die Abschaltungen ruinierten Stolipinowo vollständig. Offenes Feuer in Wohnungen löste Brände aus, in der Dunkelheit war man auf der Straße nicht mehr sicher. Nach mehrtätigen Unruhen erklärte sich die Stromgesellschaft bereit, das Viertel wenigstens für sechs Stunden in der Nacht mit Strom zu versorgen – als eine Art Sozial- und Sicherheitsmaßnahme.

Stolipinowo war die sprichwörtliche Gegend, wo man die Miete mit dem Revolver eintreiben musste. Ermuntert durch ein Gerichtsurteil, das Abschalten als Kollektivstrafe verbot, gingen die Österreicher dann einen ganz anderen Weg. Sie stellten Roma aus Stolipinowo als »Konsulenten« ein, in der Hoffnung, etwas über die eigenartigen Verhaltensweisen ihrer neuen Kunden zu lernen – nur um zu erfahren, dass es da gar nichts Besonderes zu lernen gab. War der Strom einmal abgeschaltet, so mussten alle Kunden in einem Block erst einmal bezahlt haben, bevor er wieder eingeschaltet wurde. Ging man also einzahlen, so hatte man nur dann einen Vorteil davon, wenn der Nachbar das auch tat. Das konnte einem natürlich niemand garantieren. EVN tat das, was es in ähnlicher Lage im friedlichen Niederösterreich auch getan hätte: Es erneuerte in ganz Stolipinowo die Leitungen und montierte für jeden Haushalt einen elektronischen, aus der Ferne ablesbaren Zähler. Um die Roma von Stolipinowo als normale Kunden behandeln zu können, musste EVN erst einmal sicherstellen, dass der Staat sie auch als normale Bürger behandelte. Damit die illegalen Bauten an das Stromnetz angeschlossen werden konnten, mussten sie allerdings erst legalisiert werden. Nach wie vor wird rigoros der Strom abgestellt, wenn jemand nicht bezahlt. Aber die Zahlungsmoral stieg von unter drei auf über 90 Prozent.

Möglich war das von der Presse sogenannte »Stromwunder von Stolipinowo« natürlich nur, weil es kein Wunder war. In Stolipinowo gibt es immerhin Geld, wenn auch nicht besonders viel. Die Bewohner bekommen Sozialhilfe und Überweisungen von Verwandten im Ausland, Frauen zum Beispiel, die in Dortmund der Prostitution nachgehen. Wo man gar kein oder viel weniger Geld hat, wie zum Beispiel unter den Leuten von Pata-Rât, funktioniert kein »vernünftiger«, gleichmäßiger Konsum, bei dem man im Monat einen bestimmten Betrag für Strom zurücklegen muss. Damit die Grundregeln der Ökonomie überhaupt gelten, müssen erst einmal elementare Voraussetzungen erfüllt sein.

… und die Wunschzettel von Pata-Rât

Für die Voraussetzungen sorgt in Pata-Rât Bert Looij. Der Niederländer lebt seit zwanzig Jahren mit seiner Frau Margriet in Cluj und kommt beinahe täglich in die Müllsiedlung. »Ich habe kein Projekt«, sagt Looij, und das ist paradoxerweise wohl der Schlüssel für seinen Erfolg. Er arbeitet für *ProRroma*, eine kleine christliche Hilfsorganisation. Das Spendenaufkommen, aus dem er sich bedienen kann, ist gering. Immer wenn etwas Geld zusammengekommen ist, gibt Bert Looij es aus. Wem zum Beispiel bei einem Regenguss die selbstgebaute Hütte wegbricht, der bekommt, wenn gerade Geld da ist, von *ProRroma* eine neue aus Holz gebaut. Jede der Hütten besteht aus zwei Räumen und kostet 2400 Euro, mehr als irgendeine Familie in Pata-Rât sich leisten kann. Der hölzerne Rahmen kostet 1400 Euro, weitere 900 Euro gehen für Isolier- und Montagematerial, Dachplatten, den Anschluss für den Herd und das Betonfundament drauf. Zusammengebaut werden die Häuschen von freiwilligen Helfern. Sie bekommen für Benzin und Verpflegung während der Arbeit die Unkosten ersetzt; das sind noch einmal 100 Euro.

Um den Bedarf an Hütten, aber auch an Feldbetten oder Kleidern zu ermitteln, geht Bert Looij regelmäßig durch das Dorf und spricht mit den Leuten. Braucht jemand etwas, lässt Looij sich das auf einen Wunschzettel schreiben. Er tut das, um Ordnung in die Ansprüche zu bringen, um sicherzugehen, dass der Wunsch nicht aus einer augenblicklichen Laune kommt, und um seine knappen Mittel einigermaßen fair verteilen zu können. »Ich will sehen, was sich machen lässt«, sagt Looij, wenn er einen Zettel bekommt. Dass der Mann aus Holland nicht über unbegrenzte Mittel verfügt, ist in Pata-Rât wohl bekannt. *ProRroma* ist eine mehr oder weniger lokale Organisation im südholländischen Dordrecht. Mal fließen die Spenden aus den Niederlanden reichlicher, mal dünner. Die Knappheit zwingt dazu, sich immer das Nächstliegende zu wünschen, mit den Ansprüchen zu haushalten und sich genau zu überlegen, wofür man beim nächsten Mal bei Bert Looij Hilfe anfordert. Maßstab sind einfach die Bedürfnisse der Leute von Pata-Rât – ein Wohnraum, den man heizen kann und in dem man nicht gleich krank wird, ein Handwagen, um die gesammelten Flaschen in die Stadt zu bringen. Pata-Rât hat auch eine kleine Schule, in der Margriet Looij unterrichtet. Hier werden die Kinder der Siedlung auf den Besuch der öffentlichen Volksschule vorbereitet; der Unterricht ist freiwillig.

Von anderen unterscheidet das Konzept von *ProRroma* zunächst, dass es von keiner Zielvorstellung ausgeht. Ausgangspunkt ist das, was ist, und nicht das, was sein sollte. Wie um den Unterschied sichtbar zu machen, steht auf dem Hügel über der Siedlung eine Reihe von kleinen Betonhäuschen leer. Gebaut wurden sie von der Stadt Cluj für Roma, die von einem Grundstück in der Stadt weichen mussten. Eingezogen ist niemand. Was im Einzelnen nicht passte, hat das Baubüro nie richtig erfahren. Vielleicht gab es nicht genug Platz rund um das Haus, um gesammeltes Altmetall zu stapeln, vielleicht war die Schwelle zu hoch, und man konnte die Handwägelchen mit den edleren Gütern von der Kippe nicht bis in die Wohnung ziehen. Kein Architekt hat die Phantasie, sich vorzustellen, wie eine Wohnung für eine Müllsammlerfamilie auszusehen hätte. Das wissen immer nur die Müllsammler selbst.

Ein Segen für Pata-Rât ist auch die bescheidene Dimension von *ProRroma*. Eine große Hilfsorganisation mit hohem Spendenaufkommen und sieben- oder achtstelligem Budget müsste sich rechtfertigen, warum sie den Leuten von Pata-Rât nicht richtige Häuser statt Holzhütten baut, warum sie keinen Flaschentransportdienst organisiert oder gar dafür, dass sie Menschen überhaupt in der ungesunden, elenden Gegend belässt. Warum macht sie nicht ihren Einfluss bei den Behörden geltend, damit die Leute in eine menschenwürdige Umgebung umgesiedelt werden? *ProRroma* könnte das alles nicht, selbst wenn sie das wollte. Die Idee, von den konkreten Bedürfnissen der Zielgruppe auszugehen statt von abstrakten Zielvorstellungen, ist natürlich nicht so originell, dass die Niederländer sie pachten könnten. Aber mit ihrer geringen Größe gelingt ihnen, woran andere scheitern, und das wiederum wegen ihrer geringen Größe. Wer einen großen Wurf plant, lässt sich auf jahrelange Planungen und langwierige Verhandlungen ein, muss *best practice*-Beispiele aus Finnland oder Südamerika studieren und sollte zunächst mal die Bedürfnisse möglichst exakt erheben – schön aufgeteilt in lang- und kurzfristige, möglichst mit Blick auf die nächste Generation, denn solide gebaute Häuser stehen hundert Jahre lang. Das alles passt nicht auf Wunschzettel, wie Bert Looij sie hier einsammelt. Elena zum Beispiel wüsste auch gar nicht, was sie schreiben sollte – obwohl sie, wie übrigens viele in Pata-Rât, sehr wohl lesen und schreiben kann. Sie müsste wie die meisten Leute von Pata-Rât erst einmal Zukunftsplanungen entwickeln und sagen, was sie in zehn Jahren erreicht haben will. Um solche Pläne zu machen und sie mit denen anderer in Übereinstimmung zu bringen, müsste es erst einmal Strukturen geben, eine Kultur der Auseinandersetzung und der Abstimmung der Interessen aufeinander. Wer das alles hinter sich hat, kann sein Haus auch gleich selber bauen. »Das Bessere ist der Feind des Guten«, lautet ein italienisches Sprichwort.

Nicht planen, bloß helfen

Neben der Ziellosigkeit und der geringen Größe hat *ProRroma* noch eine dritte, nicht minder wichtige Tugend zu bieten: die Balance aus Nähe und Abstand. Einerseits sind die Niederländer nahe dran. Hinter dem Engagement von Bert und Margriet Looij lauert keine Drohung, nicht einmal ein Anspruch. Sie wollen auch nichts herausfinden, verstehen, analysieren. Die Menschen, für die sie sich einsetzen, kommen ihnen nicht rätselhaft vor. Für Bert Looij ist fast alles, was in Pata-Rât geschieht, plausibel, und meistens findet er, dass er genauso handeln würde wie sie. »Die Leute haben halt eine Überlebensmentalität«, resümiert er seine Erfahrungen. Andererseits sind die Looijs selbst keine Roma geworden. Sie bekommen aus ihrem Heimatland ein kleines Gehalt in rumänischer Größenordnung, haben ein Auto und wohnen, etwa so wie durchschnittliche Rumänen, in einem Häuschen am Stadtrand von Cluj. Sie bringen vielleicht ein Opfer, aber sie opfern sich nicht auf. Auch in ihrem Lebensstil sind die beiden ihrer Aufgabe perfekt angepasst. Selber in einer der Hütten von Pata-Rât zu wohnen wäre nicht gut. Diesen Fehler hat Aimée gemacht, eine Abiturientin aus Zürich, die in Wirklichkeit nicht so heißt. Von Anfang an stieß sie auf Misstrauen. Was machte das zarte, sanfte Mädchen aus der reichen Schweiz hier? Warum zieht jemand freiwillig zu uns? Als Aimée im Winter krank wurde, mussten die *ProRroma*-Leute sie

aus der Hütte herausholen und in eine richtige Wohnung ohne
Durchzug bringen, eine Möglichkeit, die den Leuten aus Pata-Rât
nicht zu Gebote steht. Dann war sie so unvorsichtig, einem Lokal-
reporter zu erzählen, wie die Männer hier nachts aufeinander los-
gehen. Sie wollte nur das Elend schildern und Verständnis wecken,
der Reporter aber machte eine Geschichte über die verwilderten
Zigeuner daraus.

Bert und Margriet Looij sind christlich motiviert; bevor sie
nach Rumänien kamen, betrieben sie ein Café für drogenabhängi-
ge Jugendliche in Maastricht. Bert ist sich seiner Überzeugungen
sicher und streitet vor diesem Hintergrund kräftig mit einer rumänischen Ärztin herum, die in Pata-Rât nicht praktizieren will, weil
sie nicht genug dabei verdient. Wenn Margriet Kindern das Lesen
und Schreiben beibringt, dann tut sie es auch, damit sie später einmal die Bibel lesen können. Sonst fällt der christliche Hintergrund
im Alltag nicht weiter auf. Beide tun, wie viele Millionen in Rumänien und ganz Europa, einfach gelassen und souverän ihre Arbeit, freuen sich über Erfolge und ärgern sich über Probleme. Von
Selbstergriffenheit ist bei beiden nicht das Geringste zu spüren.

ProRroma hilft, ohne Bedingungen zu stellen, und ist gerade damit erfolgreich. Ein verallgemeinerbares Modell kann ihre Arbeit
trotzdem nicht sein, denn so viele Berts und Margriets, dass für
jede Elendssiedlung in Osteuropa einer zur Verfügung stünde, gibt
es auf dem ganzen Kontinent nicht. Wohl aber lassen sich die Prin-
zipien ihrer Arbeit auf eine andere Ebene übertragen. Wenigstens
in Gedanken müsste man dazu die Perspektive wechseln: Statt mit
Projekten Roma-Familien dazu zu bewegen, ihre Kinder regelmäßig zur Schule zu schicken, könnte man auch die Schulen oder die
unteren Schulbehörden dazu verpflichten, allen Kindern einen für
sie passenden Unterricht zu bieten. Bevor das Gesundheitsamt in
»nachgehender Fürsorge« seine Sanitäter durch das Roma-Viertel
schickt, damit sie nach Tuberkulösen oder Dauerausscheidern for-
schen oder Kinder zum Impfen einsammeln, könnte man sicherstellen, dass Roma, wenn sie von sich aus zum Arzt oder in die
Ambulanz gehen, behandelt werden wie alle anderen auch. Dass
schließlich der Arbeitsmarkt sich einmal so entwickeln könnte,

dass die Roma dort von sich aus etwas finden, mag einstweilen noch utopisch sein. Fruchtbar ist der Perspektivwechsel trotzdem.

Die Erfahrungen von Pata-Rât und Stolipinowo sprechen nicht prinzipiell gegen die Politik der Anreize und der Ermutigung, die überall auf der Welt die Politik der bloßen Verteilung abgelöst hat. Sie zeigen aber, dass Anreiz und Ermutigung nur funktionieren, wenn Menschen nicht im permanenten Notstand leben. Zu essen muss jeder genug haben und auch sicher sein können, dass sich das morgen nicht ändert. Wer planvoll leben soll, braucht wenigstens eine elementare Gesundheitsversorgung. Wohnungen müssen auf dem Balkan und nördlich der Alpen im Winter beheizbar sein. It's the Menschenrechte, stupid. Manchmal sind die Antworten auf komplizierte Fragen tatsächlich ganz einfach.

Auf dem Weg nach Westen

oder: Warum kommen sie, und was suchen sie hier?

Aus Pata-Rât war keiner je im Ausland. »Diese Leute migrieren nicht«, sagt Vîntilă Mihăilescu, Soziologe und einer der führenden Roma-Forscher Rumäniens. Nicht die Ärmsten, die vom Dorfbach oder aus den schlechteren Slums, aber die Bewohner der großen städtischen Roma-Viertel ziehen wirklich in großer Zahl nach Westen. Wenn nicht gerade irgendwo Bettler auftauchen oder eine Einbruchsserie den Roma zugeschrieben wird, findet ihre Wanderung in der Öffentlichkeit kaum Beachtung. Aber wer Ohren hat zu hören, kann seit der Jahrtausendwende in jeder Debatte über die EU-Osterweiterung, um Freizügigkeit in Europa und die Ausdehnung des Schengen-Raums einen scharfen Unterton vernehmen. Westeuropas Regierungen haben vor den Roma Angst, und sie wehren sich mit harten, aber unwirksamen Methoden.

In Italien wird die Zahl der Roma auf 120 000 bis 160 000 geschätzt; etwa die Hälfte von ihnen ist im Ausland geboren, meistens in Jugoslawien und in Rumänien. Etwa 18 000 leben in sogenannten »Lagern« bei Rom, Mailand und Neapel. In Deutschland kommen von den etwa 70 000 bis 140 000 Roma die meisten aus dem früheren Jugoslawien, vor allem aus Serbien, Bosnien, dem Kosovo und Mazedonien, aber auch immer mehr aus Rumänien und Bulgarien. Unter Österreichs 20 000 bis 30 000 Roma sind etwa fünf Sechstel Zuwanderer oder deren Kinder. Spanien zählt eine halbe Million Roma, Frankreich einige Hunderttausend. Die an die 100 000 in Griechenland stammen zu einem großen Teil aus Albanien und dem Kosovo, aus Bulgarien und Mazedonien. Von den etwa 100 000 Rumänen in Großbritannien sollen zwischen fünf und zehn Prozent Roma sein. Wie für die meisten EU-Länder gibt es auch für Deutschland keine verlässlichen Zahlen; nirgends, auch nicht bei der sonst so gut informierten *International Organisation for Migration* (IOM) werden Roma-Wanderungen gesondert erfasst. Die präzisesten Zahlen sind in Belgien zu haben: Von den etwa 30 000 Roma aus Südosteuropa leben die meisten in Flandern und in Brüssel, wo sich allein zwischen 15 000 und 20 000 niedergelassen haben; in Antwerpen sind es 4000, meist aus Ex-Jugoslawien, in Gent zwischen 4300 und 5000, zumeist Rumänen. Auch aus Deutschland sind solche Herkunftsschwerpunkte bekannt: In Köln kommen die meisten aus Serbien und Mazedonien, in Frankfurt aus Rumänien, in Münster aus dem Kosovo. Wertet man alle Indizien aus, so darf man annehmen, dass aus Ländern wie Rumänien, Ungarn, Bulgarien und Serbien etwa zehn Prozent der Roma heute im Westen leben. Sehr viel höher noch ist der Prozentsatz bei den Roma aus dem Kosovo. Viele wurden vom und nach dem Krieg der Jahre 1998 und 1999 vertrieben. Andere, die schon vorher ausgereist waren, durften lange Zeit nicht zurückgeschickt werden. Weil sie damit Abschiebeschutz genossen, gaben sie ihre Zugehörigkeit zu den Roma ausdrücklich an. So kennt man ihre Zahl in Deutschland genau: Es waren 34 411 Menschen.

Ein Besuch im schwarzen Tal der Roma

Die meisten Zuwanderer der Nachwendezeit kommen aus den städtischen Zentren und damit aus der »Mittelschicht« der Roma, wenn man die nicht ganz Elenden so nennen will: etwa aus Stolipinowo in Bulgarien, aus Ferentari in Rumänien, aus der mazedonischen Šutka, aus der Siedlung Lunik IX in der Ostslowakei oder aus dem Schiltal, einem Bergwerksgebiet in den Südkarpaten. Die Älteren unter ihnen, deren Kindheit 1990 schon vorbei war, haben oft einen Hauptschulabschluss. Viele hatten Arbeitsplätze, nicht wenige verfügen über eine Berufsausbildung. Zu Hause haben sie in Roma-Quartieren, aber auch in gemischten Arbeiter-Stadtteilen gewohnt. So war es zum Beispiel im Schiltal, wo in den Fünfzigerjahren dringend Arbeitskräfte gesucht wurden und die Kommunisten den Zuwanderern, auch den Roma, aus dem ganzen Land schöne Wohnungen zuwiesen. Ende der Neunzigerjahre wurden dann von 46 000 Bergarbeitern im Schiltal 28 000 abgefunden und freigesetzt – unter ihnen die meisten hier arbeitenden Roma. Der Bergbau funktioniert inzwischen wieder, aber auf wesentlich niedrigerem Personalstand. Roma sind unter den verbliebenen Bergleuten so gut wie keine.

Aus dem Schiltal sind nach dem EU-Beitritt Rumäniens viele nach Frankreich gezogen und in den Lagern bei Lyon und Grenoble gelandet. Die Polizei löste die Lager auf und steckte die Bewohner in ein Flugzeug nach Timişoara. Vierzehn Tage später war die Hälfte der Abgeschobenen schon wieder in Frankreich. Vor ihrem früheren Haus in Petroşani kampiert die Familie Pirtea jetzt mit einem Wohnwagen – demselben, den Vater Gabriel mit seiner Frau und dem kleinen, in Frankreich geborenen Sohn schon in Lyon aufgestellt hatte. »Unterkunft ist das größte Problem«, sagt die Vertreterin der Roma-Selbsthilfegruppe *Thumende* (»bei euch«). Die meisten hätten nie Wohneigentum besessen. Etliche hätten ihre bescheidenen Häuschen verkauft, bevor sie nach Frankreich gingen. Die Hütten, in denen manche lebten, wurden abgerissen. »Nur zwei Rückkehrerfamilien haben von der Gemeinde eine Wohnung zugewiesen bekommen«, sagt die engagierte Frau. Ihre Organisation betreut aber 36 Familien und damit deutlich mehr als hundert Menschen.

Das Schiltal war zu Zeiten der Ceauşescu-Diktatur ein ethnischer Schmelztiegel: Rumänen und Angehörige von nicht weniger als sieben nationalen Minderheiten strömten aus dem ganzen Land in die Bergwerke und Metallbetriebe der Region. »Am Bahnhof wurden« wir schon mit Lautsprecher begrüßt«, erinnert sich Ion, ein alter Mann, der 1972 hierher kam. Wo sonst wurde einer wie er schon beworben? Petroşani war eine grüne Stadt mit für die damalige Zeit modernen Wohnblocks. »Unter Tage sind wir alle schwarz«, lautete die völkerverbindende Formel. Manche, vor allem die Roma, waren aber schon damals schwärzer: Sie wurden für Reinigungsarbeiten in den Fabriken, Schächten und Stollen eingesetzt. Ihr Bildungsstand blieb niedrig. Dass die meisten nur Hilfsarbeiter waren, erschwert ihre Resozialisierung. *Thumende* hat mit EU-Geldern ein Qualifizierungsprogramm aufgelegt. Das Ziel ist, Betroffene aus allen Volksgruppen für Kleingewerbe zu schulen. Aber das ist ein Tropfen auf den heißen Stein. Der Chef der Entwicklungsagentur für das Schiltal schätzt die Zahl der Arbeitslosen hier auf 50 000. Völlig mittellos und regelrecht vom Hunger geplagt sind etwa 7000 bis 8000 davon, meint der Vertreter des Präfekten in Petroşani, der eher ein Interesse haben müsste, das Problem herunterzuspielen. Einige Hundert Familien haben ihre Wohnungen verkauft, die Habe auf den Dacia geladen und sind zu ihren Verwandten aufs Land gefahren. Die aber wollten sie meistens nicht haben. Heute hausen die gestrandeten Rückkehrer ohne Wohnung, ohne Arbeit und ohne Essen in Baracken unten am Schil. Die anderen verdämmern in ihren Eigentumswohnungen. Weil sie Strom und Wasser nicht bezahlen können, droht ihnen die Räumung, ein Schicksal, das jeder Einzelne in Bittgängen zur kommunalen Versorgergesellschaft für sich abwenden muss.

Nicht nur Roma sind aus dem Schiltal nach Frankreich gegangen, sondern auch viele andere Rumänen. Etwa zehn Prozent der rumänischen Bevölkerung, zwei Millionen Menschen, leben im westlichen Ausland, und etwa zum gleichen Anteil dürften auch die zehn Prozent Roma im Lande ausgewandert sein. Wie die anderen haben auch die Roma zunächst sogenannte Brückenköpfe gebildet: Erst gingen für ein paar Monate oder gar Jahre nur einige arbeitsfähige Männer, erkundeten die Möglichkeiten, und wenn sie etwas gefunden hatten, zogen sie andere nach. Wie für andere Rumänen waren auch für die Roma Frankreich, Italien und Spanien die bevorzugten Zielländer. Im Vergleich zu den Rumänen kamen die Roma aber in die schlechteren Netzwerke, denn ihre Migrationspioniere hatten wegen ihrer schlechteren Ausbildung meistens die schlechteren Jobs bekommen.Und zu allem Überfluss landeten sie auch noch in einer Falle.

Italien und Frankreich: Die falschen Nomaden

In Italien boten sich für zuwandernde Roma als Unterkünfte *Campi nomadi*, Lager, die oft schon seit den Achtzigerjahren oder noch länger bestanden. Die Ankömmlinge nutzten damit eine Infrastruktur, die ihnen später zum Verhängnis werden sollte. Das inzwischen aufgelöste Lager an der Strada Druento in Turin zum Beispiel entstand 1979 für Roma aus Jugoslawien, von denen die Stadtverwaltung meinte, sie seien Fahrende und würden irgendwann weiterziehen. Anfangs galt die Zuweisung osteuropäischer Roma in solche Lager sogar als eine Art Schutz des kulturellen Erbes; mobile Wohnformen, dachte man, kämen den Menschen entgegen. »Sie haben uns einen Wohnwagen zugewiesen«, erinnert sich ein Rumäne, der damals nach Italien kam, »dabei hatte ich so etwas noch nie von innen gesehen.« Seit den Achtzigerjahren musste jede italienische Stadt mit mehr als 10 000 Einwohnern ein solches *Campo* errichten. Frankreich zog 1990 mit der *loi Besson* nach, einer ähnlichen Vorschrift für Gemeinden mit über 5000 Einwohnern. Anders als in Italien unterschied man hier zwischen *Aires de stationnement*, die Franzosen mit einem besonderen Wanderausweis vorbehalten blieben, und den *Aires de passage* für die Ausländer, von denen man annahm, sie würden nicht lange bleiben wollen. »Nomaden« oder »Menschen auf Reisen« waren auch die Bewohner der französischen *Aires de passage* nicht. Wenn sie von dort wieder verwiesen wurden, zogen sie weiter in eines von landesweit 300 illegalen Lagern.

Die meisten italienischen *Campi nomadi* und französischen *Aires de passage* entstanden irgendwo unter Brücken, zwischen Autobahn und Eisenbahnlinie oder weit draußen in der Industriebrache. Es war ja nur vorübergehend. Die ersten Roma waren noch mit Wohnwagen gekommen. Bald waren die Reifen platt, dann wurden die Räder abmontiert. Schließlich musste gegen den Regen ein Bretterdach über den Wagen geschlagen werden, und so wurden aus Wohnwagen Hütten und aus dem Lager eine Slum-Siedlung. In Italien haben die Lager sich inzwischen unterschiedlich entwickelt. Katastrophal sind die Verhältnisse in Salone bei Rom, das einem Internierungslager ähnelt: ein zwei Meter hoher Metallzaun mit Security an der Pforte. In Il Dado in Turin dagegen hat sich mit Unterstützung der Stadtverwaltung eine funktionierende Selbstverwaltung entwickelt. In jedem Fall aber sind die Lager zu Roma-Ghettos geworden.

Sesshaftigkeit ist noch immer ein großes Thema, wenn es um Roma geht, und das, obwohl alle Quellen darin übereinstimmen, dass heute nur noch zwischen drei und fünf Prozent von ihnen dauernd reisen. Eingeschlossen in diese Zahl sind auch die »saisonalen Nomaden«, die irgendwo ein Haus haben, aber den ganzen Sommer über unterwegs sind. Unter diesen wenigen sind verhältnismäßig viele deutsche Sinti, französische Manouches und britische Travellers, die zum Beispiel als Schausteller arbeiten oder sonst ein fahrendes Gewerbe unterhalten – keine Zuwanderer also, sondern seit vielen Generationen Bürger Deutschlands oder Frankreichs, Großbritanniens oder der Niederlande. Ein wirkliches Problem stellen sie für niemanden dar. »Fahrendes Volk« ist schon lange die große Ausnahme. Eine Mehrheit von Reisenden gab es schon vor siebzig Jahren nur noch in Polen und Russland. In Bulgarien und der Tschechoslowakei waren schon 1945 fast alle Roma sesshaft, in Rumänien und Jugoslawien 70 Prozent. In Rumänien muss man schon weit von den Hauptstraßen weggehen, um zufällig noch irgendwo auf eine Familie mit einer *caruţa*, dem klassischen, von einem Pferd gezogenen Planwagen zu treffen. Auch die Zeiten, da das Nomadentum als Bedrohung empfunden wurde, dürften vorbei sein, seit ein Julian Assange nur in Hotelzimmern lebt und viele ältere Briten und Deutsche im Ausland Sommerhäuser unterhalten.

Umgang mit »Gemeindearmen«, einst und jetzt

Dass die Vorstellung von den ewig wandernden Zigeunern sich trotzdem so hartnäckig hält, hat einen praktischen Grund: Mit ihr ist die Hoffnung verbunden, dass die Leute weiterziehen und nicht den örtlichen, regionalen oder nationalen Sozialkassen zur

Last fallen. In vorindustrieller Zeit wurde Wanderschaft mit Armut assoziiert; wer unterwegs war, hatte offenbar kein Land zu bestellen und war entsprechend arm. Heute ist es umgekehrt; man reist gern, muss es sich aber leisten können. Wer dagegen arm ist, muss zu Hause bleiben. Ist jemand offensichtlich arm und hält sich trotzdem nicht in seiner Heimat auf, muss es sich um einen Nomaden oder aber um einen Zwangsverschleppten handeln.

Sozialhilfe ist traditionell eine kommunale Aufgabe. Seit jeher haben Städte und Gemeinden ihre Bettler deshalb mehr oder weniger diskret in den Nachbarort abgeschoben. Auch einheimische Roma und deutsche oder italienische Sinti zum Beispiel, die mit ihren Planwagen irgendwo kampierten, wurden überall in Westeuropa von der Polizei besucht und nicht selten schikaniert, schon damit sie nicht auf die Idee kamen, Ansprüche zu stellen. Um dieser Umherschieberei ein Ende zu setzen, ordneten europäische Staaten im 19. Jahrhundert alle ihre Bürger, gleich wo sie sich gerade aufhielten, einer Kommune zu, die dann ein Leben lang für sie zuständig blieb. Preußen führte dieses »Heimatrecht« 1842 ein, Österreich 1849, und in der Schweiz gilt es bis heute. Lästig sind Arme trotzdem geblieben, und an dem Bestreben, sie loszuwerden, hat sich nicht viel geändert. Noch in der Nachkriegszeit galt es als klug, auch für deutsche Sinti die Wohn- und Lebensbedingungen möglichst erbärmlich zu gestalten, denn dann konnte man hoffen, dass sie sich woanders ansiedeln würden. 1978/79 bekamen 25 Prozent der deutschen Sinti Sozialhilfe; in der Gesamtbevölkerung waren es nur zwei Prozent. Freiburg im Breisgau hatte Zuzug von Sinti, weil sich in der Stadt die zentrale Genehmigungsbehörde für die Wiedergutmachung von Unrecht und Verfolgung in der Nazi-Zeit befand. Deshalb ließen sich die kommunalen Behörden allerlei Schikanen einfallen. Der Leiter des Liegenschaftsamts trat für die »restlose Verjagung« der Sinti ein. Die Verwaltung drängte die Polizei, scharf gegen »Zigeuner und Landfahrer« einzuschreiten, ein Wunsch, dem die Polizei mangels Rechtsgrundlage selten nachkommen mochte. So, als sich selbst erfüllende Prophezeiung, entstanden Slums. Nachdem die Stadt die ungeliebten Sinti dreizehn Jahre lang zum Leben in einer Kiesgrube gezwungen hatte,

verkündete ein Referent des Bürgermeisteramts: »Ich bin der Auf-
fassung, dass sich die Zigeuner durch die ihnen eigene, selbstge-
wählte Lebenshaltung und -auffassung außerhalb der Gemeinschaft stellen.« Was zu beweisen war.

Inzwischen gibt es überall (außer in der Schweiz) nationale So-
zialhilfegesetze; die Kommunen tragen die Last wenigstens nicht
mehr allein. Die Politik der Abschreckung und Vertreibung gegenüber den Sinti wich in den Siebzigerjahren menschlicheren
Modellen. Es wurden Siedlungen gebaut, von den manche Vorbild-
charakter haben, etwa die Siedlung Otto-Pankok-Straße in Düs-
seldorf-Eller. Wenn Roma-Migranten, wie übrigens auch andere
Zuwanderer, heute mobiler sind als vor zwanzig Jahren, zwischen-
durch immer wieder ins Herkunftsland zurückkehren oder sich
über längere Zeit bei Verwandten in einem dritten Land aufhalten,
löst das auf kommunaler Ebene nicht mehr gleich Vertreibungs-
hoffnungen aus. In manchen belgischen und niederländischen
Städten sind zum Beispiel Unterkünfte für mehrmonatigen Aufenthalt entstanden; keine Wohnwagen, sondern feste Häuser. An
der Hans-Fallada-Schule in Berlin-Neukölln werden rumänische
Kinder von rumänischen Lehrkräften in dreiwöchigen Sommer-
kursen auf den Schulbesuch vorbereitet; die Teilnahme ist freiwillig und liegt bei 90 Prozent. Auf nationaler Ebene aber und in manchen anderen Städten wirkt der alte Abschiebeimpuls unverändert
weiter, und auch die Argumente zu seiner Rechtfertigung sind die
gleichen. Nur die Terminologie ist vornehmer geworden.

Man spricht bei der Migration von »Push-« und »Pull-Fak-
toren« – solchen, die Menschen in die Emigration treiben, und
solchen, die sie zur Immigration anziehen. Will man Migration
vermeiden, kann man an beiden Schrauben drehen; wenigstens
theoretisch. Ins österreichische Graz kamen über mehr als ein
Jahrzehnt regelmäßig Roma aus dem Kreis Rimavská Sobota in der
Südslowakei und bettelten in der Fußgängerzone. Ein katholischer
Pfarrer nahm sich ihrer an, beherbergte sie während ihres Aufent-
halts in einer einfachen Unterkunft und bemühte sich zugleich, für
sie Arbeitsmöglichkeiten in ihrer 500 Kilometer entfernten Heimat
zu schaffen. Die Stadt wollte sie loswerden, erwirkte beim Land

ein generelles Bettelverbot und erklärte zugleich ihre Bereitschaft, finanziell zu den Sozialprojekten in der Slowakei beizutragen. Tatsächlich wirksam wurde nur die Manipulation am »Pull-Faktor«: das Bettelverbot; die Schwächung des »Push-Faktors« blieb ein Lippenbekenntnis. Aus der Sicht der Stadt war das nur logisch. Wer hätte den Ratsherren auch garantiert, dass sich nach ihrem Einsatz für eine bestimmte Region in der Slowakei nicht nunmehr die Roma aus der Nachbarregion zum Betteln in die Grazer Fußgängerzone gesetzt hätten? Die ganze Slowakei kann Graz schließlich nicht sanieren.

Die Vorstellung vom nomadischen Wesen der Zigeuner ist dabei hilfreich; sie sind ja ihrer Natur nach Durchwanderer und keine Zuwanderer. Sie stimmt bloß nicht. Mit ihren Roma-Lagern handelten sich Italien und Frankreich deshalb Elendssiedlungen ein, die den rumänischen kaum nachstanden. Um den »Pull-Faktor« ganz auszuschalten, müssen sie immer rigoroser vorgehen und noch schlechtere Plätze bereitstellen. Je schlimmer, desto besser: Das ist das Prinzip. Geht man menschlich mit den Roma um, riskiert man, dass immer mehr von ihnen kommen. Entscheidet man sich für die Unmenschlichkeit, handelt man sich die schlimmsten Slums ein – eine klassische Lose-lose-Situation.

Damit nicht immer mehr kommen, muss man die Verhältnisse für die, die schon da sind, möglichst elend und möglichst provisorisch gestalten. Nicht immer handeln westliche Behörden bewusst nach dieser Logik, oft ergibt sie sich einfach irgendwie aus den gesetzlichen Bestimmungen. Nach dem EU-Beitritt Rumäniens und Bulgariens zogen einige Tausend Roma, vor allem bulgarische, aber auch einige rumänische, in den Norden von Dortmund, eine heruntergekommene, ärmliche Gegend mit vielen verwahrlosten Häusern. Die Pioniere waren Frauen vorwiegend aus Stolipinowo, die sich prostituierten, die marktüblichen Preise unterboten und mit ihren türkischen Sprachkenntnissen bei den türkischen Freiern in Dortmund einen Konkurrenzvorteil hatten. Es folgten ihre Männer, die sich teils auf dem Arbeiterstrich verdingten, teils versuchten, sich mit Schrotthandel, Autowäsche oder sonstigen kleinen Geschäften über Wasser zu halten.

Vom Nachteil, ein Unionsbürger zu sein

Allesamt sind sie EU-Bürger. Damit sind sie paradoxerweise aber in mancher Hinsicht schlechtergestellt als Asylbewerber etwa aus Serbien oder Mazedonien. Sie dürfen frei in jedes EU-Land reisen, müssen aber nach drei Monaten theoretisch nachweisen, dass sie über »ausreichende Existenzmittel und Krankenversicherungsschutz« verfügen, eine Bestimmung, mit der die westlichen Staaten die »Einwanderung in die sozialen Sicherungssysteme« verhindern wollten. Kontrolliert wird das jedoch nicht, denn es würde nichts helfen. Abschieben kann man EU-Bürger nur, wenn sie gegen die »öffentliche Sicherheit und Ordnung« verstoßen. Würde man die Rumänen und Bulgaren zur sogenannten freiwilligen Ausreise nötigen, wie es in Frankreich geschehen ist, so könnte niemand sie hindern, schon am nächsten Tag wieder einzureisen – wie es die Roma aus dem Schiltal nach ihrer Abschiebung aus Frankreich ja auch wirklich getan haben. Die Auflösung der Lager und die Verbringung der Bewohner in Flugzeuge nach Rumänien war eine bloße Alibi-Aktion zur Beruhigung der Wähler, praktischen Sinn hatte sie keinen.

In Deutschland hat es solche Aktionen wie in Frankreich nicht gegeben; niemand versucht, rumänische und bulgarische Roma abzuschieben. Statt in Lagern quartieren sie sich in Deutschland, den Niederlanden und in Belgien vorzugsweise in leerstehenden Häusern ein. Im Ruhrgebiet haben sich einige einheimische Geschäftsleute darauf spezialisiert, solche Häuser anzumieten und mit erheblicher Gewinnspanne an Roma unterzuvermieten. In Berlin-Neukölln sind es manchmal auch einheimische »Transferleistungsempfänger«, so der Integrationsbeauftragte des Stadtbezirks, die ihre Wohnungen untervermieten, pro Tag und Schlafplatz abrechnen und die Miete in bar kassieren. In den Niederlanden werden solche Leute treffend *huisjesmelkers* genannt, Häusermelker.

Zwar kann man die EU-Bürger nicht abschieben. Anspruch auf Sozialleistungen haben sie aber erst, wenn sie fünf Jahre lang ordentlich in einem anderen EU-Land angemeldet waren. Über fehlende Anmeldung, eigentlich eine mit Bußgeld bedrohte Ordnungswidrigkeit, sehen die Behörden hinweg. Weil sie zwar keinen geordneten Status haben, als Europäer aber bleiben dürfen, hängen sie zwischen Baum und Borke. Helfen kann man ihnen nicht. »Wenn zum Beispiel das Jugendamt in einer solchen Wohnung im Dortmunder Norden auf ein verwahrlostes Kind aufmerksam wird, müssen die Beamten es in Obhut nehmen«, sagt Wilhelm Steitz, Dezernent für »Recht und Ordnung« der Stadt Dortmund. Für die Stabilisierung der Familie, etwa über eine Hilfe zum Lebensunterhalt für die Mutter, gibt es keine Rechtsgrundlage. Der Stadt bleibt nichts übrig, als zu Methoden zu greifen, wie sie vor fünfzig Jahren üblich waren. Die bulgarischen und rumänischen Roma bekommen weder Hartz IV noch irgendwelche Sachleistungen aus den Sozialkassen. Wenn sie ein Gewerbe angemeldet haben, können sie »ergänzende Hilfe zum Lebensunterhalt« beantragen. Wird sie gewährt, zieht ihnen der Staat aber gleich 400 Euro für die – meistens nur theoretischen – Einkünfte aus ihrem Gewerbe wieder ab. Höchstens Kindergeld könnten sie theoretisch beziehen, was aber niemand tut, weil den Dortmunder Roma der Umstand nicht bekannt ist. Überhaupt kommen diese Zuwanderer nach Steitz' Erfahrung nicht mit dem persönlichen Ziel nach Westen, Sozialleistungen zu konsumieren. Sie durchschauen und verstehen das Sozialsystem schon im eigenen Land oft nicht. Nehmen sie doch einen Vorteil in Anspruch, dann folgen sie so gut wie immer einem erfahreneren Landsmann, der zufällig auf eine Chance oder eine Gesetzeslücke aufmerksam geworden ist und ihnen davon erzählt. Sie kommen und schauen, was sich ergibt. Weil sie ja angeblich nur Touristen sind und als solche nach drei Monaten Rundreise zwischen Eiffelturm und Brandenburger Tor eigentlich wieder heimreisen sollten, muss, ja, darf sich um ihre Probleme niemand scheren.

Serbien und Mazedonien
hindern ihre Bürger an der Ausreise

Um die ungeliebten Gäste fernzuhalten, setzen die westlichen Staaten auf administrative Hürden und internationalen Druck. Die Furcht vor zuwandernden Roma hat über Jahre die Aufnahme Rumäniens und Bulgariens in den Schengen-Raum verzögert, auch wenn gern andere Gründe vorgeschoben wurden. Nachdem für die Bürger Serbiens, Mazedoniens, Albaniens, Bosniens und Montenegros die Visa-Pflicht bei der Einreise in den Schengen-Raum gefallen war, stieg plötzlich die Zahl der Asylanträge; in einem Jahr suchten über 17000 Serben und über 7000 Mazedonier in einem EU-Land um Asyl nach, so gut wie alle von ihnen Roma. Gemessen an den 500 Millionen EU-Bürgern ist das eine geringe Menge, und zehn Jahre zuvor lagen die Asylbewerberzahlen noch beim Mehrfachen. Der neue »Zustrom« von Roma führte aber augenblicklich zu politischen Reaktionen. Schon als die Zahl der Asylsuchenden aus Bosnien in einem Monat von durchschnittlichen 25 auf über 80 stieg, sah sich etwa die belgische Regierung bemüßigt, ihren Botschafter in Sarajewo wegen dieser »beunruhigenden und ernsten Entwicklung« bei der bosnischen Regierung vorstellig werden zu lassen.

Verantwortlich gemacht wurden dafür die Balkanstaaten: Sie sollten ihre Bürger »aufklären« und an der Grenze auf ihre Ausreisemotive und die mitgeführten Mittel kontrollieren – eine versteckte Aufforderung, die Roma unter den Reisenden am besten schon an der Grenze aus dem Bus zu holen. Die Idee, die Roma über ihre fehlenden Asylchancen »aufzuklären«, geht am Problem allerdings vorbei. In Wirklichkeit nämlich wollen die Reisenden gar kein Asyl. Sie hoffen vielmehr auf ein mehrere Monate dauerndes Verfahren und eine anschließende Rückkehrhilfe – wie die sechsköpfige Familie Mehmeti aus Mazedonien, die in Straßburg mit dem ausdrücklichen Wunsch um Asyl ankam, hier den Winter zu verbringen. So beobachten es die Aufnahmestellen für Asylbewerber in Deutschland und Belgien; anderswo sind die Asylverfahren so kurz, dass die Methode nicht funktioniert.

Der Druck auf die Beitrittsländer bleibt nicht ohne Erfolg. Wie zu kommunistischer Zeit hindern einige von ihnen ihre Bürger bereits wieder selbst an der Ausreise. Besonders eilfertig zeigt sich dabei Mazedonien, das bei Wohlverhalten hoffen darf, endlich seine von Griechenland blockierten Beitrittsgespräche aufnehmen zu dürfen. Täglich werden etwa zwanzig Mazedonier an der Ausreise gehindert, etwa weil der Grenzbeamte Zweifel am Zweck der Reise hat oder weil jemand nicht genug Geld mit sich führt. Die mazedonische Roma-Organisation Arka berichtet von Fällen, in denen Leute Verwandte in Serbien besuchen oder an einer Hochzeit teilnehmen wollten, aber nicht über die Grenze gelassen wurden. Auch Stempel im Pass soll es geben, mit denen man nicht mehr ausreisen darf. Es entscheidet der Herr Grenzbeamte. Die mazedonischen Behörden sind inzwischen sogar per Gesetz ermächtigt, »falschen Asylbewerbern« den Pass abzunehmen.

Offen gesprochen wird über dergleichen auf politischer Ebene nur in diskreten Zirkeln, etwa beim »Salzburg-Forum«, einem von Österreich initiierten Zusammenschluss der Polizeiminister Mittel- und Osteuropas. Die Regierung Mazedoniens hat eine Handreichung für Grenzbeamte entwickelt, die beschreibt, wie sie »Täter« entdecken können. Anders als zu kommunistischer Zeit können Grenzer heute einfach nach der Hautfarbe oder nach dem »Zigeunerblick« gehen. Nach dem Willen der Regierung in Skopje obliegt die Kontrolle künftig nicht erst dem Grenzpolizisten, sondern schon dem Busfahrer. Der Entwurf für einen neuen Paragraphen im Strafgesetzbuch lautet: »Wer eine Person zum Zwecke des Erhalts oder der Ausübung sozialer, wirtschaftlicher oder anderer Ansprüche, die im Widerspruch zum Recht der Europäischen Union, der Gesetzgebung in ihren Mitgliedstaaten oder zum Schengen-Abkommen oder zum Völkerrecht stehen, zur Reise in ein Mitgliedsland der Europäischen Union oder des Schengen-Abkommens rekrutiert, ermuntert, die Reise organisiert, die Person beherbergt oder transportiert, wird mit Freiheitsentzug nicht unter vier Jahren bestraft.« Benutzte Räume und Fahrzeuge werden konfisziert. Betroffen sind vor allem Reisebüros und Busunternehmer; erste wurden schon geschlossen. Wenn sie keine Strafe riskieren wollen, tun sie gut daran, an Roma generell keine Fahrkarten mehr zu verkaufen.

Die neuen Regeln betreffen nicht nur die sogenannten »Asylbetrüger«, die irgendwie über den Winter kommen wollen und lieber ein paar Monate im Achtbettzimmer eines Aufnahmelagers in Straßburg übernachten, statt sich in einer zugigen Hütte in der mazedonischen Šutka eine Lungenentzündung zu holen. Sie betreffen vielmehr alle Roma. Mit ihren Ausreisekontrollen verletzen die Regierungen der Beitrittskandidaten auf Druck der EU auch etliche internationale Verträge und Abkommen. »Jeder hat das Recht, jedes Land, einschließlich seines eigenen, zu verlassen«, heißt es zum Beispiel in der Allgemeinen Erklärung der Menschenrechte, die von allen europäischen Staaten unterzeichnet worden ist. Ausnahmen gibt es nach dem sogenannten UN-Zivilpakt nur »zum Schutz der nationalen Sicherheit, der öffentlichen Ordnung, der Volksgesundheit, der öffentlichen Sittlichkeit oder der Rechte und Freiheiten anderer«. Dass jemand nicht genug Geld hat oder gar zur falschen Volksgruppe gehört, ist kein gültiges Kriterium. Die Europäische Menschenrechtskonvention lässt als Ausnahmegründe zusätzlich die »Verhütung von Verbrechen« und den »Schutz der Moral« zu. Auf die Idee, ausgerechnet die Moral anzurufen, ist bei den neuen europäischen Anti-Roma-Regeln bisher noch niemand gekommen.

Abschiebungen aus Deutschland ins Kosovo

Frankreich mag es spektakulär, wenn es darum geht, die Verlierer der »samtenen Revolutionen« von seinen Grenzen fernzuhalten. Deutschland handelt diskreter, dafür aber umso effektiver. Schon in den Kriegen der Neunzigerjahre war das wichtigste Ziel der deutschen Balkanpolitik, Flüchtlingsbewegungen zu vermeiden. Es deckte sich zum Glück mit dem Interesse, den Krieg zu beenden. Beim deutschen Einsatz für die Ost- und besonders die Südosterweiterung stand wiederum der Wunsch nach Ruhe an der Ostgrenze Pate. Auch wenn es selten ausgesprochen wird, geraten die Roma dabei immer mehr in den Fokus. Sie haben es zum Beispiel geschafft, dass Berlin in der europäischen Kosovo-Politik eine treibende Rolle spielte.

Seit den Neunzigerjahren hatte Deutschland Kosovaren aufgenommen, die vor den immer schwerer erträglichen Verhältnissen flüchteten – vor allem Albaner, auf die zu Hause Schikanen und Prügel durch die serbische Polizei warteten, aber auch Roma. Als die serbische Armee und Polizei nach Beginn der Nato-Intervention 1999 Albaner systematisch vertrieb, stieg die Zahl der Kosovo-Flüchtlinge in Deutschland auf etwa 100 000. In den ersten Monaten und Jahren danach kamen noch einmal mehrere Tausend Kosovo-Roma hinzu, deren Siedlungen in und bei den Städten Prishtina, Vushtrri und Mitrovica von albanischem Mob systematisch niedergebrannt worden waren. Als der Krieg vorbei war, sollten alle Flüchtlinge möglichst rasch wieder heimkehren. Bei den allermeisten Albanern war dazu kein Druck erforderlich; sie gingen mehr als gerne. Anders bei den Roma, deren Lage gerade jetzt prekär geworden war; noch 2004 war bei pogromartigen Ausschreitungen im ganzen Land außer der serbischen auch die Roma-Minderheit die Zielscheibe. Berlin hätte trotzdem gern auch die Roma aus dem Kosovo abgeschoben, biss bei der Uno-Verwaltung, die für das Nachkriegsland die Souveränität ausübte, aber auf Granit.

So wurde die deutsche Außenpolitik zum Motor der Unabhängigkeit des Kosovo. Eine »unabhängige« Regierung, so das Kalkül, würde sich deutschen Forderungen nicht widersetzen können. Kaum hatte sich das Kosovo auf ein gemeinsames Handzeichen der USA, Deutschlands, Frankreichs, Großbritanniens und Italiens für unabhängig erklärt, begannen zwischen Deutschland und dem jetzt selbständigen Staat die Verhandlungen über ein Rückübernahmeabkommen. Zu verhandeln gab es in Wirklichkeit nichts; die Kosovaren mussten unterschreiben, was die Deutschen ihnen vorlegten. Wenige Wochen später landete das erste Flugzeug mit Roma in Prishtina. Ähnlich wie die Deutschen mit ihrem Einsatz für die Unabhängigkeit des Kosovo war in den Siebzigerjahren das Apartheid-Regime in Südafrika vorgegangen. Es schuf sogenannte

Homelands und erklärte sie für unabhängig, nur um schwarze Südafrikaner dorthin ausbürgern zu können.

Abgeschoben wurden nun Angehörige von Minderheiten aus dem Kosovo, die bis dahin Abschiebeschutz genossen hatten, und zwar gleich wie lange sie sich schon in Deutschland aufgehalten hatten. Es waren Familien darunter, die schon in den Achtzigerjahren gekommen waren und gleich schon hätten wieder gehen sollen, die aber wegen Krieg und Verfolgung dann nicht zurückgeschickt werden konnten. Inzwischen war eine ganze Generation herangewachsen, die ihr Heimatland gar nicht kannte und seine Sprache nicht sprach. Gemildert wurde die Austreibung durch das neu eingeführte Bleiberecht, das bei genügend Punkten für erfolgreiche Integration vor Abschiebung schützt. Manche Bundesländer, wie Nordrhein-Westfalen, urteilten milde, andere, wie Niedersachsen, besonders hart.

»Ich will wieder zu Frau Wegmann«

In Sachen Integration hatten viele Abgeschobene nichts zu wünschen übrig gelassen, und der Effekt reichte sogar über den Termin der Abschiebung hinaus. Als Forscher einer Studie für das Uno-Kinderhilfswerk Unicef sie in der kosovarischen Stadt Gjakova besuchten, hatte die 13-jährige Albana Gashi ihren Schulranzen aus Deutschland auf dem Rücken. »Ich warte, dass der Papa mich wieder in meine Schule schickt«, erklärte das Mädchen. Ihre kleine Schwester Fatmire wollte »zurück zu Frau Wegmann«, ihrer Lehrerin im westfälischen Steinfurt. Von 66 Roma-Schulkindern, die aus Deutschland abgeschoben worden waren, gingen in der »Heimat« nur noch siebzehn zur Schule, fanden die Unicef-Mitarbeiter heraus. Den anderen ging es meist ähnlich wie zwei Dortmunder Mädchen, die gerade die Grundschule hinter sich hatten. Der Dorfschullehrer im Kosovo erkannte ihre Zeugnisse nicht an und setzte die Zehnjährigen zu den Erstklässlern. Nach einem Jahr gaben sie auf. Knapp die Hälfte der Betroffenen ist unter achtzehn und entweder in Deutschland geboren oder im Kleinkindalter gekommen.

Die Roma, die heute noch in Deutschland leben, sprechen meistens Deutsch, Romanes oder Serbisch, aber kein Albanisch; ihre Kinder können oft nur Deutsch. Ob jemand in Deutschland Arbeit hat oder nicht, ist für die Rückführung kein Kriterium mehr. Die Arbeitslosigkeit liegt im Kosovo bei 50 Prozent, für Roma bei knapp 100. Viele haben ihre Häuser verkauft, bevor sie geflüchtet sind. Das Uno-Flüchtlingskommissariat und der Menschenrechtsbeauftragte des Europarats haben sich gegen die deutsche Abschiebepraxis ausgesprochen. Ihre Appelle verhallten ebenso wie die Proteste von Kirchen und Menschenrechtsorganisationen.

Zur »Wiedereingliederung« legten die Bundesregierung und einige Länder ein Programm namens Ura auf, albanisch für: die Brücke. Ein Rückführungszentrum in Prishtina bot für ein halbes Jahr 50 Euro zum Essen und 100 Euro Mietkostenzuschuss. Dazu gab es Geld für Medikamente, Fortbildung und einen Lohnkostenzuschuss für den, der einen Job fand. Wer unterschrieb, dass er freiwillig ausreiste, bekam mehr. Das Programm ist nur ein Alibi. Die Gehaltszuschüsse etwa sehen oft so aus, dass man sich das Geld mit einem Arbeitgeber teilt, ohne wirklich angestellt zu werden. Leistungen wie die kostenlose Abgabe von Insulin im Kosovo stehen nur auf dem Papier, werden aber gleichwohl als Tatsache genommen und tauchen dann in den Analysen der deutschen Behörden auf. Viele Abgeschobene finden gar nicht erst den Weg zum Rückführungszentrum. »Sie ziehen gleich weiter nach Serbien, weil sie sich dort sicherer fühlen. Etliche der abgeschobenen Kinder«, so der kosovarische Rechtsanwalt Hil Nrecaj, »sind im Kosovo nicht registriert. Gemeldet wird man hier nur, wenn man das Original der Geburtsurkunde beibringt.« Die einzustecken sei aber die letzte Sorge der Familien gewesen, die in Münster, Wolfenbüttel oder Cuxhaven nachts um drei von der Polizei aus dem Bett geholt wurden. Sozialhilfe beantragen kann man nur in dem Ort, in dem man vor der Flucht gemeldet war, und auch nur, wenn man dort nach der Rückkehr wieder eine Unterkunft gefunden hat. In diesem – günstigen – Fall bekommen Familien mit Kindern unter fünf Jahren zwischen 35 und 75 Euro im Monat. Wer über 65 Jahre ist, erhält eine soziale Mindestrente von 35 Euro,

Paare 45 Euro. Das ist weniger, als man allein für Lebensmittel braucht.

Die Abschiebepolitik ist nicht nur hart, sondern auch wirkungslos. Nach den ersten Abschiebungen wollten Journalisten nachsehen, was aus den Jugendlichen wohl geworden war. Das gestaltete sich schwierig. Wo immer man hinkam, waren die Betroffenen »gerade nicht da«. Zu erreichen waren die meisten nur über deutsche Handy-Nummern, und wenn man hartnäckig genug nachfragte, stellte sich heraus: Sie waren längst wieder zurück. Traf man doch mal jemanden an, dann im Wartestand. Wie das im Einzelnen aussieht, zeigt der Fall von Nazmir und Sedat aus Hiddestorf.

Heimkehr der Schattenmenschen

Der Papa hat sich seinen kleinen Sohn auf die Schulter gesetzt. Beide lachen fröhlich in die Kamera. Der Weihnachtsbaum leuchtet bunt. Die Mama, hochschwanger, sitzt auf dem Sofa unter der Stehlampe und strahlt. Erinnerung an ein kleines Glück in Hiddestorf bei Hemmingen, Niedersachsen. Das Album mit dem Bild von Weihnachten 1997 steckt in einem säuberlich aufgeschichteten Stapel unter Omas Bett in Leposavić. Ordnung muss sein, wenn man zu zwölft auf fünfzehn Quadratmetern schläft. Die Familie aus Hemmingen lebt jetzt in der verlassenen Armeegarage einer Kleinstadt im Norden des Kosovo. Notdürftig eingezogene Pappwände trennen die Verschläge, in denen die Familien die Nächte und die meisten Tage verbringen. Im dritten Zimmer rechts wohnen die Hasanis. Sie haben die zugigen Ritzen des Betonschuppens mit knallbunten Decken verhängt. Sonnenlicht dringt hier keines ein.

Sedat, der kleine Junge auf dem Foto, ist inzwischen 13, sein Bruder Nazmir ist zwölf. Beide sind in Hemmingen aufgewachsen. Jetzt sitzen sie im Schneidersitz auf einem Teppich und reden wie alte Männer über ihre Jugend. »Ich war gut in Mathe«, sagt Sedat. »Ich war bei der Freiwilligen Feuerwehr«, sagt Nazmir. Was die beiden Jungen für ihr Leben gehalten hatten, endete an einem

Oktobertag. Polizisten kamen in ihre schöne große Wohnung in Arnum bei Hemmingen und nahmen sie mit. Was den beiden Jungen aus Hemmingen widerfuhr, heißt »freiwillige Ausreise«. 1993, lange vor ihrer Geburt, waren Mutter Halime und Vater Mifai aus Jugoslawien nach Deutschland gekommen. Weil in ihrer Heimat Krieg herrschte, durften sie bleiben. Aus einem Übergangslager in Braunschweig wurden sie nach Hemmingen geschickt. Zwei Söhne wurden geboren, Nachkömmlinge. Die Eltern trennten sich, als beide noch klein waren, hielten aber Kontakt.

Irgendwann war der Krieg aus. Mifai, der immer Arbeit hatte und inzwischen mit einer deutschen Partnerin ein Kind mit deutscher Staatsangehörigkeit hat, fiel unter das neue Bleiberecht. Die Mutter, die bei den Kindern geblieben war, nicht. »Die Behörden haben richtig Druck gemacht«, sagt der Anwalt der Familie in Laatzen. Als die Polizei kam, konnte er schon nichts mehr tun. Unter den Papieren, die Halime Hasani bei der Polizei unterschrieb, musste wohl eines mit dem Titel »freiwillige Ausreise« gewesen sein. Ausgereist sind die drei mit einer »Grenzübertrittsbescheinigung«. Mutter Halime versucht seit einem Jahr, einen serbischen Pass zu bekommen. Leposavić liegt im serbisch kontrollierten Norden des Kosovo, einem rechtlichen Niemandsland. Die Geburtsurkunden der Jungen sind aus Deutschland.

Die Leiterin der Grundschule in Hiddestorf kann sich an die beiden Jungen gut erinnern: »Wir haben sie hier sehr gut fördern können«, sagt die Lehrerin, »und sie wären sicher etwas geworden.« Die Jungen hätten »wohl gespürt, dass wir sie mochten«. Vor allem Nazmirs Charme hat Eindruck hinterlassen. »Dass sie uns verlassen mussten, hat mir sehr weh getan.« Beide Jungen gingen regelmäßig zur Schule. In den letzten Wochen allerdings seien sie »sehr still geworden«. Nachmittags waren beide viel im Jugendheim. »Gut greifbar« seien die beiden gewesen, sagt dessen Leiter René Döpke. Wenn im Heim ein Fest gefeiert wurde, kam die Mutter der beiden Fußballer des FC Arnum mit Selbstgebackenem.

»Na, zurück wollen wir«, sagt Sedat, wenn man wissen will, was denn nun werden soll, ein bisschen erstaunt über die blöde Frage. Die Perspektive ist für die kleine deutsche Community von Leposavić in jedem Fall realistischer als die Aussicht auf ein Leben im Kosovo. In Hemmingen warten der Papa und die älteren Geschwister auf Sedat und Nazmir. Ein Bruder ist Ingenieur. Niko, ein Freund, ist ein paar Jahre älter und inzwischen wieder zu Hause bei seiner Freundin – illegal. Wer in Serbien lebt, keine zwanzig Kilometer von hier, darf inzwischen frei nach Deutschland einreisen. Wenn die Mutter endlich den Pass kriegt, fahren auch die Hasanis zurück – diesmal illegal, denn einreisen dürfen sie dann nur für drei Monate als Touristen. Die Außenminister der Schengen-Staaten denken schon über eine Visa-Befreiung für Kosovaren nach. Wenn Sedat und Nazmir endlich alt genug sind, um heimzukehren, tun sie es ohne Geld, ohne Schulabschluss, ohne Beruf. Den Grund für ihre nächste Abschiebung, mangelnde Integration, werden sie dann voll und ganz erfüllt haben.

Der Osten soll mit seinen Roma gefälligst allein fertig werden. Widrigenfalls steht die Drohung im Raum, die Visumspflicht wieder einzuführen. Die Sorge um die prekäre Lage der Roma in Osteuropa ist dabei nur geheuchelt. Selbst wenn Serbien, das Kosovo oder Mazedonien mit ihren geringen Mitteln auf einmal übermenschliche Anstrengungen zur Verbesserung der Lage der Roma unternähmen, würde es Jahrzehnte dauern, bis der »Push-Faktor«, der die Roma zur Auswanderung treibt, nicht mehr wirksam wäre. Schließlich wandern nicht nur Roma, sondern auch ethnische Serben, Kosovo-Albaner und Mazedonier massenhaft aus, wenn auch nicht als Asylsuchende. Die wirtschaftliche Lage in ihren Ländern »pusht« sie genauso wie die Roma. Der internationale Druck trägt nicht dazu bei, die Lage der Roma zu verbessern. Er erreicht vielmehr das Gegenteil und macht die Minderheit im eigenen Land zum Sündenbock für Verzögerungen bei der EU-Integration. Serbiens Innenminister drohte schon: »Wir werden keine Ausreise tolerieren, die Serbiens Interessen beschädigt.«

Dass osteuropäische Beitrittsländer von den alten Mitgliedern genötigt werden, ihre Bürger wie früher einmal wieder an der Ausreise zu hindern, bekommt in der westlichen Öffentlichkeit lange nicht die Aufmerksamkeit, die es verdient. Geht es um Roma, scheinen die üblichen Auffassungen über Freizügigkeit in Europa nicht zu passen. An ihre Stelle schieben sich Nachrichten über Zwangsprostitution und Menschenhandel. Was Reisebeschränkung hieß, heißt heute Verbrechensbekämpfung.

Illegale Migration und »Asylbetrug« sind zwar rechtswidrig, werden aber nicht als unmoralisch empfunden. Die Menschenrechte gelten auf der ganzen Welt, durchgesetzt werden können sie aber nur in Nationalstaaten. Einerseits darf man Ausländer im eigenen Land nicht unmenschlich behandeln. Andererseits kann kein Staat die Elendsflüchtlinge der ganzen Welt bei sich aufnehmen. Moralisch gibt es aus diesem Widerspruch kein Entkommen. Praktisch sieht es so aus, dass die westlichen Staaten mit allen Mitteln versuchen, Flüchtlinge von ihren Grenzen fernzuhalten, auch mit so unmenschlichen wie der Weigerung, afrikanische Schiffbrüchige im Mittelmeer aufzunehmen. Staaten verheimlichen diese ihre Aktivität gerne, und wir Bürger wollen es meistens auch nicht so genau wissen. Gern würde man die Lücke zwischen Moral und unmenschlichem Gesetz schließen. Nicht umsonst tauchten in den Neunzigerjahren in Presse, Funk und Fernsehen plötzlich zahlreiche Berichte über das »Schlepperunwesen« auf. Immer wieder war von Fällen zu hören, wo skrupellose Geschäftemacher hilflose Flüchtlinge in enge LKW-Verstecke zwängten. Grenzbeamte, die halb erstickte Flüchtlinge dann aus ihren Verstecken befreiten, erschienen als die Retter in der Not. So ließ sich, über einen Umweg, doch noch Empörung gegen illegale Einwanderung mobilisieren. Die Empörung richtete sich gegen die Schlepper, nicht gegen die westlichen Behörden. Dass die meisten »Schlepper« aber keine Gangster, sondern Familienangehörige waren, die ihre Verwandten nachholen wollten, fiel dabei natürlich unter den Tisch.

Die Geschichte mit der Zwangsprostitution

Eine ganz ähnliche Funktion erfüllt heute die Rede vom Menschenhandel: Roma-Bettler werden nicht mehr als Opfer eines skandalösen Elends mitten in Europa wahrgenommen, sondern als Opfer gewissenloser Banden, die sie gegen ihren Willen in den

Westen geschleppt und mit mitleiderregenden Requisiten ausgestattet haben. Die Nachrichten knüpfen an die Beobachtungen an, die Zeitungsleser und Fernsehzuschauer selbst machen. Halb Europa ist schon an den elenden Frauen vorbeidefiliert, die mit einem apathischen Baby im Arm auf dem kalten Pflaster einer Fußgängerzone sitzen, und hat sich gefragt, was der Hintergrund des Arrangements sein mag. Ähnlich ist es mit den »Klau-Kids«: Schon seit den Achtzigerjahren ärgern sich die Großstädte Westeuropas über Wellen von Kindern, die ihren ganzen Ehrgeiz in fingerfertigen Taschendiebstahl setzen und von Hintermännern abkassiert werden. Das Thema Prostitution aus Osteuropa schließlich kommt in stiller Übereinkunft zwischen westlicher und östlicher Öffentlichkeit vorwiegend noch immer als Erzählung von Zwang und Zuhältergewalt in die Medien. Menschenhandel, auch begangen durch regelrechte Banden, gibt es wirklich. Nur ist er nicht die Regel.

Natürlich wird auch Menschenhandel in Europa nicht nur von Roma begangen. Unter den Tätern folgen sie aber nach der Verbrechensstatistik als Dritte hinter Chinesen und Nigerianern. Menschenhandel ist ein schäbiges, aber auch ein schwieriges Delikt, denn in der Praxis kann man ihn mit einem legalen Geschäft leicht verwechseln – besonders dann, wenn es um Zwangsprostitution geht. »Sehr selten geht eine Frau zur Polizei«, sagt ein hoher rumänischer Polizeibeamter mit Zuständigkeit für Menschenhandel, der nicht mit Namen genannt werden will. Um verbotenen »Menschenhandel zum Zwecke der sexuellen Ausbeutung« von erlaubter Prostitution zu unterscheiden, bedarf es besonderer Verhörtechniken. Mit wem sind Sie von zu Hause weggegangen? Wussten Sie genau, was Sie erwarten würde? Was haben Ihre Eltern gesagt? Wo sind Sie gelandet? Mussten Sie Geld für Unterkunft und Essen bezahlen? Wenn ja, wie viel? Hat jemand Geld für Sie bekommen? Hat man Ihnen den Pass abgenommen, und wenn ja, hätten Sie ihn zu jeder Zeit wiederbekommen können, wenn Sie danach verlangt hätten? Konnten Sie jederzeit zurückkehren? Das sind die wichtigsten Fragen, aus denen sich die Experten der rumänischen Polizei ein Bild von einem Fall machen.

Damit aus Prostitution Menschenhandel wird, muss eine Frau sich nicht als Opfer fühlen. Es genügt die »Ausnutzung besonderer Hilflosigkeit« oder der Verkauf oder »Transfer«, wie man in der Bundesliga sagen würde, zwischen zwei Zuhältern. Das macht eine faire Differenzierung schwierig, wenn nicht unmöglich. Menschen, die in einem Elendsghetto leben, befinden sich schon mal leicht, wenn nicht immer, in einer Zwangslage. Das internationale Palermo-Protokoll, das den Menschenhandel definiert, lässt damit im Grunde offen, ob eine Frau etwa aus einem Slum im Bukarester Stadtteil Ferentari sich überhaupt legal für Prostitution entscheiden kann – oder ob jede Hilfe, die man ihr dabei gewährt, nicht automatisch »Ausnutzung besonderer Hilflosigkeit« ist.

Auch »Missbrauch von Macht« oder eine Geldzuweisung an jemanden, der »Gewalt« über die Frau hat, macht aus Prostitution Menschenhandel. Wann aber hat jemand Gewalt über einen anderen Menschen? Die Bedingung wird man umso leichter als erfüllt ansehen, je mehr Klischees von den Über- und Unterordnungsverhältnissen in Roma-Familien man im Kopf hat. Häufig sind die Täter Verwandte, meistens sind sie aus demselben Dorf und fast immer aus derselben Gegend. Am Ende geht in das Bild, das sich der Interviewer macht, auch dessen Vorstellung von dem Milieu ein, aus dem die Frau kommt – oder der Unterschied zwischen Menschenhandel und Prostitution hängt daran, ob das Opfer zwei oder aber drei Mahlzeiten pro Tag selbst bezahlen musste und an welchem Platz im Haus der Pass genau verwahrt wurde. Kritiker wie die spanische Soziologin Laura María Agustín halten das ganze Konzept von Zwangsprostitution deshalb nicht für sinnvoll. Es sei eher ein Versuch, das Wohlstandsgefälle zwischen reichen und armen Ländern in das Schema von Täter und Opfer zu pressen. Ein neues Verfahren ist das offenbar nicht. Schon in den 1920er Jahren brachten Kämpfer gegen die Prostitution den Völkerbund dazu, ein Komitee für die Erforschung eines ominösen »Handels mit weißen Frauen« zu gründen. Der belgische Soziologe Jean-Michel Chaumont ist der Arbeit des Komitees nachgegangen und fand ein ganzes Bündel von unbewiesenen Behauptungen, Konstruktionen und Definitionstricks, die sich in den Debatten über Menschenhandel nach dem Fall der Mauer allesamt wiederfinden lassen. Das Motiv war, so Chaumont, die moralische Glaubwürdigkeit des Kampfes gegen die Sklaverei nun auch für den ganz anders motivierten Kampf gegen die Prostitution nutzbar zu machen.

In Deutschland und in den meisten westeuropäischen Ländern, nicht aber in Osteuropa, ist Prostitution legal. Im elenden, aber urbanen und traditionsvergessenen Milieu der Roma von Plowdiw in Bulgarien ist Prostitution nicht schlecht angesehen. Wer von hier etwa nach Dortmund auf den Straßenstrich geht, wird von der Umgebung dafür nicht verachtet. Im traditionelleren Rumänien dagegen ist Prostitution in den meisten Roma-Communities verpönt. Um junge Frauen dahin zu bekommen, wird man unter Umständen tatsächlich die berühmten »Lover-boy«-Tricks und falschen Versprechungen anwenden müssen, und entsprechend groß sind die Scham und die Angst vor Schande, wenn man aufgegriffen wird.

Menschenhandel oder Flucht aus dem Elend?

Klein ist der Unterschied zwischen legal und illegal auch bei der Zwangsarbeit oder dem »Menschenhandel zum Zwecke der Ausbeutung der Arbeitskraft«, wie ihn die Juristen bezeichnen und der bei weitem kein reines Roma-Delikt ist. Dabei sind Roma unter den Opfern stärker vertreten als unter den Tätern. Anders als Zwangsprostituierte gehen Zwangsarbeiter, meistens Männer, zur Polizei oder sagen wenigstens aus, wenn sie aufgegriffen werden. Sie fühlen sich betrogen. Das macht die Beweisarbeit aber nicht leichter. Selten nämlich lässt sich nachvollziehen, was den Arbeitern genau versprochen wurde. Womöglich müssen sie ihrem Agenten einen überhöhten Betrag für die Vermittlung bezahlen, und von ihrem Lohn bleibt nichts übrig. Vielleicht bekommen sie nur 12 statt der versprochenen 15 Euro oder werden in einem Vierstatt einem Zweibettzimmer untergebracht. Was ist noch Betrug oder Wucher, was ist schon Menschenhandel? Ermittlern, Staatsanwälten und Richtern stehen da kaum eindeutige Kriterien zur

Verfügung. Die wichtigste Ressource für das Verbrechen sind aber in jedem Fall die enormen Einkommensunterschiede zwischen westeuropäischen Arbeitern und südosteuropäischen Roma.

Keine Rolle spielt der freie Wille, wenn Kinder betroffen sind, und entsprechend groß ist die Empörung, wenn solche Fälle bekannt werden. Europaweite Berühmtheit erregte die »Operation Golf«, mit der die britische und die rumänische Polizei den bisher größten Menschenhändlerring in Großbritannien zerschlugen. Die Wirklichkeit, die sich hinter solchen Schlagzeilen verbirgt, ist allerdings mehr bekümmernd als spektakulär.

Londoner Polizisten fiel der Pass einer Tschechin auf: Die drei Kinder, die darin eingetragen waren, kamen nicht aus Tschechien, sondern aus Rumänien. Das Verhör der offensichtlichen Passfälscherin führte zu einem Gemeindebeamten in Ilford, East London. Der Mann, ein Roma, stammte aus Țăndărei, einem Ort in der rumänischen Walachei, und hatte eine Lücke in der britischen Sozialgesetzgebung entdeckt. Zwar können Kinder aus anderen EU-Ländern, deren Eltern ihren Unterhalt nicht bestreiten können, auch in Großbritannien keine Sozialleistungen in Anspruch nehmen; das gilt aber nicht, wenn die Eltern sich als »selbständig erwerbstätig« deklariert haben. Diesen Umstand machte der Mann aus Țăndărei in seiner Heimat bekannt. Fortan kamen Kinder teils mit ihren Eltern, teils ohne, nach Ilford. Einmal angekommen, gingen manche zusätzlich betteln, andere wurden offenbar von jungen Männern aus ihrem Heimatdorf zu Diebstählen angehalten. Der Gemeindebeamte verdiente gut daran; die Kinder aber stammten aus elendesten Familien in Țăndărei. Ihre Eltern hatten sie den Reisenden mitgegeben, die wiederum hatten Geld dafür verlangt. Als die Metropolitan Police die Unterkünfte durchsuchte, fand sie 103 Kinder und 52 Erwachsene. Die rumänische Polizei, die dann die besseren Roma-Häuser von Țăndărei durchsuchte, kam sogar auf 272 verschickte Kinder.

In Großbritannien kam es nach der »Operation Golf« erstmals zu acht Verurteilungen wegen Menschenhandels; die anderen Rumänen aus Țăndărei, beinahe 200, konnten nur wegen Sozialbetrugs belangt werden. In Rumänien wurden 26 Personen wegen

Menschenhandels angeklagt – eine einzige große Familie mit Brüdern, Vettern und Cousinen. Damit aus dem Sozialbetrug und der Bettelei Menschenhandel werden konnte, mussten die Richter tief in die verwandtschaftlichen und nachbarlichen Beziehungen eindringen: Wer war hier von wem abhängig? Wer hat wem Geld bezahlt? Was es nun war, bleibt wiederum Ansichtssache. »Die Kinder jedenfalls«, sagt der rumänische Menschenhandelsexperte, »wollten alle nicht nach Hause, als sie aufgegriffen wurden. Sie haben gesagt: Hier können wir wenigstens zu McDonald's gehen!« Nicht nur die Prostitution, auch das Betteln mit Kindern ist oft ein »opferloses Verbrechen«. Geschädigt wird dabei niemand. Nur ein abstraktes Moralempfinden wird verletzt.

Was Menschenhandel ist und was einfach Flucht aus dem Elend, ist oft eine Frage der Interpretation. Können körperbehinderte Analphabeten aus einem Roma-Slum überhaupt freiwillig nach Berlin oder Amsterdam betteln gehen? Im günstigsten Fall hängt die Beurteilung von der Behandlung ab, die sie von ihren »Helfern« oder »Aufsehern« erfahren. Dass eine behinderte Frau auch ganz alleine, auf eigene Faust und aus eigenem Willen nach Österreich zum Betteln fahren kann, hat die Wiener Dokumentarfilmerin Ulli Gladik am Fall der Rollstuhlfahrerin Natascha Kirilowa gezeigt, einer Frau aus Bresnik in Bulgarien. Auf der Suche nach der berüchtigten »Bettel-Mafia« wurde Gladik nicht fündig. Nach Menschenhandel wird meistens gefahndet, wenn eine Stadt das Betteln verbieten will und nachweisen muss, dass die »Täter« organisiert vorgehen, fand Gladik heraus. Auf die Frage, was denn organisiertes Betteln sei, gab ein Mitglied der Stadtregierung von Klagenfurt ein Beispiel, auf welchem Reflexionsniveau solche Fragen debattiert werden: »Erstens einmal aggressives Betteln und dann halt, wo man merkt, dass halt die Leute überhaupt nicht mal aus Österreich sind, keine österreichische Staatsbürgerschaft haben, dass sie irgendwas daherstammeln, sich nicht einmal ausweisen können, dann ist das für mich organisiert.«

Unter den Lebensumständen, in denen Menschenhandel begangen wird, leben in Rumänien und Bulgarien vor allem Roma. Dass die Fälle aber die »Spitze eines Eisbergs« wären, wie zum

Beispiel die Metropolitan Police in London nach ihrer Operation Golf erklärte, ist unwahrscheinlich. Organisierte Bettelei kennt keine Dunkelziffer; sie spielt sich ihrer Natur nach in der größtmöglichen Öffentlichkeit ab. Selbst die verborgenen Etappen des Geschäfts werden unter freiem Himmel und für Blicke von Passanten zugänglich abgewickelt. Es wird erheblich mehr ermittelt als bewiesen. Immer wieder melden Hobby-Detektive der Polizei, wie »Hintermänner« die Bettler auf dem Pflaster absammeln, wo tatsächlich nur einer für alle Brötchen holen geht. Bei der Dortmunder Polizei erinnert man sich gern daran, wie man einmal von aufmerksamen Nachbarn auf einen offensichtlichen Fall von Kinderhandel aufmerksam gemacht wurde. Erwachsene Frauen und Männer brachten Kinder in eine verdächtige Wohnung und kamen nach kurzer Zeit alleine wieder heraus. Die Nachforschungen der Polizei ergaben, dass es sich um eine Geburtstagsparty gehandelt hatte. Fälle von Menschenhandel mit Rumänen kommen normalerweise in Rumänien vor Gericht. Dorthin überwiesen wurden im Jahr 2010 aus Frankreich 41 Fälle von Menschenhandel zum Zweck der Bettelei, aus Italien elf, aus Deutschland und Österreich je acht und aus Griechenland sieben Opfer. Es war das Jahr, als im Südosten Frankreichs die Roma-Lager aufgelöst wurden.

Ob man das Betteln verbieten darf

Der Anblick eines Babys in den Armen einer Bettlerin löst in europäischen Fußgängerzonen Entsetzen und viel Nachdenken über Hintergründe aus – kriminelle zum Beispiel, etwa über mögliche Schlepperbanden, aber auch kulturelle: Was müssen diese Menschen für ein Verhältnis zu ihren Kindern haben? In den Elendsvierteln Rumäniens ist das Entsetzen über solche Menschen am Rande ihrer Existenz aber offenbar nicht geringer als in der westlichen Öffentlichkeit. »Kinderhandel ist auch unter Roma absolut verpönt«, sagt der Menschenhandelsexperte der rumänischen Polizei. »Die meisten Hinweise bekommen wir von Nachbarn, die uns verraten, wenn irgendwo ein Kind plötzlich fehlt.« Die soziale

Kontrolle funktioniert also, und die Beamten spürten in solchen Fällen bei ihrer Ermittlungsarbeit kein Misstrauen. Immer wieder aber sieht sich die Polizei in südosteuropäischen Ländern mit Rechtshilfeersuchen aus dem Westen konfrontiert, die zu gar keinem Ergebnis führen. Dass Roma-Familien einfach aus Armut betteln, auf eigene Faust mit einem Busticket nach Wien oder Berlin reisen und dass Frauen auch mit ihren eigenen Kindern die Hand aufhalten, kann man sich offensichtlich nicht vorstellen.

Betteln an sich ist in demokratischen Staaten nicht verboten, weil es nicht gegen die »öffentliche Sicherheit und Ordnung« verstößt. In Deutschland wurde das bis dahin geltende strafrechtliche Bettelverbot schon 1974 abgeschafft. Trotzdem haben Städte immer wieder versucht, Bettler zu vertreiben. Das dürfen sie nicht. Beispielhaft festgestellt wurde das 1998 vom Verwaltungsgerichtshof Baden-Württemberg, der über die Zulässigkeit eines Bettelverbots in Stuttgart zu urteilen hatte. Die Stadt hatte argumentiert, mit Bettelei gehe immer »ein inneres Gefühl der Unsicherheit in der Bevölkerung« einher, »insbesondere bei älteren und behinderten Menschen« – ein zweischneidiges Argument, da ja oft die am stärksten Behinderten die Bettler selbst sind. Schon das »stille« Betteln werde »als psychischer Zwang oder Pression empfunden« – ein nicht weniger haariges Argument, das zurückverweist an das schlechte Gewissen über unzumutbare Verhältnisse. Gebettelt werde zudem von Personen, die »in ihrer Lebensart kaum Distanz und Achtung vor den Rechten anderer zu akzeptieren bereit« seien – ein Vorwurf nicht gegen das Betteln selbst, sondern gegen die Bettler, hinter dem sich kaum verhüllt ein altes Ressentiment gegen Roma verbirgt. Das Urteil der Mannheimer Richter ließ an Klarheit nichts zu wünschen übrig: »Die Anwesenheit auf dem Bürgersteig sitzender Menschen, die in Not geraten sind und an das Mitleid und an die Hilfsbereitschaft von Passanten appellieren, muss von der Gemeinschaft jedenfalls in Zonen des öffentlichen Straßenverkehrs als eine Erscheinungsform des Zusammenlebens hingenommen werden und kann folglich nicht – generell – als ein sozial abträglicher und damit polizeiwidriger Zustand gewertet werden.«

Nach dem Urteil des Verwaltungsgerichtshofs ist das Betteln »Gemeingebrauch« des öffentlichen Raumes und damit ein allgemeines Freiheitsrecht unter dem Gleichheitsgrundsatz. Zur Besserung der Lebensbedingungen müssen solche Freiheitsrechte allerdings nicht beitragen; zu ihnen verhalten sie sich neutral. Fünfzig Jahre vor dem baden-württembergischen Verwaltungsgericht, als Betteln überall noch verboten war, hat der französische Schriftsteller Anatole France das Verhältnis mit dem schönen Satz von der »majestätischen Gleichheit des Gesetzes« karikiert, »das Reichen wie Armen verbietet, unter Brücken zu schlafen, auf den Straßen zu betteln und Brot zu stehlen«. Früher durften auch Reiche nicht unter Brücken schlafen. Heute ist das auch Millionären gestattet.

Werden sie reich dabei?

Unter gewissen Bedingungen kann das Betteln die Lebensbedingungen tatsächlich verbessern – wie bei den bulgarischen, rumänischen und slowakischen Roma in Berlin, Wien oder Graz. Das erfordert allerdings etwas Organisation. Wer in Berlin einen guten Standplatz gefunden hat, wechselt sich im Dreimonatsrhythmus mit einem Verwandten ab, dem man trauen kann und der einem den Platz nach drei weiteren Monaten auch wieder überlässt. Die Bettler von Graz reisten jeweils für vierzehn Tage an, lösten Bus- oder Zugfahrkarten, hatten ihre feste Schlafstätte, sprachen sich über ihre Standplätze ab, teilten gelegentlich ihre Erlöse und schickten schon mal einen für alle zum Brötchenholen. Wissenschaftler der Universität gingen dem Phänomen nach und recherchierten auch in der Slowakei. »Die Grazer Bettler haben gespart und hatten dann die besseren Häuser«, erzählt die Bohemistin (Tschechien- und Slowakei-Forscherin) Barbara Tiefenbacher, die eine Zeitlang auch in der Gegend lebte und Kindern Unterricht gab. Das trug ihnen in Österreich freilich das Misstrauen ein, sie betrieben eben doch verbotenes »organisiertes Betteln« oder verdienten große Summen – die alte Geschichte von dem Bettler, der am Abend seine Hunderter zusammenrafft und in den um die Ecke geparkten Mercedes steigt. Diese Erzählung enttarnten die Forscher allerdings als Märchen. Die Bettler aus der Slowakei nahmen, je nach Standplatz, je nach Geschlecht und Aussehen pro Tag maximal 30 Euro ein, meistens aber weniger. Die bettelnden Kinder von Țăndărei, so der Menschenhandelsexperte der rumänischen Polizei, brachten es in London auf 15 bis 30 Pfund pro Tag.

Dabei scheint es sich europaweit um ein mittleres Maximum zu handeln. Höhere Beträge von bis zu 100 Euro wurden immer nur geschätzt, aber nie bewiesen. Eine professionelle Untersuchung über Aufwand und Ertrag des Bettelns hat das *Centre d'étude et de recherche sur la philanthropie* (CerPhi) im Auftrag der französischen Caritas in Paris angestellt. An einem »guten« Tag kamen bei zwölfstündiger Arbeitszeit etwa 30 Euro zusammen. Auf der Sollseite, so die Forscher, stehen Scham, abschätzige Blicke, Niederlagen, Aggressionen, das Fehlen einer Perspektive. »Ehrlich gesagt, verkaufe ich ein Produkt, und das bin ich«, sagte Léo, ein 27-jähriger ehemaliger Reiseanimateur. Bei allen begleiteten Bettlern konstatierten die Forscher eine »große soziale und emotionale Einsamkeit«.

Der durchschnittliche Stundenlohn lag 2009 in Rumänien bei 1,76, in Bulgarien bei 1,11 Euro. Der Ertrag des Bettelns liegt somit deutlich über dem Arbeitslohn in Osteuropa, aber immer noch deutlich unter dem Ertrag eines schlecht bezahlten Jobs in Westeuropa. Auch wenn das Betteln vielen ihre Lage erträglicher macht, kann es kein Weg aus der Armut sein. Auf den Punkt bringt das Verhältnis der jüdische Witz von dem Schnorrer, der von einem überraschten Spender im Spezialitätenrestaurant angetroffen wird. Zur Rede gestellt, rechtfertigt sich der Bettler: »Wenn ich kein Geld habe, kann ich hier nicht essen. Wenn Sie mir welches geben, dann darf ich nicht. Was soll ich also tun?« Bettler sind eben von Beruf arm; unter Verhältnissen sozialer Gerechtigkeit würden sie einfach aufhören, Bettler zu sein. Das enorme Wohlstandsgefälle wird durch Betteln nicht wirklich, wohl aber symbolisch ausgeglichen. Die Bettler haben etwas zu verkaufen: gutes Gewissen. Wer mitten im Weihnachtseinkauf eine Frau mit ausgestreckter Hand auf der Straße sitzen sieht, ist irritiert und bekommt zugleich eine

Chance, sich der Irritation für durchschnittlich 50 Euro-Cent zu entledigen. Der eine tut so, als sei er großzügig, der andere tut so, als sei er dankbar.

Die Demutsgeste und ihr tieferer Sinn

Dasselbe Arrangement steht dahinter, wenn Bewohner von Elendssiedlungen um soziale Zuwendungen betteln und Behörden sie ihnen gewähren. Zu den häufigsten Menschenaufläufen überall auf dem Balkan gehören kleine Versammlungen von Roma vor den Bürgermeisterämtern. Oft fordern die Grüppchen, die sich dort zusammenfinden, eine kleine Hilfe zum Lebensunterhalt etwa oder die Legalisierung ihrer prekären Wohnverhältnisse. Den Verwaltungen fällt es meistens leicht, die Forderungen abzuschmettern. Hier wurde ein Antrag nicht rechtzeitig gestellt, dort sind formale Anspruchsvoraussetzungen nicht erfüllt. Das heißt aber nicht, dass die Roma immer mit leeren Händen wieder fortgehen müssten. Bürgermeister, nicht nur auf dem Balkan, präsentieren sich lieber als mächtige Wohltäter denn als bloße Durchlaufstellen für staatliche Hilfen. Spricht man Kommunalpolitiker in Rumänien auf die örtliche Roma-Community an, breitet sich ein mildes Lächeln auf ihren Gesichtern aus; es folgen Erzählungen, wie man hier ein Auge zugedrückt, dort etwas möglich gemacht habe. Ein bisschen Bettelei vor ihrer Rathaustür mag zwar lästig sein, bringt ihnen aber auch Vorteile. Geben sie nach, dürfen sie mit Dankbarkeit und Wählerstimmen rechnen. In nicht wenigen Gemeinden machen die Roma rund 30 Prozent des Wahlvolks aus.

Alle reden von den Bettlern, aber niemand redet von den Spendern. Dabei haben sie bei der Bettelei eigentlich den wichtigeren Part: Man kann Spender sein und etwas hergeben, ohne Dankbarkeit zu ernten, aber man kann nicht erfolgreich betteln, ohne dass einem einer etwas gibt. Warum gebettelt wird, versteht man erst, wenn man weiß, warum gespendet wird. Dabei muss man nicht an die Kauernden in der Fußgängerzone denken. Fährt man als westlicher Besucher in ein osteuropäisches Roma-Dorf oder -Stadtviertel, ist man rasch von Menschen umringt, die einen bitten, bei dieser oder jener Behörde ein gutes Wort einzulegen. Sie zeigen Papiere vor, die Ansprüche belegen sollen. Das Verhalten kennen auch westliche Behörden, die mit Roma zu tun haben. »Was wir angelogen werden!«, stöhnt ein wohlmeinender Mitarbeiter eines deutschen Sozialamts. Er hat den Familien zweier Brüder aus dem Norden des Kosovo, die aus Deutschland abgeschoben wurden, als Starthilfe für ein neues Leben »da unten« einen Geldbetrag für die Eröffnung einer Kükenzucht bewilligt. Aber »investiert« hatten sie das Geld, wie sich bei einer Nachschau herausstellte, in einen gro-ßen Flachbild-Fernseher mit einer auf Deutschland ausgerichteten Satellitenschüssel. Die Brüder wussten, dass das mit der Küken-zucht nicht funktionieren würde. Weder hätten sie das Material bekommen, das sie brauchten, noch hätten sie als Roma mit den Bauern und Nebenerwerbslandwirten in der Umgebung ordent-liche Geschäftsbeziehungen aufbauen können. Genommen hatten sie das Geld als Ablösesumme für das schlechte Gewissen, das die deutschen Behörden wegen der Abschiebung haben mussten. Selbst mussten sie kein schlechtes Gewissen haben, denn aus der Rechtsgemeinschaft, die ihre Annahme als Betrug werten würde, wurden sie ja gerade sichtbar ausgeschlossen. Der Part der Roma-Brüder aus Leposavić war, eine Geschichte zu erzählen, mit der der Gönner sich gut fühlen konnte.

Faktum und Vorurteil

oder: Werden sie überdurchschnittlich oft straffällig?

Neigen sie denn nun mehr als andere zu Straftaten? Nein, sagt der Staatssekretär Marian Titulescu, Chef der Schengen-Abteilung bei der Polizei von Rumänien, dem Land mit den meisten Roma in Europa. Es gibt nach seiner Beobachtung große und wichtige Deliktgruppen, an denen Roma so gut wie keinen Anteil haben, etwa die im Lande so verbreitete Weiße-Kragen-Kriminalität, die Korruptions- und Wirtschaftsdelikte, aber auch die Gewaltverbrechen. Weil wenige ein Auto haben, fällt auch das Fahren unter Alkoholeinfluss weg. Es klingt verblüffend, was der Fachmann zu sagen hat, und auch ein wenig beschwichtigend. In jedem Fall sind solche Rechnungen nicht geeignet, Vorurteile zu zerstreuen. Zu Weißer-Kragen-Kriminalität haben Roma schließlich schon mangels weißer Kragen in der Regel keinen Zugang, und würden sie Gewalt anwenden, so würden sie damit wohl sofort massive Gegengewalt provozieren. Aber der Polizeichef antwortet auf die heikle Frage einfach ganz nüchtern. Es muss die Polizei in der Tat nicht interessieren, warum jemand eine Straftat nicht begeht. Auf die Frage, ob Roma die schlechteren oder die besseren Menschen sind, wird man von keinem Gericht und erst recht in keiner Statistik eine Antwort finden. Wer täglich mit Kriminalität zu tun hat, weiß das am besten.

Wenn Polizeichef Tutilescu über die Kriminalität der Roma spricht, dann tut er es mit der Erfahrung einer langen Polizistenlaufbahn und mit dem gefühlsmäßigen Überblick, den er in seiner Position haben muss. Zahlen hat er keine. Weder in Rumänien noch in sonst einem europäischen Land nämlich differenziert die offizielle Kriminalitätsstatistik nach der »Volksgruppe«, der Natio-

nalität oder der Muttersprache. Dass Verbrechen und die Zugehörigkeit zu einer Minderheit nichts miteinander zu tun haben,
gehört zu den Standardannahmen moderner Ermittlungsarbeit;
ethnic profiling, also die gezielte Suche nach Tätern in einer bestimmten Volksgruppe, ist verpönt. Meldungen im Polizeibericht
wie »Roma stehlen Kupferdraht« sind zu Recht unzulässig. Ausländische Staatsangehörige werden statistisch gesondert erfasst
und auch öffentlich in vielen Ländern als solche benannt, aber die
ethnische Herkunft tut bei der Veröffentlichung einer Straftat so
wenig zur Sache wie die Haarfarbe oder die Zugehörigkeit des Tä-
ters zu diesem oder jenem Handy-Netz. Schlimmer noch: Würde
man bei jeder Straftat die Gruppenzugehörigkeit nennen, so würde
man jedes Mal die Feinde der Gruppe, aus der der Täter stammt,
mit argumentativer Munition ausstatten. Seht her, schon wieder
ein Roma, Türke, Maghrebiner! Aber *ethnic profiling* gilt in moderner Polizeiarbeit nicht nur als diskriminierend, sondern auch
als uneffektiv. Die Konzentration der Ermittler auf bestimmte, zum
Beispiel ethnische Merkmale macht es Tätern leicht, sich gezielt zu
verstellen. Wer etwa auf der Suche nach islamistischen Terroristen
nach arabisch aussehenden Männern mit langem Bart sucht, geht
leicht in die Irre. Es ist die Aufforderung an Terrorgruppen, unauf-
fällige Konvertiten einzusetzen.

Friede über den Favelas

Weil es keine Zahlen gibt, kann man die Roma vor pauschalen
Verdächtigungen aber auch nicht in Schutz nehmen. In Rumänien
hört man zum Beispiel immer wieder, 80 Prozent der Gefängnisin-
sassen des Landes seien Roma. Bei der Frage, ob das stimmt, muss
das zuständige Innenministerium passen: Roma werden nicht gesondert erfasst. Der evangelische Pastor Eginald Schlattner, der seit
Jahrzehnten als Gefängnisseelsorger arbeitet und viele rumänische
Haftanstalten von innen kennt, sagt: »Das ist Unsinn.« Zum Beweis anführen aber kann er nur seinen Augenschein und seine Erfahrung.

Selbst wenn es dazu Zahlen gäbe, wären sie nicht besonders aussagekräftig. Um die Kriminalität von Roma zu messen, bräuchte man eine Vergleichsgruppe, die unter ähnlichen sozialen Verhältnissen lebt. So eine Vergleichsgruppe aber findet man in ganz Europa nicht. Wer ähnliche Umstände sucht, muss sich in brasilianischen Favelas oder südafrikanischen Townships umtun. Hier aber liegt die Verbrechensrate, besonders die der Gewaltverbrechen, um ein Vielfaches höher als in den vergleichbaren Slums in Südosteuropa. In den großen Vierteln der Roma, in Šuto Orizari in Skopje, Ferentari in Bukarest, Stolipinowo in Plowdiw oder Fakulteta in Sofia, kann sich jeder Besucher frei und unbehelligt bewegen. Trotzdem wird immer wieder von brutalen Abrechnungen unter Clans geraunt. Berüchtigt für seine mafiösen Fehden ist Craiova, eine Stadt mit 300 000 Einwohnern im Südwesten Rumäniens. Ja, bestätigt der Sonderstaatsanwalt im Gespräch: Hier im Roma-Viertel Lunca lägen wirklich zwei Familien miteinander im Krieg. In fünf Jahren sei es zu »drei oder vier« Morden und etwa zehn Mordversuchen gekommen. Damit liegt die Mordrate in diesem »Brennpunkt« bei weniger als einem Hundertstel dessen, was man bei dem Vergleich mit Rio de Janeiro oder Johannesburg erwarten müsste. Zu Beginn der Neunzigerjahre, als Roma überall aus den Betrieben entlassen wurden und die Elendsviertel sich füllten, häuften sich die Prognosen, dass sie zu »Pulverfässern« werden würden. Sie trafen nicht ein. Dank den Roma, könnte man sagen, hat Südosteuropa die wahrscheinlich ungefährlichsten Slums der Welt.

Zum Kochen bringen die öffentliche Meinung Gewalttaten nur dann, wenn Roma die Täter und Nicht-Roma die Opfer sind. Aus Craiova gibt es diesbezüglich nichts zu berichten, außer vielleicht einer Geschichte, die man in der Region so oder ähnlich oft hören kann: Ein Bandenchef sei mit einer Schussverletzung ins örtliche Krankenhaus gekommen. Seine Verwandten seien ihm dort nicht von der Seite gewichen und hätten die Ärzte drohend aufgefordert, dem Patienten nur ja das Leben zu retten. Zu Gewalt ist es in diesem Fall aber nicht gekommen, und Drohung ist immer ein schwieriger Tatbestand. Zur Drohung gehört jemand, der sich bedroht fühlt. Noch schwieriger ist es beim »Einnehmen einer dro-

henden Haltung«. Ins »Bedrohungsgefühl« gehen eben auch alle
Ängste ein, die man hat, und bedroht fühlt man sich am ehesten
von dem, was man nicht kennt und nicht kalkulieren kann – und
damit auch alle Vorurteile. In dem erzählten Fall kam die Roma-
Familie übrigens gar nicht aus Craiova, sondern aus der 450 Kilometer entfernten Hafenstadt Constanța. Auch das ist ein Charakteristikum solcher Geschichten: Die Täter darin kommen immer
aus einer anderen Stadt, und zwar aus einer, in der »alles noch viel
schlimmer« ist.

Fälle, in denen Nicht-Roma Opfer einer von Roma verübten
Gewalttat werden, erlangen dafür leicht nationale, wenn nicht internationale Bekanntheit. In keinem berühmten Fall hat die öffentliche Erregung über die Gewalttat lange angehalten – teils, weil die
Tat eben nicht typisch war und keine ähnlichen Fälle ihr voraus-
gingen oder folgten, und teils auch, weil die Umstände des Verbrechens dann doch zur Verallgemeinerung nicht taugten. In allen
Fällen brachte, wie es jeweils hieß, die Gewalttat nur »das Fass zum
Überlaufen«. Warum und womit das Fass schon vorher so voll war,
wurde dabei im Detail nur selten erörtert. Die Mordtaten selbst
dagegen wurden von der Presse ausführlich recherchiert und beschrieben. Das hat der Debatte darüber interessanterweise gutge-
tan. Jeder prominente Fall hielt für die Öffentlichkeit nämlich eine
Lehre bereit.

Der Mord von Tor di Quinto

Erstes Aufsehen, und zwar weit über Italien hinaus, erregte der
Mord von Tor di Quinto: Ein 24-jähriger Roma aus Rumänien, der
in einer illegal erbauten Elendssiedlung am nördlichen Stadtrand
von Rom lebte, beraubte und vergewaltigte eine 47-jährige Frau
auf ihrem Heimweg von einem Einkaufsbummel so brutal, dass
sie wenig später an einer Hirnblutung starb. Ein Aufschrei ging
durchs Land. Ministerpräsident Romano Prodi unterzeichnete
noch am Tag, als das Verbrechen bekannt wurde, ein Dekret, das
die sofortige Ausweisung von Ausländern ermöglichte, wenn sie

gegen die öffentliche Ordnung oder gegen nicht näher bezeichnete »fundamentale Regeln des Zusammenlebens« verstießen. Sofort wurden zwei Dutzend Rumänen des Landes verwiesen. Vier Roma wurden Opfer einer Messerattacke durch Rechtsradikale. Sogar diplomatische Verwicklungen zwischen Rom und Bukarest zog der Fall nach sich; Rumäniens Regierungschef musste nach Rom reisen, um die Wogen zu glätten. Der Mord von Tor di Quinto zerriss schließlich noch die rechtsradikale Fraktion im Europa-Parlament. Weil die italienische Diktatoren-Enkelin Alessandra Mussolini mit Blick auf die Tat von Tor di Quinto sagte, für die Rumänen sei der Rechtsbruch zur Lebensweise geworden, zog die antisemitische Großrumänien-Partei aus der Fraktion aus.

Der Täter, der mehrfach vorbestrafte und aus Rumänien flüchtige Romulus Nicolae Mailat, wurde ein Jahr später wegen Mordes zu 29 Jahren Gefängnis verurteilt. Im Prozess gab er einen Raubüberfall auf die Frau zu, nicht aber die tödliche Gewalt und auch nicht die Sexualtat. Damit bekannte der junge Familienvater das Maximum dessen, was seine Angehörigen noch hingenommen hätten, ohne ihn völlig zu verstoßen. Sein Leugnen sollte ihn nicht vor dem Richter, aber, wie er hoffte, doch gerade noch vor dem sozialen Tod bewahren. Aber nur seine Mutter glaubte ihm noch. Von einem mafiaartigen Schweigegebot unter den Roma oder gar von einer irgendwie gemeinsamen Tat der römischen Rumänen konnte keine Rede sein. Es war eine Roma-Frau aus der Barackensiedlung gewesen, die auf die Tat aufmerksam gemacht und die Polizei auch zum Täter geführt hatte. Mangels Italienischkenntnissen setzte sich die Zeugin auf den Platz vor dem S-Bahnhof Tor di Quinto und schrie und weinte so lange, bis jemand die Polizei rief.

So wurde den Italienern klar: Wer ein zufälliges Opfer vergewaltigt und tötet, tut das nicht als Roma, auch wenn er einer ist. Die politischen Folgen des Verbrechens waren allerdings eingetreten und wurden auch nicht rückgängig gemacht. Die Elendssiedlung von Tor di Quinto war den Anwohnern schon lange ein Dorn im Auge gewesen, allerdings nicht wegen Gewalttaten, die es vor dem Mord ja gar nicht gab. Sie wurde noch in der Woche nach der Tat dem Erdboden gleichgemacht. Die siebzig Morde, die im gleichen Jahr von der Camorra in Neapel verübt wurden, waren auf einmal kein Thema mehr.

Hass und Vertreibung: Die Fälle in Ungarn und Slowenien

Bis in die *New York Times* schaffte es der Fall der Familie Strojan, die am Rande des Dorfes Ambrus nahe der slowenischen Hauptstadt Ljubljana lebte. Die Strojans lebten in einer vermüllten, selbst zusammengezimmerten Hüttensiedlung im Wald am Rand der einzigen Straße, die Ambrus mit der Stadt verbindet. Den meisten Bürgern von Ambrus stieß die kleine Siedlung übel auf. Über Jahre und Jahrzehnte hatten sie immer wieder Eingaben und Beschwerden an die Behörden gerichtet, immer ohne Erfolg. An einem Oktobernachmittag kamen Jože Šinkovec aus Ambrus und sein Sohn an der Stelle vorbei. Sie wurden angehalten, sagte der Sohn später aus. Was genau passiert ist, ließ sich nie klären. Jedenfalls lag der 57-jährige Šinkovec am Ende bewusstlos mit einer schweren Schädelverletzung neben seinem Auto. Der Sohn war geflüchtet, der Vater konnte sich nicht erinnern.

Kurz nach Bekanntwerden des Zwischenfalls machten sich erregte Bürger von Ambrus auf, die Familie Strojan zu vertreiben. Das gelang. Jahrelang bemühte sich fortan die Regierung, für die sieben Männer, dreizehn Frauen und fünfzehn Kinder der Familie Strojan eine Bleibe zu finden. Das gelang nicht; überall, wo man sie ansiedeln wollte, bildeten sich »Bürgerwehren«. Die Familie wartete in einer ehemaligen Kaserne am Stadtrand von Postojna im Westen des Landes auf eine Lösung. Die blieb aus. Das alte Problem aus Belästigungen und Ordnungswidrigkeiten, das die Bürger von Ambrus so erregt hatte, war an dem Oktobernachmittag von einem ernsten Gewaltproblem abgelöst worden. Was das alte mit dem neuen Problem zu tun hatte, wurde nie richtig klar. Die Familie Strojan lebte seit sechzig Jahren hier bei Ambrus, alle Bürger des Ortes waren mit den Strojans aufgewachsen. Alle Beteiligten auf beiden Seiten hatten den Konflikt von ihren Eltern geerbt.

Erst die Zuspitzung brachte die Lösung. Dass die Justiz sich lange schwertat, einen Schuldigen auszumachen, verwies zurück auf die ganze »Sippe« als Täter. »Die haben alle mitgemacht und dann einen ausgeguckt, der es gewesen sein sollte«, fasste es der Sprecher der Bürger von Ambrus zusammen. Wo aber alle zusammenhalten und einander die Unschuld bezeugen, sind auch alle schuld. Dann muss es auch gerechtfertigt sein, sie alle zu vertreiben. Verurteilt wurde für die schwere Körperverletzung am Ende allerdings kein Roma, sondern ein ethnischer Slowene, der mit der Familie Strojan zusammenlebte. Die Lehre für die Slowenen war: Nicht jeder ist Roma, den wir dafür halten.

Zu einer Art politischem Urknall wurde der Mord an Lájos Szögi. Der 44-jährige Lehrer erfasste in einem Dorf in Ostungarn mit seinem Auto ein elfjähriges Roma-Mädchen, das auf die Straße gelaufen war. Er hielt an, um sich zu vergewissern, dass dem Kind nichts geschehen war. Noch bevor der Mann aussteigen konnte, rissen Verwandte des Mädchens die Autotür auf, zerrten Szögi heraus und schlugen so lange auf ihn ein, bis er starb. An der Darstellung wurden im Prozess, auch von Seiten der Verteidigung, keine ernsten Zweifel geltend gemacht. Dem angefahrenen Mädchen war nichts geschehen; davon hätten die Eltern und die Verwandten sich an Ort und Stelle überzeugen können. Deshalb qualifizierte der Richter die Tat nicht als Totschlag, sondern als vorsätzlichen Mord aus niedrigen Beweggründen. Die Verteidigung brachte vor, dass ein paar Jahre vorher tatsächlich ein betrunkener Fahrer an derselben Stelle ein Roma-Mädchen totgefahren hatte. Für mildernde Umstände reichte das nicht. Für den Mord an dem Lehrer wurden drei Männer, unter ihnen der Vater des Mädchens, in zweiter und letzter Instanz zu lebenslanger Haft verurteilt, ein Bruder und eine Schwester zu je siebzehn Jahren. Die Mutter bekam als »Komplizin« fünfzehn Jahre, zwei Minderjährige je zehn Jahre.

Für den Hass, der hinter der Tat stand, lieferte der Prozess keine Erklärung. Die gaben dafür die rechtsradikalen Organisationen, die sich seit einigen Jahren im Land ausgebreitet hatten und die die Stätte des Verbrechens zu einem Gedenkort machten: Das Wort von der »Zigeunerkriminalität« eroberte nach dem Mord an

Lájos Szögi auch Medien außerhalb der rechten Szene. Ein gutes Jahr nach dem Urteil begann eine Serie von zehn Anschlägen auf Roma in der Region, die alle nach ähnlichem Muster verliefen. Zwei Täter schossen in Häuser und Hütten am Rande von Roma-Siedlungen nahe der Autobahn, manchmal warfen sie auch Molotow-Cocktails. In die Anschlagsserie platzte die Nachricht von einem weiteren »Zigeunermord« an einem 14-jährigen Mädchen in Kiskunlacháza in Mittelungarn. Der Ortsbürgermeister organisierte eine Demonstration »gegen die Gewalt« und machte klar, dass er – wie angeblich jedermann in Kiskunlacháza – den Mörder unter den Roma vermutete. Ein halbes Jahr später gestand ein ethnischer Ungar die Tat. Für einen beträchtlichen Teil der Bevölkerung war aus dem Mord in dem ostungarischen Dorf eine Art Krieg zwischen Roma und Magyaren geworden. Vom Pathos des kollektiven Mordopfers nährten sich seither zahlreiche extreme Organisationen, allen voran die Partei »Für ein besseres Ungarn«, Jobbik. Der Krieg ging aus, wie man es bei Mehrheitsverhältnissen erwarten durfte: Bei der Anschlagsserie kamen sechs Roma ums Leben. Dass auch das rechtsstaatliche Denken zu den Opfern des Krieges gehörte, machte die Zeitung *Magyar Nemzet* klar, die der Regierungspartei Fidesz nahesteht. Sie empfahl, künftig aufs Gaspedal zu treten, falls man zufällig ein Roma-Mädchen anfahren würde. »Jeder, der in diesem Land ein Zigeunerkind überfährt«, schrieb der Publizist und Kulturpreisträger Zsolt Bayer, »handelt richtig, wenn ihm im Traum nicht einfällt anzuhalten. Wenn wir ein Zigeunerkind überfahren haben, geben wir Gas, und wen wir sonst noch überfahren, der hat eben Pech gehabt.« Bayer machte den Ungarn klar, dass Hass keinen Grund braucht.

Gibt es so etwas wie »kriminelle Familien«?

Geht es um Gewaltkriminalität, spielen Roma vorwiegend die Rolle des Opfers. Das hat nichts damit zu tun, dass sie die besseren Menschen wären. Hintergrund der hohen Verbrechensrate in den Slums Brasiliens, Mexikos, der USA oder Südafrikas ist die sogenannte Kultur der Armut, wie sie der amerikanische Anthropologe Oscar Lewis an Beispielen aus Mexiko beschrieben hat. Zu ihr gehört eine besondere Familienstruktur. Väter in lateinamerikanischen Slums leben in den seltensten Fällen mit ihren Kindern und deren Mutter zusammen. Männliche Jugendliche lassen sich von ihren Müttern schon früh nicht mehr disziplinieren, verlassen wie die Väter das Haus und schließen sich Banden an, in denen das Faustrecht gilt. In den Roma-Vierteln, auch in den ärmsten, geht es aber ganz anders zu als von Oscar Lewis für Mexiko beschrieben. Die Familien leben nach wie vor zusammen, und wenn die Väter weggehen, übernehmen andere männliche Familienangehörige deren Funktion. Wirklich alleinerziehende Mütter sind die große Ausnahme. Die festen Familienstrukturen sorgen für eine hohe soziale Kontrolle. Söhne begehren nicht auf und denken gar nicht daran, das Elternhaus zu verlassen. Ihr *role model* ist nicht der freie, unabhängige Bandenchef, sondern der mächtige und angesehene Vater oder Großvater. Die Väter, Onkel oder größeren Brüder, die die jungen Männer kontrollieren, müssen selbst nicht unbedingt Moralisten sein. Sie verfügen aber über genügend Lebenserfahrung und Verantwortungsbewusstsein, um zu wissen, auf welche Konflikte sie sich einlassen können. Ihnen ist durchaus bewusst, dass Racheaktionen die ganze Familie treffen können.

Seine Kehrseite hat der starke Familienzusammenhalt unter Roma in der Familiendelinquenz. Nicht die Fallzahlen oder gar die Schwere der Taten machen die Kriminalität der Roma zu einer Herausforderung, sondern die Tatsache, dass kriminelle Roma ihre Delikte häufig familienweise begehen. Das muss niemanden wundern. Südosteuropäische Roma wohnen und arbeiten – und migrieren – nun einmal vorwiegend im Familienverbund. Da ist es nur logisch, dass sie, wenn, dann auch gemeinsam mit ihren Eltern, Kindern oder Geschwistern straffällig werden oder die Familie wenigstens indirekt, über die Beute, an ihren Straftaten beteiligen. Manche Roma-Vertreter gehen so weit zu sagen, dass man außerhalb eines Familienverbunds gar nicht Roma sein kann. Sich aus der weiteren Familie zu verabschieden, sei entweder schon Assimilation an die Mehrheitsgesellschaft oder das Abrutschen ins individuelle Elend.

Familiendelinquenz birgt aber gleich drei schwere Tücken. Die erste: Niemand hat ein Unrechtsbewusstsein. Die zweite: In einer Familie kann die Polizei so gut wie nicht ermitteln. Die dritte: Es entwickeln sich spezielle Fähigkeiten, Tricks, Erfahrungen, die über Generationen weitergetragen werden.

Die Familie ist der Ort, wo die Werte an die nächste Generation vermittelt werden; was gut und was böse ist, wissen wir von Mutter und Vater, und zwar lange, bevor wir erfahren, dass es so etwas wie das Strafgesetzbuch oder die Zehn Gebote gibt. Kriminalität ist in der Mehrheitsgesellschaft der Ausbruch Einzelner, meist junger Männer, aus dem Wertsystem, das ihnen zu Hause vermittelt wurde. Sie wissen, was sie tun. Handelt aber eine Familie kollektiv kriminell, so stellt sich ein Unrechtsbewusstsein, wenn überhaupt, erst spät, nachträglich und über die schwierige Ablösung vom Elternhaus ein, die auch in gesetzestreuen Roma-Familien die große Ausnahme ist. Wo es aber kein Unrechtsbewusstsein gibt, müssen Straftaten gar nicht organisiert und angestiftet werden. Jugendliche, die im Supermarkt etwas mitgehen lassen, sind oft in einer Familie groß geworden, die sich in abweisender Umwelt behaupten musste, die Regeln der sie umgebenden Gesellschaft nicht kannte und wenn doch, dann nicht verstand. Das galt früher für Nomaden und gilt heute für Familien, die sich irgendwo in städtischen Elendsquartieren niederlassen, und es gilt wie für die Roma auch für junge Leute aus aller Welt, die in Asylbewerberheimen groß werden.

Dass man sich aus der üppigen, anonymen Umwelt bedient, wird auch von den Eltern nicht mit Strafe belegt. Innerhalb der Familie dagegen gelten strenge, oft ganz abstrakte Regeln. Dass Roma generell eine nur »partikulare Moral« hätten, die sich allein auf die In-Group bezieht, und dass ihnen Leid außerhalb der eigenen Gruppe egal wäre, ist allerdings eine falsche Schlussfolgerung. Mitgefühl erstreckt sich auch unter Roma potenziell auf alle Menschen. Als sie von den Folgen des Tsunamis in Indonesien hörten, legten sogar die Leute von Pata-Rât den Erlös vom Flaschensammeln zusammen, um den obdachlosen Opfern zu helfen. Was es heißt, wenn einem die Hütte wegschwimmt, wussten sie sehr genau. Wer aber leidet, wenn sie im Supermarkt ein Pfund Nudeln oder ein Parfümfläschchen stehlen, ist ihnen weniger bewusst.

Die Tradition der Tricks und Kniffe

Wo die Mitglieder einer Bande eng verwandt sind und sich von klein auf kennen, kann man keine V-Leute einschleusen. Die Solidarität innerhalb einer Familie macht es auch schwer, einen einzelnen Täter auszuforschen. Wer mit dem Beschuldigten bis zum dritten Grade verwandt oder nur mit ihm verschwägert ist, hat in allen europäischen Rechtsordnungen ein Zeugnisverweigerungsrecht. In kriminellen Familien kommt es vor, dass jemand sich fälschlich zu einer Tat bekennt, um ein Familienmitglied zu decken, das möglicherweise wegen Vorstrafen oder höheren Lebensalters mit einer strengeren Strafe rechnen müsste. »Da sind wir dann machtlos«, sagt ein deutscher Kriminalist. Dass kriminelle Roma aber gern ins Gefängnis gehen würden, weil es dort regelmäßig zu essen und einen festen Schlafplatz gebe, ist allerdings eine Legende; Ermittler beobachten, im Gegenteil, dass eine Freiheitsstrafe und die damit verbundene Isolation sie besonders hart trifft. Beliebt ist deshalb, strafunmündige Kinder der Tat zu beschuldigen. Um nachzuweisen, dass ein junger Täter doch schon strafmündig ist, bleibt die Medizin auch heute noch auf die über hundert Jahre alte Diagnostik mittels Röntgen des Handgelenks angewiesen. Versuche von Gerichten, über die Verletzung der Erziehungs- und Fürsorgepflicht doch noch an die Eltern heranzukommen, sind allesamt gescheitert. Weil es keine Kollektivstrafen gibt, haben feste, verwandte Kollektive gute Chancen, bei der Strafverfolgung günstig wegzukommen. Auch dieser Vorteil hat aber eine Kehrseite, denn die Ausgrenzung und die moralische Verurteilung durch die anderen trifft eben auch jedes Familienmitglied, unabhängig vom eigenen Anteil an der Schuld.

Ist Kriminalität die bevorzugte Erwerbsform einer Familie, gedeihen dort bestimmte Fertigkeiten, die dann wie eine Handwerkskunst an die nächste Generation weitergegeben werden. An erster Stelle steht, weit noch vor der Kunst des Wohnungseinbruchs am hellen Tage, dabei der Trickdiebstahl oder die *truffa*. Die darauf spezialisierten Familien sind meist lange vor dem Fall des Eisernen Vorhangs, oft in den Fünfzigerjahren, aus Jugoslawien oder auch aus Polen nach Westen gewandert und haben ihre ökonomische Nische gefunden. Werden einzelne Täter gefasst, machen die Brüder mit demselben Trick weiter; das garantiert eine hohe Kontinuität. Erfolgreiche leisten sich gute Rechtsanwälte. Die Tricks, die solche Familien kultivieren, funktionieren immer nur eine Weile, dann muss man sie woanders ausprobieren. Manche Kniffe haben sich irgendwann aus den klassischen Hausiererbräuchen entwickelt und spielen schlau mit den Vorurteilen der Mehrheitsbevölkerung. Begonnen hat die Geschichte der modernen Tricks mit dem ambulanten Teppichhandel, wie er bis in die Siebzigerjahre üblich war. Man klingelte an einer Tür und bot schlichte Webteppiche als »echte Perser« zum halben Preis an. Verblüffenderweise schlugen längst nicht alle den unbekannten, oft dunkelhäutigen Menschen die Tür vor der Nase zu. Die Kunden unterstellten vielmehr, der Teppich sei gestohlen und deshalb so besonders günstig; für ein Schnäppchen machte man sich gern zum ahnungslosen Hehler. Die braven, ländlichen Hauseigentümer hielten die Hausierer damit zwar für kriminell, freuten sich aber darauf, von dem krummen Deal ein bisschen mitprofitieren zu können – eine schöne Parabel auf die Moral und auf die Funktion des Verbrechers.

Einige Nachfahren der früheren Teppichhändler haben sich auf die Ausbeutung der Schnäppchensucht ihrer Mitbürger regelrecht spezialisiert und den Trick ihrer Vorväter zu einem originellen Muster verfeinert. Man macht dem Opfer weis, man wäre der Abgesandte eines arabischen Scheichs oder eines kriminellen Tycoons aus Osteuropa. Der wolle Schwarzgeld waschen und würde deshalb für irgendein Luxusgut auch einen überhöhten Preis bezahlen; nur eben in bar. Um Vertrauen zu bilden, lässt man vorab ein kleineres Geschäft dieser Art ordentlich über die Bühne gehen. Beim zweiten, größeren Deal dann aber stiehlt man dem Kunden bei der Übergabe den Geldkoffer, oder man dreht ihm Blüten an.

Man kann dabei sichergehen, dass der Betrogene nicht die Polizei verständigt, denn das Opfer hat sich wegen Vorbereitung einer Straftat, der Geldwäsche, ja selbst strafbar gemacht. Kunden für den Vorauszahlungsbetrug oder *Rip-deal* findet man im Anzeigenteil von Fachzeitschriften, wo Rennpferde, teure Autos oder Jachten angeboten werden. Andere Trickdiebe wiederum verkaufen als Makler scheinbar ganze Schlösser. In der Szene, auf die sie es abgesehen haben, ist die Raffgier zu Hause.

Nicht alle Tricks sind lustig. Ein ähnlich hohes Maß an Erfahrung, Einfühlungsvermögen und auch Sprachkompetenz erfordert der sogenannte Neffen- oder Enkeltrick. Dabei meldet man sich telefonisch bei einer alleinstehenden alten Dame und spiegelt ihr vor, man sei der Enkel, der Neffe oder Großneffe, halte sich zufällig in der Stadt auf und brauche dringend einen größeren Geldbetrag. Wer mit dem Trick erfolgreich sein will, darf nicht mit Akzent sprechen und muss geschickt mit der Neigung alter Menschen spielen, ihre Vergesslichkeit durch scheinbares Wiedererkennen zu überspielen. In jüngerer Zeit haben einige Roma-Familien sich auch auf den Trickdiebstahl an Geldautomaten spezialisiert. Die Kniffe reichen von Anrempeln über das Ablenken bis zu technologisch ausgefeilten Verfahren, bei denen die Magnetstreifen auf den Karten abgelesen und die Daten kopiert und vervielfältigt werden.

Die Delikte sind insofern Roma-typisch, als sie meistens oder wenigstens vergleichsweise häufig von Roma begangen werden. Der Umkehrschluss, dass nämlich Roma häufig Trickdiebstähle begehen würden, führt aber in die Irre. In Wirklichkeit lassen sich die einschlägigen Tätergruppen in allen europäischen Ländern an den Fingern einer Hand abzählen. Wie gering ihre Zahl ist, lässt sich indirekt aus der Statistik ablesen. Immer wieder macht der eine oder andere Trick in einer je anderen Gegend Furore, und die Deliktzahlen gehen steil nach oben. Meistens steckt eine einzige große Familie dahinter; hat die örtliche Polizei sich mit dem Verfahren vertraut gemacht, zieht sie weiter. In Dublin zum Beispiel nahm der Diebstahl an Geldautomaten rasant zu und verschwand, als die dahinterstehende Familie nach Schottland weiterreiste.

Gibt es die »gesetzestreue Mehrheit«?

Wenn Trickdiebstähle trotzdem als ethnisches Charakteristikum der Roma missdeutet werden, steckt dahinter ein klassisches Schnittstellenproblem. In den westeuropäischen Gesellschaften werden Roma überhaupt nur als solche wahrgenommen, wenn sie stehlen oder betrügen. Alle angeführten Tricks setzen eine hohe Spezialisierung sowie eine gute Kenntnis der modernen Umwelt voraus, Eigenschaften, über die die allerwenigsten Roma-Migranten aus jüngster Zeit verfügen. Minderheitenvertreter kämpfen vergeblich gegen das Missverständnis an und machen meistens die Medien dafür verantwortlich. Wenn in Zeitungen überhaupt über Roma berichtet wird, so eine Untersuchung, dann geht es in 70 Prozent der Artikel um Kriminalität. Der *Zentralrat der deutschen Sinti und Roma* beklagt, dass nur über kriminelle Roma berichtet werde, nicht aber über das normale »Leben der Minderheit«.

Das Problem dabei ist, dass es da aber wenig zu berichten gibt. Aus Jugoslawien sind seit den Sechzigerjahren wahrscheinlich Zehntausende Roma als Gastarbeiter nach Deutschland gekommen. Wahrgenommen wurden sie als »Jugoslawen«, und sie teilten mit ihren Landsleuten eine Unauffälligkeit und Integrationsbereitschaft, die Jugoslawen vor allen anderen Gastarbeitergruppen auszeichnete. Als der Staat 1991 zerfiel, definierten sie sich – wie alle anderen Jugoslawen – um und waren fortan Mazedonier, Serben, Bosnier. Sich als Roma zu deklarieren hätte allenfalls Nachteile mit sich gebracht. Vorteile hätte es keine gehabt. Weder hatten sie nun, wie Mazedonier, Serben, Bosnier, einen eigenen Staat, noch wollten sie einen gründen. Roma-Kulturvereine gab und gibt es kaum; schon in der Heimat hatten die zugezogenen Familien ihre Bräuche und Traditionen so gut wie ausschließlich im Familienverband gepflegt. Der deutsche Staat fragt nur nach der Staatsangehörigkeit, nicht nach der »Nationalität«. Roma hatten keine eigene Religionsgemeinschaft und brauchten keine öffentlichen Kultstätten. Zu den Vertretungen und Vereinen deutscher Sinti suchten sie keinen Kontakt. Roma zu sein war Familienangelegenheit und damit Privatsache. Die Außenwelt nimmt sie als Roma gar nicht wahr.

Das muss nicht heißen, dass diese Zuwanderer sich vollständig assimilierten oder ihre Herkunft aktiv verleugneten. Es fragte sie bloß niemand, und auch ihr oft dunklerer Teint fällt in den bunt gewordenen Großstädten des Westens nicht auf. Die »normale«, nicht kriminelle Roma-Gesellschaft ist mit den Maßstäben, die in Europa für nationale Gruppen gelten, einfach nicht kompatibel. Wer ihr begegnen will, kann zum Beispiel im Sommer in die klassischen Roma-Wallfahrtsorte auf dem Balkan reisen. Dort trifft man Menschen, die seit Jahrzehnten in Hildesheim wohnen oder in Wien geboren sind, die Roma-Familienfeste nicht missen möchten, ihren Nachbarn und Arbeitskollegen daheim aber als Roma nicht bekannt sind. Ihr normales »Leben als Minderheit« ist für die anderen unsichtbar. Erkennbar mit Roma in Berührung kommt die Mehrheit nur dann, wenn sich – wie in Berlin oder in etlichen Ruhrgebietsstädten – große Familien mit fremdländischem Aussehen und schrottreifen Autos in Abbruchhäusern niederlassen. Die werden dann als Roma wahrgenommen – und verringern entsprechend die Bereitschaft der anderen, sich als Roma zu outen.

Wenig Zahlen, viele Geschichten

Wo es keine Zahlen gibt, bleibt viel Raum für Gerüchte. In Deutschland zum Beispiel sprechen Behörden und Presse gern von »Südosteuropäern«, wenn sie Roma meinen. Auch der Hinweis auf eine »Großfamilie« als Täter leitet dezent zur ethnischen Qualifizierung. In den Niederlanden ist von *moelanders* die Rede – Menschen, die aus mittel- und osteuropäischen, kurz: den MOE-Ländern kommen. In Großbritannien und Frankreich sind es die Rumänen und manchmal die Bulgaren, die pauschal für Problemgruppen gehalten und unausgesprochen mit den Roma identifiziert werden. Frankreichs Innenminister Claude Guéant sprach öffentlich von »rumänischer Delinquenz« und fügte hinzu, fast die Hälfte der Täter seien minderjährig. Statistiken geben überall widersprüchliche Bilder. Nach Einführung der Reisefreiheit 2007 zogen Rumänen in der Londoner Kriminalstatistik plötzlich von weit unten auf den fünften Platz, hinter Polen, Jamaikanern, Iren und Somaliern. Rechnete man allein die Gewaltverbrechen, so lagen die Rumänen nur auf Platz 15, noch hinter den Franzosen. Bei den Diebstählen aber lagen sie auf Platz 1. In den Niederlanden wird gezählt, wie viel Prozent der Ausländer jeder Nationalität in den Verdacht einer Straftat geraten sind. Die Rumänen liegen dabei auf einem ähnlich niedrigen Niveau wie die Deutschen und die Belgier. Vergleichsweise häufig in Verdacht gerieten Ausländer aus dem arabischen Raum und Somalier, aber auch Ausländer aus den Nachfolgestaaten Jugoslawiens und der Sowjetunion.

Eine Umfrage des Benelux-Verbands unter Stadtverwaltungen über Probleme mit frisch zugewanderten Roma, vor allem aus Rumänien und Bulgarien, ergab ein unspektakuläres Bild. Die Kriminalität sei »relativ begrenzt«, heißt es in dem Bericht darüber; meistens gehe es um Ladendiebstahl oder Einbrüche in Autos. Für die Fahrten unter Alkoholeinfluss, bei denen die *Moelanders* überrepräsentiert sind, mussten bei näherem Hinsehen vor allem gut integrierte Polen verantwortlich gemacht werden. In manchen Städten häuften sich Beschwerden über grobes Falschparken, Lärm und die Missachtung der Grenze zwischen öffentlichem und privatem Raum. Ein größeres Problem sehen die Städte in dem unversteuerten Schwarzgeld, das die Wohnungsvermieter von den Zuwanderern einsammeln.

Deutschen Polizisten etwa fällt zum Thema »Roma-Kriminalität« immer zuerst der sogenannte Glas-Wasser-Trick ein, ebenfalls ein Überbleibsel aus den Tagen des ambulanten Kleinhandels: Zwei Frauen klingeln an einer Haustür, die eine bittet für die andere, vorgeblich schwangere um ein Glas Wasser. Während das Opfer in die Küche geht, um eines zu holen, schleicht sich eine dritte Frau in die Wohnung und durchwühlt die Schubladen nach Wertgegenständen. Der Trick ist wenig originell, funktioniert nur auf dem Lande und fast nur bei alten Leuten, aber offenbar haben sich Roma darauf spezialisiert. Uralt und romatypisch sind offenbar auch einige andere schlichte Trickdiebstähle, etwa das Verschwindenlassen von Wechselgeld beim Tausch auf der Straße oder von Waren aus dem Supermarkt unter den Schürzen und langen

Röcken, wie traditionelle Roma-Frauen sie tragen. Durch manche polizeiliche Warnungen vor Diebstahl spukt noch immer die sogenannte »Diebsschürze«: Seit hundert Jahren schon macht in Polizeikreisen die kühne These die Runde, dass Roma- oder auch Sinti-Frauen nur deshalb so weite Kleider trügen, damit sie mehr Diebesgut darunter verstecken könnten.

Dass Roma klauen, kann man überraschenderweise auch von Roma hören. Es klingt wie eine Selbstbezichtigung, ist aber nicht so gemeint. Die Täter sind ja andere; von der Identifikation mit allen anderen Roma, die man ihnen wie selbstverständlich unterstellt, kann keine Rede sein. Von sich selbst weiß man, dass der Vorwurf der Unehrlichkeit nicht zutrifft, aber kaum jemand fühlt sich bemüßigt, die ganze große, unüberschaubare Roma-Gemeinschaft gegen das Vorurteil zu verteidigen. Auch und gerade unter Roma kursieren die Geschichten von den Bettlern, die ihre Erlöse dunklen Hintermännern geben müssten und dass sie um die Ecke einen Mercedes stehen haben, wo die Holzbeinattrappe leicht in den Kofferraum passt. Auf konkrete Nachfrage bekommt man aber so wenig valide Informationen wie dann, wenn Roma-Hasser solche Geschichten erzählen. Wundern muss einen das nicht: Dass Roma qua Volkszugehörigkeit zugleich auch Roma-Experten wären, kann nur glauben, wer die Roma für eine Art Geheimbund hält. In Wirklichkeit kennen Roma meistens nur sich selbst und ihre Verwandten und Freunde aus eigener Anschauung. Was irgendwelche Gruppen aus einer ganz anderen Stadt betrifft, sind sie auf dieselben Tratschgeschichten und Fernsehsendungen angewiesen wie alle anderen auch. Dass sie in Sachen Kriminalität über besonderes Wissen verfügen würden, ist bloß eine paranoide Phantasie.

Wer Roma mit Vorurteilen konfrontiert, stößt kaum je auf eine Verteidigungshaltung. Eher macht man mit Gruppenidentitäten Bekanntschaft, von denen man vorher nichts ahnte. Besonders stark ausgeprägt sind sie bei den ursprünglich aus Rumänien stammenden Kalderasch, den einstigen Kesselflickern, nicht ganz so stark bei den Lovara, den früheren Pferdehändlern aus Ungarn. Beide sprechen verschiedene Dialekte des Romanes und werden oft als Stämme bezeichnet. Hervorgegangen sind sie aus Berufsgruppen. Verantwortlich gemacht für das schlechte Image der Roma wird jeweils die andere Gruppe. »Die Ursari sind alle Diebe«, meint zum Beispiel eine Frau aus Wien, ein pauschaler Vorwurf an die ehemaligen Bärenführer, den diese natürlich umdrehen. Für bare Münze darf man solche Sprüche nicht nehmen. Es stimmt allerdings, dass unter traditionellen Gruppen auch in Bezug auf Kriminalität unterschiedliche Wertvorstellungen herrschen. Einigermaßen sicher sagen lässt sich nur, dass unter den traditionellen Kalderasch auch Kriminelle nicht mit Drogen handeln würden; das gilt als unrein. Bei den türkisch-muslimischen Roma, den Xoraxane, ist wiederum Diebstahl eine Schande.

Wie man im Dorf miteinander umgeht

Kleinkriminalität ist Armutsgesellschaften gleich welchen kulturellen Hintergrunds nicht fremd. Wo der Magen knurrt, werden Gewissensbisse erfahrungsgemäß als weniger schmerzhaft erfunden. »Erst kommt das Fressen, dann die Moral«, heißt es treffend in der Dreigroschenoper. In Südosteuropa mit seinen Roma-Siedlungen haben sich im Umgang mit Delinquenz aber informelle Regeln herausgebildet. Begeht jemand ein Kapitalverbrechen, liefert man ihn den Behörden aus. Kleinere Delikte an Nicht-Roma im Dorf bleiben in der Roma-Gemeinschaft ungeahndet, teils weil die angesehenen Familienväter im Ort nicht über die nötige Macht verfügen oder sie wenigstens nicht für Lappalien wie einen Hühnerdiebstahl in die Waagschale werfen wollen, teils weil sie in der konkreten Tat nichts Unrechtes sehen oder das Unrecht für nicht so gravierend halten. Man wird als Kollektiv behandelt; mitgefangen, mitgehangen. Informelle Regeln gab es schon, als viele Roma noch Nomaden waren. Von den wenigen verbliebenen Fahrenden wissen Polizisten in ganz Europa seit langem, dass sie, wenn überhaupt, in der engeren Umgebung ihrer Stellplätze nicht straffällig werden. Den Rat, bei ihrem Eintreffen die Wäsche von der Leine zu nehmen, kann man sich also sparen.

Tatsächlich hat Eigentum in den Roma-Siedlungen am Rande der Dörfer und Kleinstädte eine andere Wertigkeit als in der jeweiligen Mehrheitsbevölkerung; ein Verhältnis, mit dem man umgehen muss, mit dem man aber auch umgehen kann. Klassisch ist bei Ungarn, Slowaken, Bulgaren oder Rumänen das frühkindliche »Trauma« mit dem Roma-Mädchen, das einem die Puppe weggenommen hat, als man drei war. Roma leben in der Großfamilie. Privateigentum an Spielzeug etwa ist unter Kleinkindern unbekannt; das Wegnehmen wird nicht bestraft. Unter Erwachsenen setzt das Verhältnis sich fort. In Dörfern, wo eigentumsbewusste, meist alte Siebenbürger Sachsen mit jungen Roma-Familien zusammenleben, entsteht dabei bisweilen ein eigentümliches Gleichgewicht. Die alten Sachsen von Şona (Schönau) zum Beispiel schließen, wenn sie fortgehen, zwar ihre Häuser ab, lassen den Schlüssel aber beim Gartentörchen liegen. Damit machen sie klar, dass sie nicht dulden, wenn jemand in ihr Haus eindringt. Dass junge Roma aber über den Zaun klettern und im Garten nach Essbarem suchen, wird toleriert. Eine alte Sächsin erzählt, sie säe immer drei extra Reihen Möhren und Kartoffeln für die Zigeunerjungen. Man muss etwas abgeben, darf aber im Großen und Ganzen bestimmen, was und wie viel. Als gesichertes Wissen gilt in Rumänien auch, dass Roma nie ein Einzelstück stehlen, denn von Unikaten kann man annehmen, dass sie für den Besitzer einen Wert darstellen, den der Dieb nicht realisieren kann. In den Roma-Siedlungen geht man untereinander mit Eigentumsfragen viel lockerer um. Dass man ein anderes Haus betreten darf, steht außer Frage; nur wenn gerade große Wäsche ist, liegt ein Handtuch über einem Stuhl vor der Tür und signalisiert: Eintritt verboten. Wer zu Reichtum kommt, muss abgeben; weigert er sich, so muss er sich nicht wundern, dass die Nachbarn sich holen, was ihnen zusteht. Es ist ein Stehlen mit Augenmaß.

Der britische Ethnologe Michael Stewart, der in den Achtzigerjahren in einer Roma-Siedlung in Ungarn gelebt hat, überliefert zur Frage des Eigentums eine treffende Geschichte, die er von einem alten Mann gehört hat. Als Gott unter seinen Geschöpfen den Reichtum verteilte, kamen alle mit großen Taschen. Nur der

Stammvater der Roma war so arm, dass er nur mit einem löchrigen Sack aufwarten konnte, durch den die Dukaten dann fast alle durchfielen. Was er nicht mitnehmen konnte, wurde unter die anderen verteilt. Deshalb sei es nur gerecht, wenn die Roma sich das Entgangene bei den anderen wiederholten, meinte der alte Mann. Die Geschichte verrät nicht nur, dass manche Roma kleine Diebereien als ausgleichende Gerechtigkeit wahrnehmen. Aus ihr geht auch hervor, dass die Roma immer schon, sogar noch vor der Verteilung des Reichtums durch den lieben Gott, arm waren. Das klingt exotisch. Aber das Gefühl, als Volksgruppe prinzipiell und von allem Anfang an benachteiligt zu sein, und das sportliche Verhältnis zu Eigentumsdelikten unterscheidet die Roma nicht so sehr von ihren regionalen Nachbarn, wie man in Westeuropa meint. Erzählungen von schlauen Pferdediebstählen und die Verehrung von Räuberhelden à la Robin Hood sind fester Bestandteil der Balkan-Folklore.

Gyöngyöspata oder der Einbruch der Zivilisation

Das Gleichgewicht in den Dörfern Südosteuropas war freilich immer ein labiles; Konflikte über Eigentumsfragen hat es zwischen Roma und Nicht-Roma zu allen Zeiten gegeben. In jüngerer Zeit aber haben sie sich verschärft. In Ungarn hat die Rechtsregierung als eine ihrer ersten Handlungen das Gesetz über Ordnungsstrafen revidiert, nach dem Diebstähle von Werten unter 20 000 Forint, umgerechnet 68 Euro, nicht mit Gefängnis bestraft und damit de facto von der Polizei oft auch nicht ermittelt werden. Neuerdings können sogar Minderjährige für Kleindiebstähle ins Gefängnis gehen. Die Zero-tolerance-Politik zeigt erste Ergebnisse; keine schönen allerdings.

Vom Rathaus des Dorfes Gyöngyöspata zu den Roma sind es zu Fuß fünf Minuten. In der Hegyalja út, der Straße beim Dorfbach, werden die Häuser kleiner. Wo der Asphalt aufhört, verschwinden auch die Gartenzäune. Auf dem Stoppelrasen zwischen zwei Häusern haben Frauen die Stühle vor die Tür in die Märzsonne gerückt. Ein kleines Mädchen müht sich mit einem Dreirad auf zwei Rädern. Die Pumpe, von der alle ihr Wasser holen, ist mit Lappen umwickelt – gegen den bitteren Frost, der hier im Winter herrscht. Im ersten Haus, einem alten, unverputzten Rohbau, hält János Farkas Hof, der inoffizielle Sprecher der Roma von Gyöngyöspata, ein eloquenter, gedrungener Mann mit dunklem Teint, mächtigen Schnurrbart und breit gestreiftem Sakko. »Wie bei den Nazis« sei es hier; eine »Schande, dass es im 21. Jahrhundert in einem demokratischen Land« so etwas geben könne, ruft er aus und schlürft mal aus dieser, mal aus jener Kaffeetasse, die beflissene Frauen ihm hingestellt haben. »Geweint« habe er, als hier vor Wochen »sechs-, siebentausend Gardisten«, Rechtsradikale, durch ihr elendes Quartier gezogen seien. »Seit 500 Jahren«, sagt Herr Farkas, »leben meine Vorfahren in Gyöngyöspata«, und das Verhältnis sei »immer sehr gut« gewesen. »Erst die rechtsradikale Garde«, meint Farkas, »hat dann den schlafenden Rassismus geweckt.« Ja, vorgefallen sei schon etwas. »Zwei oder drei Kinder von zugezogenen Arbeitslosen« hätten »etwas gemacht, das nicht richtig war.« Aber nun »stehen wir alle unter Generalverdacht«.

Die Hegyalja út liegt ein bisschen tiefer als die Dorfmitte; über einem Abhang, vielleicht fünfzig Meter vom ersten Roma-Haus, steht das Haus Nr. 75. Seine Besitzerin sieht die Zigeuner wie aus der Loge vom Küchenfenster aus. »Früher standen hier schöne Wochenendhäuschen«, erzählt sie aufgeregt und mit hochrotem Kopf. Ihren Namen mag sie nicht preisgeben. Auch selbst war sie schon Opfer der Kriminalität, hier in ihrem Haus gleich an der Front. Aus dem Gehege hinter dem Haus, zum kleinen Tal hin, sind zwei Hühner verschwunden, je eines im vorigen Jahr, eins in dem davor. Gesehen hat sie die Diebstähle nicht. Aber gehört, wie die Hühner aufgeflattert sind. Man soll die Zigeuner wegschaffen und bei »dem Orbán, dem Gyurcsány, dem Eszterházy« einquartieren, den drei letzten Premierministern. »Sollen wir denn die Hände in den Schoß legen und warten, bis sie uns das Haus abbrennen?«

»Es ist ein Konflikt zwischen solchen, die nichts, und solchen, die wenig haben«, erklärt Kristóf Szombati, ein liberaler Parlamentsabgeordneter, die Angst in Gyöngyöspata. »Es ist nicht so wie im Westen«, sagt er. »Ungarn ist von der Finanzkrise schwer getroffen worden.« Eigentum, sagt er, sei hier »sehr, sehr wichtig«, und entsprechend härt schlügen jetzt die »verschiedenen Lebensweisen« aufeinander. Die Polizei, die jetzt hier ständig mit 25 Mann präsent ist, weiß nicht, was sie tun soll. »Es gibt keinen Aktionsplan«, sagt Szombati und fragt sich, ob das wohl Absicht sei.

Alle, auch die Roma, sprechen hier Ungarisch. Aber sie tun es nicht miteinander. Ins Gemeindezentrum gehen keine Roma, in die schöne vorromanische Kirche kommen sie nur ganz vereinzelt. Der Pfarrer hat noch nicht einmal gepredigt über das Thema, das inzwischen ganz Ungarn in Atem hält, bestätigt die Religionslehrerin. Selbst hat sie dem Roma-Sprecher einmal angeboten, den Kindern Extrastunden in Religion zu geben. »Er wollte sich melden, hat das aber nie getan.« Es blieb bei dem einen Angebot. Nein, sagt die Frau aus dem Haus Nr. 75, nach dem Hühnerdiebstahl ist sie nicht die fünfzig Meter runtergegangen zum Nachbarhaus und hat mal gefragt, wer das wohl war. »Ich fürchte um meine Sicherheit«, sagt sie. Ja, sagt sie, sie kennt die Namen. Aber nennen mag sie sie nicht.

Roma als Symbolfiguren des Kapitalismus

Die Frau vom Haus Nr. 75 schweigt, erschöpft von ihrem Ausbruch. Die Straße am Bach ist schon in den Schatten gesunken, aber in dem Garten oben scheint noch immer die Frühlingssonne und schickt ein warmes Licht in den Hof. Jetzt traut sich auch Sándor Török etwas zu sagen, der Nachbar, ein alter Mann mit gewaltigem Bauch und einem einzelnen großen Zahn im Unterkiefer. »Am 26. Januar nachts um eins«, sagt Sándor mit der Präzision, die man hier so liebt, »wurde mir aus meinem Hof meine Motorsäge gestohlen.« Er ist dann am anderen Morgen runter zu den Roma und hat einem Jungen 5000 Forint versprochen, wenn er sie ihm zurückholt. »Drei Stunden später«, erzählt er, »war sie wieder da.« Es ist schon Abend, und alle haben sich ihre Geschichte von der

Seele geredet. Der alte Sándor Török ist heute der Einzige, der dabei nicht erröten muss.

Gyöngyöspata, ein Dorf mit 2800 Einwohnern etwa eine Stunde östlich von Budapest, hat monatelang europaweit Schlagzeilen gemacht, weil eine rechtsradikale Garde hier die Macht übernahm und die etwa 500 Roma mit einschüchternden Patrouillen und Kontrollen vertrieb: Ein reicher Privatmann »evakuierte« die eingeschüchterte Gemeinschaft, als die Drohungen nicht nachlassen wollten. Der Ort wurde zum Testfeld für die rechtsextreme Jobbik-Partei, die herausfinden wollte, wie weit sie gehen konnte, bis die Rechtsregierung unter Premier Viktor Orbán einschritt. Orbán stützt sich auf die rechte, nationalistische Stimmung im Land und hat kaum Verbündete, wenn er die Extremisten in ihrer Agitation gegen die Roma in die Schranken weist. Für die radikale Rechte ist das eine Win-win-Situation: Vertreibt sie die Roma, profiliert sie sich als die eigentliche Ordnungsmacht. Wird sie von der Regierung gehindert, kann sie sie propagandistisch vor sich hertreiben. Als »multikultureller« Ort ist Gyöngyöspata für die Extremisten leichte Beute. Die Spannung, die in den »gemischten« Dörfern herrscht, erfordert Kommunikation und ständigen Ausgleich. Bleiben sie aus, eskaliert die Lage wie von selbst.

Voreilig wäre es aber, den Konflikt um das Eigentum, wie er in Gyöngyöspata entstand, bloß auf ein kulturelles Charakteristikum der Roma zurückzuführen. Mindestens so charakteristisch ist die spezifische, auf das Eigentum bezogene Bedrohungsfurcht der Ungarn. Die Roma sind dazu das Gegenbild. In den Balkanländern, in Mazedonien, Serbien, dem Kosovo sind solche Eigentumskonflikte mit Roma übrigens nahezu unbekannt. Man empfindet Roma dort vielleicht als lästig, als peinlich, als schmutzig, oder man nimmt sie nicht ernst. Aber man versteht ihre Nonchalance gegenüber dem Eigentum an Gegenständen des täglichen Bedarfs, hält sie deswegen jedenfalls nicht für gewohnheitsmäßige Diebe und fühlt sich schon gar nicht von ihnen bedroht. Sie seien ein *mirni narod*, kann man in Serbien hören, ein »friedliches Volk«. Damit stellt man sie sich wiederum als ein Gegenteil des »wilden« serbischen Selbstbilds vor. Roma sind eben anders; anders als was auch immer.

Michael Stewart, der Ethnologe in der ungarischen Roma-Siedlung, bietet für den Konflikt um das Eigentum in ungarischen Dörfern eine grundsätzliche Erklärung an. Er schreibt in seinem scharfsinnigen und von Erfahrung reich gesättigten Buch *The Time of the Gypsies*, die ungarischen Bauern lebten in einer Kultur der Knappheit, die kaufmännisch orientierten Roma dagegen in einer Kultur des Überflusses. Das klingt angesichts der Armut der Roma merkwürdig, hat aber einiges für sich. Für den Erfolg im Pferdehandel, wie ungarische Roma ihn traditionell betrieben, ist nicht die harte, kontinuierliche Arbeit entscheidend, sondern die günstige Gelegenheit, so selten sie auch sein mag. In der Sprache der Bauern heißt das: Die Roma säen nicht, sie ernten nur, und was für die Pferdehändler eine gute Gelegenheit ist, ist für die Bauern schon fast Übervorteilung. Das Geld, denkt der Pferdehändler, liegt auf der Straße; um es zu bekommen, braucht man Charme, Überredungskunst und ein Talent zur Schauspielerei. Stewarts Roma handelten tatsächlich noch mit Pferden, und bloß weil sie es heute nicht mehr tun, haben sie ihre Werte und ihr Weltverständnis in einer Generation nicht über den Haufen geworfen. Wären sie in die moderne Gesellschaft integriert, müsste man ihnen das auch nicht raten. Nicht Arbeit macht im Kapitalismus reich, sondern ein gutes Geschäft. Von der ganzen Finanzwirtschaft ließe sich behaupten, dass sie nur erntet, aber nicht sät. Nicht die Roma sind danach anachronistisch, sondern die arbeitsamen magyarischen Landbewohner, die erfahren mussten, dass sie für ihre überkommenen Tugenden auch in der neuen Zeit nicht belohnt werden.

Organisiertes Verbrechen I: Menschenhandel

Neben den dörflichen Kleindiebstählen und der Betrugskriminalität einiger spezialisierter, hoch mobiler und weit verzweigter Familien unterscheiden die Kriminologen auch zwei Branchen des organisierten Verbrechens, bei denen Roma eine Rolle spielen: den schon erwähnten Menschenhandel und den Metalldiebstahl. Man darf sich aber auch dabei keine geheimnisvollen Hintermänner oder einsatzbereiten Killerkommandos vorstellen. Beide Delikt-gruppen sind aus klassischen Erwerbszweigen der Armutsgesell-schaft entstanden, der Bettelei und dem Sammeln von Metall. Man wirtschaftet als Bettler oder als Schrottsammler sowieso schon im-mer am Rande der Legalität und läuft ständig Gefahr, aufgegriffen, weggeschickt oder mit Ordnungsgeldern belegt zu werden. Eine Marktordnung oder staatliche Aufsicht, wie in anderen Branchen, gibt es nicht. Will man mit einer dieser Erwerbsformen reich wer-den, so muss man sich aus der Rechtsordnung entfernen. Das Vor-urteil will es, dass Roma entweder arm oder aber kriminell sind. Daran stimmt, dass für viele der einzig mögliche Ausweg aus der Armutsfalle ins organisierte Verbrechen führt.

Menschenhandel etwa gibt es, als Auswuchs der Bettelei, in der Tat, wie ein Fall aus Wien belegt. »Er hat keinen Fuß, und ihr fehlt ein Auge«: Mit diesen von der Polizei abgehörten Worten empfahl ein junger Mann aus Bukarest seinem Vater zwei vielversprechende Mitglieder eines Bettelteams. Die Familie Evangheliu, selbst Roma, hatte sich auf Behinderte spezialisiert und brachte sie zum Betteln nach Wien. Ans Licht kam der Fall, als einem des Rumänischen mächtigen Wiener in der Innenstadt ein offenbar ohnmächtiger Beinamputierter auffiel. Der Passant kannte sich in dem Milieu zufällig gut aus, weil er über längere Zeit mit einer Roma-Frau zu-sammen gewesen war. Geweckt, bat der Bettler den Passanten, die Polizei zu rufen. Die Beamten begleiteten ihn zu seiner Wohnung, wo auf 50 Quadratmetern 21 Menschen lebten. Wie sich heraus-stellte, unterhielt die Familie Evangheliu gleich mehrere solcher Wohnungen in Wien. Der Schlafplatz kostete 120 Euro im Monat. Für Menschen mit besonders auffälligen Behinderungen zahlten die Evanghelius eine Art Ablösesumme – für die einäugige Rozica P. zum Beispiel 250 Euro. Die Behinderten durften, so sie welche hatten, ihre Rollstühle nicht mitnehmen und mussten sich um des besseren Ertrags willen aufs Pflaster setzen. Rauchen und Handy-Gespräche während der »Arbeit« waren verboten. Der beinampu-tierte Mann, den der Passant ohnmächtig aufgefunden hatte, sagte vor der Polizei aus, er sei nicht freiwillig nach Wien gekommen. Er starb, bevor er seine Aussage vor Gericht wiederholen konnte.

22 Personen wurden wegen des Wiener Falles in Rumänien angeklagt, sieben wurden schließlich zu Gefängnisstrafen zwischen
zwei und sieben Jahren verurteilt, unter ihnen Vater, Mutter, Sohn
und Tochter Evangheliu. Die Richter glaubten den Bettlern, dass
sie falschen Versprechungen erlegen seien, dass man sie geschlagen
und ihnen die Pässe abgenommen habe. Täter wie Opfer stammten aus demselben Elendsmilieu, und auch Vater Evangheliu war
als Kind schon Opfer sklavenartiger Ausbeutung gewesen. In der
Schattenwelt der Armut wachsen auch Verbrecher heran.

Organisiertes Verbrechen II: Der Metalldiebstahl

Zur Subsistenzwirtschaft der Roma in den Armutssiedlungen gehört seit jeher das Sammeln – das Pflücken von Obst, das Sammeln von Feuerholz, aber auch von Abfällen. Recycling ist eine der
Kernbranchen von Roma in vielen europäischen Ländern; lange
bevor von ressourcenschonendem Wirtschaften die Rede war,
fuhren Zigeuner in Pferdewagen über Land, schüttelten eine große
Glocke und riefen »Lumpen, Eisen, Papier!« Jahrhunderte zuvor
waren es in den bäuerlichen Gesellschaften Südosteuropas Roma
gewesen, die als Einzige mit dem Werkstoff Metall umgingen: Sie
verhütteten Erz im Wald, schmiedeten Kessel und Töpfe und fer-
tigten sogar Musikinstrumente an.

Die Beziehung zum Werkstoff Metall hat sich erhalten. In Rumänien befinden sich etwa 80 Prozent der Altmetall-Sammelstel-
len im Eigentum von Roma. Ihre Zulieferer sind die Bewohner
von Elendssiedlungen, die zusammentragen, was an altem Eisen
tatsächlich oder vermeintlich herrenlos herumliegt. Normalerweise ziehen sie durch Industriebrachen, klopfen in Ruinen Eisenteile
vom Beton, schlachten Autowracks oder Fahrradleichen aus und
sammeln auf, was auf wilden Müllkippen herumliegt. Familien
und ganze Siedlungen leben von solcher Sammeltätigkeit. Stillgelegte Gleise zum Beispiel werden abgeschraubt, zerschnitten und
mit Karren zu Sammelstellen gebracht. Ein Meter Schiene wiegt
60 bis 65 Kilo und bringt 15 Euro. Wenn Sammler ein verrotten-

des Gleis abschrauben, bleibt das den Eisenbahnern meistens nicht verborgen. Mal tolerieren sie es, mal nicht. Herrenlos sind stillgelegte Gleise in Wirklichkeit nicht; der Bahn und den outgesourcten Bahnfirmen gehen dadurch pro Jahr etwa fünf Millionen Euro verloren, schätzt Gabriel Tomoiu, Sonderbeauftragter der rumänischen Polizei für Metalldiebstahl.

Verfolgen lassen sich diese Delikte so gut wie nicht. Zwar muss man sich in Rumänien, anders als in Westeuropa, bei der Abgabe von Altmetall ausweisen und die Herkunft deklarieren. »Aber Inhaberin der Sammelstelle ist dann womöglich eine siebzigjährige Frau, die weder lesen noch schreiben kann«, so Tomoiu. In solchen Fällen versagt das System. Richtig Geld verdient wird erst mit mittleren Sammelstellen. Die verkaufen das Alteisen an große Firmen wie Tomini, die Meta-Gruppe oder Remat Sud, die das Gut dann ganz legal über den Hafen Constanța in die Türkei exportieren. Fünf Millionen Euro im Jahr sind für Altmetall-Großhändler ein Klacks; wirklichen Gewinn machen die Firmen mit ordnungsgemäß angekauften Restbeständen der Eisenbahn. Was Privatleute anbieten, nehmen sie gar nicht erst an.

Für seinen geringen Umsatz genießt der Metalldiebstahl hohe öffentliche Aufmerksamkeit, und zwar wegen der Gefahren im Zugverkehr. Hohen Sachschaden zum Beispiel verursachte ein Unfall bei Craiova, als der Nachtzug von Timișoara nach Bukarest entgleiste. Unbekannte Täter hatten auf sechs Metern die Schrauben des Gleises gelöst, um eine Schiene zu stehlen. Personen kamen nicht zu Schaden. Vierzehn Jahre zuvor war bei Constanța ein Zug entgleist; auch damals hatten Unbekannte Schienen losgeschraubt. Ein ähnlicher Fall zwischen Ploești und Buzău, bei dem ein junges Mädchen zu Tode kam, entpuppte sich als Folge eines Dumme-Jungen-Streichs. »Zigeuner stehlen nie, was glänzt«, lautet ein rumänisches Sprichwort. Die Eisendiebe achten von sich aus darauf, möglichst keinen Schaden zu verursachen, was nicht immer gelingt. Sie sind vor allem Sammler, nicht Diebe, und sie betrachten ihr Geschäft als normale Arbeit, an der das ganze Familienunternehmen seinen Anteil hat. »Über Weihnachten«, sagt Tomoiu, »wird zum Beispiel nie etwas gestohlen.« Dass die Altmetallsammler über die Grenze führen und dort stehlen würden, hält der Spezialist für ausgeschlossen. Rentabel sei der Transport nur mit der Bahn.

Anders liegt der Fall bei den viel teureren Nichteisenmetallen, etwa bei Kupfer und Aluminium. Auch hier ist die Bahn betroffen, besonders mit ihren Signalanlagen und Oberleitungen, für die Kupfer mit einer Reinheit von 99 Prozent verwendet wird. Das Kilo bringt 90 Euro, aber der Abbau ist gefährlich. Die rumänische Polizei erwischt immer wieder Täter, die zum Schutz gegen die hohe Spannung in Holzschuhen und mit einem Plastikeimer über dem Kopf arbeiten. Die Leitungen verlaufen zwar in viereinhalb Meter Höhe, können mit ihren 27 000 Volt aber noch zwei Meter unterhalb tödliche Stromstöße aussenden. Aus ganz Europa werden immer wieder solche Unfälle gemeldet, und auch zwei Roma-Jugendliche bei Cǎlan in den Karpaten kamen so zu Tode. Wie beim Alteisen sind auch bei den wertvollen Nichteisenmetallen die Zuträger arme Leute aus Elendssiedlungen, aber anders als beim Alteisen ist das Diebesgut nicht so leicht zu legalisieren. Öffentliche Sammelstellen gibt es nicht. Profiteure dieses Geschäftszweigs sind reiche Roma-Familien in Buzescu bei Alexandria in der Walachei, die sich riesige, protzige Paläste in ihr Dorf gesetzt haben. Für größere, professionelle Sammler von Nichteisenmetallen lohnen sich eventuell auch Raubzügen ins fernere Ausland. In Hemer im Sauerland etwa ging der Polizei eine siebenköpfige Roma-Bande ins Netz. Die Täter, teils in Rumänien und teils in Dortmund zu Hause, hatten bei verschiedenen Einbrüchen im Süden Nordrhein-Westfalens Metalle im Wert von stolzen 450 000 Euro erbeutet.

Die fünf Millionen Euro, die der rumänischen Eisenbahn und verwandten Firmen jährlich verloren gehen, sind im internationalen Vergleich nicht viel. Der Deutschen Bahn oder den niederländischen *Spoorwegen* wird doppelt so viel gestohlen, und hier sind neben Südosteuropäern oft auch Polen die Täter. Der internationale Metalldiebstahl folgt der Entwicklung der Schrottpreise. Zugenommen hat er mit der Nachfrage vor allem aus ostasiatischen Schwellenländern. Wieder sind die von Roma begangenen Taten aber die am besten sichtbaren – wenn etwa, wie im Ruhrgebiet geschehen, die Messingbuchstaben von Grabsteinen abgeschraubt oder Bronze-Skulpturen im öffentlichen Raum entwendet werden.

Dass Europol die *Roma crime groups* gesondert erwähnt und damit das Gebot der ethnischen Neutralität missachtet, liegt nicht an der Häufigkeit oder der Schwere der Delikte, sondern am internationalen Charakter der Tätergruppen. So ist in den Zweijahresberichten der Behörde zum Beispiel auch von ethnisch-albanischer Kriminalität die Rede, weil sich die Banden eben nach ethnischer Zugehörigkeit und nicht nach Staatsangehörigkeit gruppieren. Für Ermittler kann das von Interesse sein. Bei den Roma beschränkt sich die Internationalität allerdings weitgehend auf die Zugehörigkeit zu diesem oder jenem jugoslawischen Nachfolgestaat; nach dem Auseinanderfallen Jugoslawiens lag es oft an Zufällen, welche Republik einem einen Pass gab. Am gesamten Volumen des internationalen organisierten Verbrechens hätten die Roma selbst dann, wenn alle Metalldiebstähle in Europa auf ihr Konto gingen, einen weit unterproportionalen Anteil. Interpol geht mit einigen Wissenschaftlern von weltweit zwischen 800 Milliarden und einer Billion US-Dollar aus. Ein gutes Viertel des Umsatzes entfällt auf klassische Eigentumsdelikte, 3,9 Prozent entfallen auf das sogenannte Nachtleben. Damit sind die Branchen, in denen Roma eine Rolle spielen, schon aufgezählt. Am Rauschgifthandel (etwa 28 Prozent) sind Roma vergleichsweise wenig beteiligt, am Finanzwesen und am Big Business (20 Prozent) gar nicht. Unter den vielen Drogenhändlern in westeuropäischen Städten stößt die Polizei auch immer wieder auf junge Männer aus Lovara-Familien; die Dealer sind meistens selbst abhängig. In den südosteuropäischen Roma-Slums, anders als in Kapstadt oder Rio de Janeiro, spielen Drogen eine steigende, aber immer noch relativ geringe Rolle. »Wir fassen in den Roma-Vierteln allenfalls Kleindealer«, sagt Tutilescu; den Großhandel und die Handelswege beherrschen ethnische Rumänen, Bulgaren und Türken.

Geschichte und Kultur

oder: Was ist an ihnen so anders?

Wenn Anton Sterbling aus seiner rumänischen Kindheit erzählt, lässt sich noch ein bisschen ahnen, was für Verhältnisse das Zigeunerleben jahrhundertelang bestimmt haben. In der Küche seines Elternhauses in Groß St. Nikolaus, einem Dorf im Banat, erschien eines Tages eine Frau und verlangte höflich, aber bestimmt nach einer Mahlzeit. Sie sei hier die »Hauszigeunerin«, gab die Frau zur Begründung an und machte geltend, dass schon ihre Mutter der Herrschaft dieses Hauses einst zu Diensten gewesen sei. In den Fünfziger- oder Sechzigerjahren des 20. Jahrhunderts kam den Donauschwaben so eine Vorstellung schon fremd vor. Aber das Erscheinen der Frau hatte einen tiefen Hintergrund. Die Zigeuner waren in den rumänischen Fürstentümern vom Mittelalter bis um die Mitte des 19. Jahrhunderts Sklaven, und viele von ihnen gehörten zu einem Haushalt wie der Herd, die Sense oder das Federvieh. Obwohl niemand sie wachgehalten hat, hat sich die Erinnerung an ein halbes Jahrtausend Sklaverei in den anderthalb Jahrhunderten, die seither vergangen sind, nicht verflüchtigt.

Mit Sklaverei ist hier nicht Leibeigenschaft gemeint, wie es sie – ebenfalls bis zur Mitte des 19. Jahrhunderts – auch anderswo in Europa, auch unter Zigeunern, noch gab. Leibeigene hatten immerhin ihren festen Grund und Boden, zu dem sie gehörten und auf dem sie Landwirtschaft trieben. Sie waren einem adeligen Grundherrn abgabepflichtig und mussten ihm von Zeit zu Zeit Frondienste leisten. Mit Sklaven dagegen wurde regelrechter Handel getrieben; sie konnten verkauft, vererbt, verschenkt, verpfändet werden. Ihr Herr durfte ihnen die Kinder wegnehmen, sie züchtigen, er durfte sie vergewaltigen oder wie Hunde an der Leine führen. Den Zigeunern in Rumänien erging es damit im Prinzip nicht anders als den Afrikanern in den USA. Zwar gab es in Rumänien im Unterschied zu den amerikanischen Südstaaten kaum Sklavenmärkte, wo die menschliche Handelsware zur Schau gestellt wurde; meistens fanden die Verkäufe abseits der Öffentlichkeit statt. Noch aus den 1840er Jahren finden sich aber auch Beispiele, wie Zigeunersklaven in Bukarester Zeitungen zu Dutzenden zum Verkauf angeboten wurden.

Die »rumänischen Fürstentümer«, in denen die Sklaverei ein anerkannter Rechtsstatus war, waren die Moldau und die Walachei; Erstere umfasst den Osten des heutigen Rumänien und den Westen der heutigen Republik Moldau, oft auch Moldawien genannt, Letztere das Gebiet zwischen den Karpaten und der Donau mit der Hauptstadt Bukarest. In der Praxis ging es aber auch jenseits der Grenzen dieser beiden Fürstentümer, wo es Sklaverei theoretisch nicht gab, nicht viel anders zu. Als sich das Habsburgerreich 1774 die Bukowina einverleibte, mit ihr das heute ukrainische Gebiet um die Stadt Czernowitz, änderte sich an der Sklaverei dort nichts. Erst fast fünfzig Jahre später, berichtet der rumänische Schriftsteller Radu Rosetti, störten sich die österreichischen Beamten nun doch daran, dass die rumänischen Grundherren, die Bojaren, ihre Sklaven auf offener Straße mit Stöcken zusammenschlugen. Sie verboten die Schläge. Die Bojaren protestierten heftig gegen diese Missachtung ihrer Eigentumsrechte. Die Österreicher einigten sich mit ihnen schließlich auf einen Kompromiss: Die Herren durften weiter schlagen, aber nur noch hinter dem Haus.

Rumänien, wo die Sklaverei Recht und Gesetz war, war und ist ein Kernland der Roma. Nach Schätzungen aus dem frühen 19. Jahrhundert machten die Roma an die zehn Prozent der Bevölkerung aus. Das hat sich bis heute nicht geändert; nirgendwo sonst auf der Welt leben so viele Roma. Etliche Roma-Familien, die heute anderswo auf dem Balkan zu Hause sind, kommen ursprünglich aus Rumänien. Mindestens gilt das für die allermeisten sogenannten »Vlach-Zigeuner«, die mit ihrem Dialekt des Romanes unter den Roma Europas die Mehrheit bilden. Schon die Bezeichnung verweist auf Rumänien: Sie heißen so, weil sie aus den

»wlachischen« oder »walachischen« Ländern in Osteuropa kommen, aus Rumänien also, daher, wo man »welsch«, also eine romanische Sprache, spricht. Heute müssen sie nicht unbedingt mehr dort leben, um als »Vlach« bezeichnet zu werden. Etliche Gruppen zum Beispiel in Serbien oder in Ungarn sprechen nicht Romanes, sondern Rumänisch. Viele haben sich über die Jahrhunderte aus der Sklaverei nach Westen oder Süden geflüchtet, nach Bosnien, Serbien, Mazedonien oder Bulgarien.

Onkel Tom in Rumänien: Das Erbe der Sklaverei

Offiziell befreit wurden die letzten Sklaven in den USA und in Rumänien etwa zur gleichen Zeit: die Roma in Rumänien 1855/56 und die Afrikaner in Amerika 1863/65. Aber die Erniedrigung und das Elend, das sie über Jahrhunderte erdulden mussten, sind mit einem Rechtsakt nicht aus der Welt zu schaffen. Die Erinnerung wird in den Familien weitergetragen – nicht unbedingt als Erzählung von Leid oder gar von stolzer Befreiung, sondern unausgesprochen, als Trauma oder als Komplex. Das ist nicht nur bei Roma so. In Israel machen Psychologen die Folgen des Holocaust und der KZ-Haft noch in der dritten Generation aus; man spricht von einem »intergenerationalen Trauma«, einer Beschädigung über die Generationen hinweg. In den USA wird darüber diskutiert, welche Folgen die jahrhundertelange Sklaverei in der Psyche heutiger Afroamerikaner hinterlassen hat.

In Rumänien gibt es solche Debatten nicht. Das bedeutet aber nicht, dass die Sklaverei in diesem viel ärmeren und rückständigeren Land nicht ihre Spuren hinterlassen hätte. Im Gegenteil: Eben weil so wenig darüber geredet wird, kann das Trauma sich umso tiefer einnisten. Jüdische Überlebende des Holocaust haben mit Israel einen Staat gegründet, der die Erinnerung an den Völkermord wachhält. Unter den Schwarzen in den USA hat sich mit fast hundertjähriger Verspätung eine Bürgerrechtsbewegung gebildet, die die Sklaverei zum Thema gemacht hat. Junge deutsche Sinti haben in Anlehnung daran in den frühen Siebzigerjahren eine Bewegung geschaffen, die wenigstens an den Massenmord der Nazis erinnert. Solche Bewegungen hatten den Sinn, die Erinnerung an die Schrecken der Vergangenheit zu bannen, in eine Erzählung einzubetten, auf Begriffe zu bringen. Unter südosteuropäischen Roma hat diese Entwicklung gerade erst begonnen. Nach langem Tauziehen hat Rumänien den Tag der Aufhebung der Sklaverei, den 20. Februar, zum Nationalfeiertag erklärt.

Dass das Trauma der Roma selten zum Thema wird, hat auch einen politischen Grund. Dem Anliegen, den Nachfahren Gerechtigkeit widerfahren zu lassen, muss die Erinnerung an die Sklavenzeit und ihre Folgen nämlich nicht dienlich sein. Spricht einer aus, was die Sklaverei in den Familien und den Familienmustern der afrikanischen Sklaven angerichtet hat, so lässt sich daraus auch ein böses Klischee basteln. Ein Satz wie »Die sind ja so anders als wir!« kann Mitgefühl ebenso wie Abscheu ausdrücken. Was als Empathie daherkommt, wird rasch zum *victim blaming* – zur Beschuldigung der Opfer statt der Täter.

Tatsächlich sind Mitleid und Verachtung beim Blick auf die Roma schon immer nicht leicht zu trennen. »Unterhalb des Volkes existiert eine Sorte Menschen, die so zu nennen man zögert und welche die Menschlichkeit mit ihrer Niedrigkeit entehren – wenn sie die Menschlichkeit nicht trösten durch das Glück, das sie genießen.« Das Elend der Zigeuner als Untermenschentum oder als Triumph der Menschlichkeit über das Elend, und beides in einem einzigen Satz: So ambivalent drückte ein französischer Diplomat seine Gefühle aus, nachdem er 1785 die Moldau besucht hatte. Die Ambivalenz hat uns bis heute nicht verlassen. Wer Zeuge wird, wie Menschen in einem Elendsviertel miteinander umgehen, kann sich darüber empören, was die unmenschlichen Verhältnisse mit den Menschen machen. Er kann sich aber auch einfach über diese unmöglichen Menschen empören. Meistens trifft man aus beidem eine Mischung, die mal hierher, mal dorthin kippt.

Wer den Roma heute zu ihrem Recht verhelfen will, stößt so auf ein Dilemma: Wenn ich die Öffentlichkeit für Belange der Unterdrückten mobilisieren will, verrate ich besser nicht zu viel über deren Alltag. »Da hört mein Verständnis aber auf«, liest man immer wieder in Internetforen, wenn es um Roma geht. Dass sie unterdrückt und sogar Opfer eines Völkermords wurden, zieht der durchschnittliche Zeitgenosse nicht in Zweifel. Er gewährt dann auch einen gewissen Kredit und gesteht den Nachfahren der Opfer ein Maß an abweichendem Verhalten zu. Besonders großzügig ist der Kredit aber meistens nicht. Irgendwann, heißt es dann, müsse Schluss sein mit dem Verständnis. In der Tat wird immer irgendwann Schluss sein mit der Toleranz; das kann nicht anders sein, und man muss niemanden dafür anklagen. Sich mit dem Verständnis einzuschränken gibt es aber keinen vernünftigen Grund.

Politisch Engagierte entkommen dem Zwiespalt gern, indem sie die Opfer der schlechten Verhältnisse idealisieren. Das passiert nicht nur, wenn es um Roma geht. Ähnlich hielt es einst die amerikanische Schriftstellerin Harriet Beecher Stowe und schuf mit ihrem »Onkel Tom« den Negersklaven als edlen Helden, der von denselben Idealen getragen war, die christliche und liberale Angloamerikaner gegen die Sklaverei einnahmen. Die weißen Sklavenbefreier wollten kein verbildetes, gestörtes Opfer, sondern ein edles, eines, mit dem sie sich identifizieren konnten. Zur Mobilisierung im amerikanischen Bürgerkrieg hat das Buch tatsächlich beigetragen. Heute aber wird die moralisierende Propaganda von damals mit verantwortlich dafür gemacht, dass sich die Sklavenbefreiung als so wenig nachhaltig erwiesen hat. Das bürgerlich-liberale Amerika war enttäuscht von den Schwarzen, für die man doch immerhin einen Bürgerkrieg geführt hatte, und die Enttäuschung hält viel länger an als das Mitleid. Genau genommen ist die Idealisierung der Opfer sogar eine Beschönigung der Verhältnisse. Denn ließen sich die Folgen der Sklaverei so leicht abstreifen, so wäre sie nur halb so schlimm.

»Posttraumatisches Sklavensyndrom«

Erst allmählich und mit der gebotenen Vorsicht wird in den USA auch über die Beschädigungen gesprochen, die die jahrhundertelange Erniedrigung unter den Nachfahren der afrikanischen Sklaven hinterlassen hat. Die Afroamerikanerin Joy DeGruy Leary, Professorin für Sozialarbeit an der Portland State University im Staate Oregon, hat den Begriff des »posttraumatischen Sklavensyndroms« geschaffen, angelehnt an das »posttraumatische Stress-Syndrom« aus der Psychologie.

Wer sich in Europa für Belange der Roma einsetzt, kann sich mit der Lektüre von Joy DeGruy Leary einige Aha-Erlebnisse verschaffen – vor allem wenn es um den Selbsthass geht, für den sie eine interessante Erklärung hat. »In den meisten Familien«, konstatiert Leary nüchtern, »ist der dominante Mann der Vater.« Aber wer, fragt sie, war der dominante Mann im Leben eines Sklaven? Es war der »Master«, und nicht selten war er auch wirklich der leibliche Vater der Sklavenkinder. Damit war der weiße Herr für die Kinder, besonders die Jungen, zugleich das »Urbild väterlichen Verhaltens«. Wie der Vater will ein Junge einmal werden. Als weißer Herr aber war der Vater für die Kinder eine unerreichbare Autorität, der die Jungen, die ja von Geburt an und auf Lebenszeit Sklaven waren, niemals ähnlich werden konnten. Den Vater nie erreichen können, immer Kind, immer klein und gering bleiben müssen: Das Gefühl der eigenen Minderwertigkeit war auf diese Weise tief in die individuelle Biografie eingegraben. Und der Mangel an Selbstachtung ist für Leary auch das wichtigste Symptom des »posttraumatischen Sklavensyndroms«.

Sklaverei spielt nicht nur in der Sphäre der Politik und der Wirtschaft eine Rolle; sie betrifft vielmehr die Familie, die Liebesbeziehung, die Sexualität, das Innerste und Privateste. Ein Herr konnte seine Sklavin jederzeit vergewaltigen oder sexuell erpressen. Leary zieht daraus Schlüsse auf das oft schwierige Verhältnis zwischen den Geschlechtern in schwarzen Communities. »Möglicherweise«, so Leary, »verspürten schwarze Männer während der Sklavenzeit Misstrauen gegen schwarze Frauen, weil die sich gegen die Avancen des Herrn nicht entschlossen genug wehrten.« Umgekehrt, so Leary, empfanden die Frauen vielleicht Verachtung für die schwarzen Männer, die sie nicht beschützen konnten. Wenn Männer und Frauen einander also prinzipiell verdächtigen, »Schlappschwänze« beziehungsweise »Huren« zu sein, findet sich dafür in der Geschichte der Sklaverei eine Grundlage. Natürlich ist der Verdacht in beiden Fällen ungerecht, denn weder der Mann noch die Frau konnte die Situation ja kontrollieren. Für das Empfinden spielt das aber nur eine geringe Rolle. Im allgemeinen Verhältnis zwischen schwarzen Männern und Frauen sieht Leary eine mögliche Ursache für die meist scheiternden Ehen schwarzer Amerikaner.

Dass Roma-Frauen und -Mädchen den weißen Herren zu Willen sein mussten, ist auch aus der rumänischen Sklavenzeit reich belegt. Um genau dieses Verhältnis von Treue und Verrat, Liebe und Macht kreist die bekannte und offenbar verbürgte Geschichte vom Fürsten Sandu Hortopan aus der Moldau, einem 60-jährigen, sehr rüstigen Witwer, dessen lüsternes Auge auf die erst 15-jährige Zigeunerin Anica fällt. Er lässt sich die junge Wäscherin für den »häuslichen Dienst« sauber einkleiden und ausstatten. Anicas zigeunerischer Verehrer, der Kutscher Gregor, muss das hilflos mit ansehen, leidet entsetzlich und beginnt zu trinken. Als der Fürst kurz darauf stirbt, darf Gregor sich wieder Hoffnungen machen. Aber der Alte hat seine Kurtisane dem jungen Vasile vererbt, seinem feschen und geistreichen, in Paris erzogenen Neffen, der aus der Hauptstadt der Zivilisation die tollsten Geschichten erzählen kann und so nicht nur Anicas Körper, sondern auch ihr Herz gewinnt. Vasile gefällt es, seine kleine Anica zu blenden und sich von ihr anhimmeln zu lassen. Zum Heiraten lässt der junge Edelmann sich dann aber doch eine Dame aus der Stadt kommen. Anica ertränkt sich im Fluss. Gregor aber, der Kutscher, schafft es auf den Bock der fürstlichen Hochzeitskutsche. Er lenkt die Pferde in wilder Fahrt in die tobenden Wasser des Sireth, wo er gemeinsam mit dem Fürsten und seiner Braut untergeht. So rächt Gregor, der Zigeunerkutscher von Hortopeni, den Tod Anicas, seiner Geliebten.

Die Willkür des Herrn, die Ohnmacht und die Chancenlosigkeit des versklavten Bräutigams, die Zurückweisung durch die geraubte Braut, schließlich die hilflose, selbstzerstörerische Rache: Alles was Leary von den schwarzen Sklaven in den USA erzählt, ist in der Geschichte aus der Moldau versammelt.

Nur nicht auffallen – oder auffallen um jeden Preis

Noch manches andere, das aus Amerika bekannt ist, lässt sich bei den Roma wiederfinden: dass man den Angehörigen des eigenen Volkes nichts zutraut, dass man sich gegenseitig herunterzieht und schlechtmacht, statt Solidarität zu üben. Detailliert gibt Leary die Geschichte einer begabten schwarzen Studentin wieder, die sich dem Mobbing ihres Umfelds schließlich ergab und auf eine glänzende Wissenschaftskarriere verzichtete. Sie beschreibt Erziehungsstrategien von Eltern, die jeden Aufstieg verhindern. Durch gute Leistung aufzufallen war für ein Sklavenkind gefährlich; es wurde umso schneller der Familie entrissen und zu Geld gemacht. Bis heute, so Leary, lehren schwarze Mütter in den USA ihre Kinder, nur ja nicht hervorzustechen – ein fatales Erziehungsziel in einer Konkurrenzgesellschaft. Hat jemand trotzdem eine Position erobert, wird er andere Schwarze nicht nachziehen. Er wird im Gegenteil zum »Türhüter«, der peinlich darauf achtet, dass ihm keine Konkurrenz erwächst und dass Angehörige seiner eigenen Rasse »schön auf ihrem Platz« bleiben.

Viele Schwarzamerikaner, so Leary, hätten aus der eigenen Sozialisation eine viel stärkere Obsession mit der Hautfarbe als die Weißen, wobei sie, genau wie die Weißen, nach der Regel »je heller, je besser« urteilten. In Amerika kämpften Schwarze jahrzehntelang gegen »schlechte Haare«, krause nämlich, die man glätten müsse. Leary erzählt von einem jungen Studenten, der ihr im Seminar sagte: »Meine Mutter hat mir gesagt, ich soll niemals eine Frau nach Hause bringen, die so schwarz ist wie ich.« In Bukarest erzählt eine Mitarbeiterin von *Romani Criss* von einer 15-Jährigen, die sich mit einer Wurzelbürste die Arme blutig geschrubbt hat, um die gehasste Farbe herunterzubekommen.

Wer Roma kennenlernt, macht auch rasch mit der Scham Bekanntschaft, die viele wegen ihrer Lebensverhältnisse oder schon wegen ihrer Hautfarbe befällt. Ethnologen stöhnen seit Jahrzehnten, dass sich die Studienobjekte ihnen nicht richtig öffnen. Als Journalist macht man ähnliche Erfahrungen. Kommt man in eine Roma-Siedlung, wird man (fast) immer herzlich, freundlich und offen begrüßt, und bleibt die Fragerei diskret und politisch-abstrakt, ändert sich an der Atmosphäre nichts. Will man aber hinter die Fassade blicken und etwas über die internen Verhältnisse der Roma-Siedlung erfahren, beginnt meist eisiges Schweigen. Dass Schwarzamerikaner ebenso wie Roma in der äußeren Erscheinung oft das Auffällige lieben, ist für Leary zur dahinterstehenden Scham nur scheinbar ein Widerspruch. »Die Männer und Frauen, die sich mit goldenen und diamantenen Halsbändern behängen und mit knalligen Ringen protzen, die die teuersten Kleider und Schuhe tragen, die Jugendlichen, die mit den exklusivsten Sportklamotten oder Designer-Handtaschen herumlaufen«, meint Leary, »tragen ein Bild des Wohlstands vor sich her.« Bei vielen traditionellen Roma zum Beispiel muss das Auto ein Mercedes sein, und sei er noch so alt und klapprig. Mit ihrem ostentativen Konsum vermieden sie die Peinlichkeit, die sie fürchteten, wenn die Welt ihre wirklichen Lebensumstände kennen würde.

Wie die Ärmsten zu den Handwerkern des Ostens wurden …

Wer auf der Suche nach Parallelen zu den europäischen Roma nach Amerika blickt, entdeckt dort meistens nicht die Schwarzen, sondern die indianische Urbevölkerung, die *native Americans*, wie man sie in den USA heute nennt, ein Volk also oder besser: eine Ansammlung von Völkern, die sich zwischen der eigenen Tradition und den Gebräuchen der Mehrheit nicht zurechtfinden. Dass niemand die Roma mit den Erben der schwarzen Sklaven in den USA vergleicht, wird vor allem daran liegen, dass die Sklaverei-Geschichte der südosteuropäischen Roma den allermeisten Europäern unbekannt ist. Aber auch der Vergleich mit den Indianern ist nicht an den Haaren herbeigezogen.

Zwar waren (fast) alle Zigeuner in Rumänien Sklaven, aber viele von ihnen lebten ein ganz anderes Leben als etwa die schöne Anica und Gregor, der unglückliche Kutscher. Anica und Gregor waren »Haussklaven« oder »Vatrasch«. Andere, und wahrscheinlich die

Mehrheit, lebten als »Lajasch«, eine Kategorie Sklaven, die es in Amerika nicht gab. Die Lajasch sahen ihren Herrn nur einmal im Jahr, zum Fest des Heiligen Dumitru, um ihm ihr Kopfgeld zu bezahlen. Den Rest des Jahres zogen sie im Land umher und versuchten, sich zu ernähren und den Tribut für den Dumitru-Tag zusammenzubringen. Wie sie das Geld zusammenbekamen, war dem Herrn egal. Er achtete aber peinlich darauf, dass seine Zigeuner sich nicht davonmachten, sich einem anderen Herrn unterstellten oder anderen ihre Kinder verkauften. Großen Wert legte er auch auf eine hohe Geburtenrate: Je mehr Sklaven, desto mehr Geld.

Während die Vatrasch mit den Rumänen in enger Gemeinschaft lebten, waren die Lajasch immer unter sich. Sie konnten sich nirgends ansiedeln, denn als Sklaven konnten sie kein Land erwerben. Sie machten aus ihrem Wanderleben eine Tugend, trieben ambulanten Handel und versorgten die rumänischen Bauern mit Handwerksdienstleistungen, die sie selbst nicht kannten. Man lebte in Familien, großen zumeist, die sich erst teilten, wenn sie für das gemeinsame Reisen zu groß waren. Die Söhne blieben beim Vater bis zu dessen Tod; ihre Frauen holten sie sich aus anderen Zigeunerfamilien. Die Hochzeit mit einer Nichtzigeunerin kam selten vor, denn sie hätte für die Frau bedeutet, dass sie und ihre Nachkommenschaft ebenfalls der Sklaverei anheimfielen. Nicht nach dem Rechtsstatus, wohl aber nach den tatsächlichen Umständen glich das Leben der Lajasch dem der umherziehenden Zigeunergruppen in Westeuropa. Die waren zwar keine Sklaven, genossen aber keine Rechte. Grundrechte gab es damals auch in Westeuropa für niemanden, nur Privilegien, die Einzelnen oder einzelnen Gruppen von höherer Stelle zugeteilt wurden. Wer keine Privilegien hatte und keinen Schutz genoss, war im schlimmsten Falle vogelfrei und konnte von jedem straflos misshandelt und sogar getötet werden. Nach dem Historiker Donald Kenrick hat noch 1835 eine waidmännische Jagd auf Roma in vier Bezirken von Jütland eine »Strecke« von 260 erlegten Menschen eingebracht. So brauchten die westeuropäischen Zigeuner zwar anders als die osteuropäischen »dem Kaiser kein' Zins zu geben«. »Lustig« aber, wie es im Volkslied heißt, war ihr Zigeunerleben deshalb noch lange nicht.

Die Lebensumstände der Lajasch unterschieden sich gewaltig, je nachdem, ob sie wirtschaftlich erfolgreich waren oder nicht. Die Bedingungen für ihren Erfolg waren nicht unbedingt schlecht. Auf dem Balkan gab es zu Zeiten der bäuerlichen Gesellschaft viel weniger Handwerker als in West- und Mitteleuropa. Im Westen, wo in vielen Gebieten der älteste Sohn den Hof erbte, mussten sich die jüngeren Brüder selbst eine einträgliche Beschäftigung suchen. Viele gingen in die wachsenden Städte, andere eröffneten in einem größeren Dorf einen Handwerksbetrieb. Sie beschlugen den Bauern die Pferde, setzten ihnen die Öfen und schmiedeten ihnen die Pflugscharen. Das Handwerk erblühte und schuf einen goldenen Boden für die spätere Industrie. Im Osten dagegen blieben alle Bauernsöhne traditionell in der Familie und ernährten sich gemeinsam aus der Landwirtschaft, oft aus der Viehzucht, denn in der steinigen Bergwelt des Balkan gab der Boden nicht viel her.

So tat sich für die Lajasch eine wichtige Marktlücke auf. Sie waren es, die den rumänischen, ungarischen und serbischen Bauern die Pferde beschlugen, und weit mehr: Zigeuner waren bald für alles zuständig, was mit Metall zu tun hatte. Sie bauten kleine Köhlerhütten und schmolzen dort das Erz ein, das sie dann auch weiterverarbeiteten. Eine wichtige – und verhältnismäßig reiche – Gruppe der Lajasch-Zigeuner waren und sind bis heute die Kalderasch, die ursprünglich Kupferkessel herstellten und an die Bauern verkauften und die mit ihrer reichen Erfahrung in der Metallbearbeitung auch heute gelegentlich noch viel Geld verdienen. Besonders reich waren die Aurari, die Goldschmiede, die zwar nur begrenzte Mengen an Gold mit sich führen durften, aber natürlich gute Chancen hatten, etwas abzuzweigen und zu verstecken. Die Leidenschaft für Gold, wie man sie auf Roma-Festen bis heute beobachten kann, hat hier ihren Ursprung.

Die wandernden Gruppen unterschieden sich nach der Art ihrer Erwerbstätigkeit, heirateten vorwiegend untereinander und wurden damit zu »Stämmen«, ethnischen Gruppen also, die sich auf gemeinsame Abstammung berufen konnten. Die Lingurari oder die Rudari gingen einfacheren Tätigkeiten nach, schnitzten zum Beispiel Holzlöffel oder banden Besen und Bürsten. Die un-

garischen Lovara beschäftigten sich mit Pferdehandel. In der frühen Neuzeit waren überall auf dem Balkan das Handwerk und der
Handel von Zigeunern dominiert. Dass ganze Branchen in Roma-
Hand waren, verstand sich von selbst. Noch heute sind praktisch
alle Blumenhändlerinnen in Bukarest Roma. Für Metallinstalla-
tionen auf dem Dach, Regenrinnen zum Beispiel, sind überall in
Rumänien immer noch die Zigeuner zuständig. Geht etwas kaputt,
wartet man, bis sie vorbeikommen und fragen, ob es Arbeit gibt.
Eine wichtige Domäne war und ist die Unterhaltung: Kein Fest,
keine Hochzeit ohne Roma-Band, und ursprünglich stammten
auch die metallischen Instrumente alle aus Roma-Produktion.
Ausgestorben allerdings sind die Ursari, die bis in unser Jahrhundert mit Tanzbären von Dorf zu Dorf zogen. Eine Tierschutzorga-
nisation kaufte erst 2007 bulgarischen Ursari die letzten Bären ab
und setzte sie aus.

… dabei aber nicht zu Ansehen kamen

Das Klischeebild vom faulen, nichtsnutzigen Zigeuner, der am
liebsten im Gras liegt und zu keiner Arbeit zu gebrauchen ist,
hat mit der Wirklichkeit der meisten Lajasch-Gruppen jedenfalls
nichts gemein. In vorindustrieller Zeit, so darf man getrost annehmen, waren es auf dem Balkan Zigeuner, die an der Spitze des tech-
nologischen Fortschritts standen. Das ist mindestens ebenso unbekannt wie die Sklaverei-Geschichte der Roma. Unter den vielen
Nationalhistorikern, die um die Mitte des 19. Jahrhunderts in den
neuen Balkan-Nationen die heroische Vergangenheit des je eigenen Volkes besangen, wird man allerdings kaum einen finden, der
zugibt, dass ausgerechnet die Roma den eigenen Volksgenossen
einmal überlegen waren. Manchmal nur blitzt doch ein wenig Anerkennung auf. Anno 1800 etwa schrieben die Behörden im Osten
der Walachei einen Wettbewerb um die Entwicklung eines neuen,
besseren Pfluges aus. Sieger wurde ein Zigeuner, und der neue
Pflug setzte sich durch. Überliefert ist auch der Name des Erfinders
Costache Stan, der eine energiesparende Dreschmaschine kons-

truierte. Als der Diktator Ion Antonescu Anfang der 1940er Jahre die Zigeuner nach Osten vertrieb, protestierten Eisenbahn und Rüstungsindustrie gegen die Deportation ihrer tüchtigsten Leute; leider vergeblich. Auch zu sozialistischer Zeit war das Können von Roma-Handwerkern noch legendär. Als im siebenbürgischen Hermannstadt einmal der Dampfkessel des Independența-Werks kaputtging, suchte man außerhalb der Fabrik nach Fachkräften und fand Mihuțescu, den Zigeunerkessler, der das Problem in Rekordzeit löste. Nicht alle umherziehenden Lajasch waren erfolgreich, und längst nicht alle waren überhaupt Handwerker. Immer gab es auch Familien, die bettelten oder auch stahlen, wenn sie mit der Landbevölkerung nicht ins Geschäft kamen.

In Westeuropa gingen aus den vorindustriellen Handwerkern das Bürgertum und später die Industriekapitäne hervor. Dass es im Südosten ganz anders kam, war eine Folge der Herrschaftsverhältnisse. Es entwickelten sich keine unabhängigen Städte; die Grundherren und Stammesfürsten behielten alles unter Kontrolle. Eine freie Konkurrenz, bei der der Bessere gewinnen würde, konnte sich so nicht einstellen. Schon aus dem 16. und 17. Jahrhundert sind Versuche der siebenbürgischen Zünfte überliefert, die zigeunerische Konkurrenz kleinzuhalten. Sie waren erfolgreich, denn als Sklaven, die sie bei aller Tüchtigkeit stets blieben, konnten die Zigeuner sich nicht wehren. So wurde zum Beispiel verfügt, dass sie nur Altmetall verwenden oder nur Nägel herstellen oder dass sie Kessel nicht mehr schlagen, sondern nur noch flicken durften. Gleich wie viel Geld sie verdienten: Die Zigeuner blieben Sklaven. Sie hatten keine Rechte. Alles, was sie sich erarbeitet hatten, konnte der Grundherr ihnen wegnehmen, und jeder, mit dem sie Geschäfte trieben, konnte ihnen straflos den Preis oder den Lohn schuldig bleiben. Kein Schultheiß oder gerechter Adelsherr, kein Priester und erst recht kein Handelsgericht kam ihnen zu Hilfe. Sie mussten sehen, wo sie blieben. Ein kaufmännischer Ehrenkodex, wie im Westen, konnte sich unter diesen Verhältnissen nicht entwickeln. Nur untereinander entwickelten die Roma ein Rechtssystem, das ganz auf schiedsrichterlicher Gewalt beruhte. Ähnliche Systeme haben auch andere nomadische oder halbnomadische Gruppen auf dem Balkan hervorgebracht, etwa die Wlachen, aber auch die Albaner. Der *kanun*, ein eigentümlicher alter Kodex in Nordalbanien, hat sich in Resten bis heute gehalten.

Wie in den USA formierte sich im 19. Jahrhundert auch in Rumänien eine Bewegung zur Sklavenbefreiung, aber anders als die Amerikaner sind die heutigen Rumänen darauf nicht stolz. Es herrscht eher Scham: Bei uns soll es grausamer zugegangen sein als anderswo? So etwas zuzugestehen lässt der Nationalstolz schwer zu. Es sei eine »sehr rumänische Sklaverei« gewesen, sagt der Historiker Dan Berindei, Vize-Präsident der Akademie der Wissenschaften, ohne die grausame Konsequenz also, die das Geschäft mit der menschlichen Ware im puritanischen Amerika auszeichnete. Es gab auch Zigeuner, die einfach wie andere Kleinbauern unbehelligt ihr Stück Land bestellten – wie übrigens auch in Nordamerika. Die Fertigkeiten im Handwerk und das Nomadisieren schließlich lassen sich mit unserem Begriff von Sklaverei schwer in Einklang bringen. »Es gab Zeiten, in denen der Unterschied zwischen Sklaven und Freien nicht krass war«, erzählt der Historiker Viorel Achim, der die Sklavengeschichte Rumäniens gründlich erforscht hat. Zeitweise begaben sich Rumänen sogar freiwillig in den Sklavenstatus, um den hohen Steuern zu entgehen. Immer aber, so Achim, hätten die Sklaven unter allen Bevölkerungsgruppen das geringste Ansehen gehabt. Darin unterschieden sie sich freilich nicht von Leibeigenen in Transsilvanien, das damals zu Ungarn gehörte und keine Sklaverei kannte. Auch Leibeigene waren der Gerichtsbarkeit und der Willkür ihrer Herren ausgeliefert.

Die Differenzierungen und Relativierungen zur Sklavengeschichte sind nützlich, denn sie bewahren davor, die Roma für historisch vorherbestimmt zu halten. Alle, auch die Roma und die African Americans, haben eine Geschichte mit vielen Widersprüchen und können an brauchbare ebenso wie an schädliche Traditionen anknüpfen. Was im kulturellen Erbe der Roma auf die Sklaverei, was auf ihre jahrhundertelange Armut und was auf die Ausgrenzung zurückzuführen ist, wie sie ihre Lage in Westeuropa kennzeichnete, ist kaum auseinanderzuhalten. Alles, was wir heute an kulturellen Eigenarten kennenlernen, lässt sich historisch erklären. Wäre es aber umgekehrt, würden wir also nur die Geschichte kennen, so könnten wir nicht sagen, wie die Nachfahren sich entwickelt hätten.

Aus der Zeit der nomadisierenden Zeltzigeuner, die in Südosteuropa faktisch bis um die Mitte des 20. Jahrhunderts anhielt, stammt der harte Gegensatz zwischen Roma auf der einen und den *Gadsche*, den Bauern, auf der anderen Seite. Es war eine Ökonomie des Misstrauens. Nicht nur fürchteten die Bauern, dass die Zigeuner, die ja keiner effektiven sozialen Kontrolle unterlagen und immer rasch wieder weg waren, sie betrogen, ihnen minderwertige Ware andrehten oder ihre Arbeit schlampig ausführten. Auch die Zigeuner mussten ständig fürchten, von den Bauern hereingelegt oder geprellt zu werden. Das war nicht nur zwischen Roma und Bauern so. Misstrauen und Feindseligkeit hat das Verhältnis von Nomaden und Sesshaften zu allen Zeiten begleitet.

Nicht einmal auf andere wandernde Gruppen konnte man sich verlassen; auch sie konnten einen jederzeit und ungestraft übervorteilen. Schutz bot allein die Familie: die Abstammungsgemeinschaft im engeren Sinne, aber im weiteren Sinne auch die angeheiratete. Die Gruppe, in der man reiste, die *kumpanija*, musste eine verschworene Gemeinschaft sein. Ehen waren und sind zum Teil noch heute hoch politische Verbindungen zwischen Großfamilien mit dem Ziel, nützliche Bindungen einzugehen und sich vor Konkurrenz und Feindseligkeit zu schützen. Heiraten, aber auch Geschäfts- und Freundschaftsbeziehungen bildeten die Fäden in einem losen Netzwerk, das die wandernden Familien der Lajasch miteinander verband.

Eine Reise in die Zauberwelt der Kalderasch

Wenn hinter den Birken die riesige rote Sonne untergeht, steigt aus den Wiesen langsam der Nebel auf. Dann fällt Sinteşti, ein Dorf nur zehn Kilometer vor dem lärmenden Bukarest, ganz aus Welt und Zeit. Frauen mit strengen schwarzen Zöpfen, großen Ohrringen und knallbunten, fußlangen Röcken kommen auf den Höfen zusammen und zünden Feuer an. Die Kulisse wird mit dem Rauch und dem Nebel immer unwirklicher. Riesige graue Häuser beherrschen das Dorf, alle mit hohen, kunstvoll verzierten Dächern aus grauem Zinkblech. Märchenschloss steht hier an Märchenschloss.

Vor dem größten Palast in Sinteşti stehen die Stiefmütterchen in Reih' und Glied, der Weg hinter dem schmiedeeisernen Tor ist sorgfältig geharkt. Ein Junge von vielleicht siebzehn Jahren folgt mit neugierigen Blicken dem Fremden, der sein Auto zwischen den lungernden Straßenhunden vor dem Anwesen geparkt hat. Ob man eintreten und mit dem Hausherrn ein paar Worte wechseln kann? Der empfängt niemanden, sagt der Junge. »Tut mir leid, ein Todesfall.« Dass in der Familie jemand gestorben ist, ist auch der Grund dafür, warum der Junge den Handschlag verweigert. »Bis drei Tage nach einem Todesfall dürfen wir niemandem die Hand geben«, sagt er bedauernd und auch ein wenig stolz darauf, dass er dem ahnungslosen Besucher die Bräuche erklären darf, die hier gelten. Vor den Häusern stehen fette, teure SUVs und nachtblaue BMWs der Fünfer-Reihe. In den Höfen liegt in großen Containern Altmetall.

Sinteşti ist nur etwa zur Hälfte ein Roma-Dorf; weiter unten entlang der einzigen Straße wohnen, in weit bescheideneren Häusern, die Rumänen. »Wir haben keinen Kontakt mit denen«, sagt ein Mann hinter einem Gartenzaun mit einem altersschwachen Dacia in der Garage, »höchstens grüßt man sich kurz.« Die Paläste sind allesamt in den letzten zehn, fünfzehn Jahren entstanden, die Bewohner sind großteils Zuzügler. Auf die Frage, woher die reichen Mitbewohner wohl das Geld für die riesigen Häuser und die teuren Autos haben, rollt er erst einmal mit den Augen. »Wer weiß«, sagt er. »Die sind ja das halbe Jahr weg, irgendwo im Ausland.« Keinen der Paläste hat er je betreten. Aber eine Ahnung davon, wie die Roma hier leben, hat er doch: »Die Häuser sind riesig, aber das ist nur Show. Die Familien leben alle in einem Zimmer, der Rest ist unbewohnt.« Nicht einmal Toiletten gebe es. »Aufs Klo gehen sie im Hof.«

So verhält es sich tatsächlich. Was aber die rumänischen Mitbewohner der Kalderasch von Sinteşti als Primitivismus deuten, ist

Teil eines ausgefeilten Systems von Werten und Riten. Die zentrale Rolle darin spielen Vorstellungen von Reinheit und Unreinheit. Rein ist die obere Hälfte des Körpers, unrein, *marimé*, dagegen die untere, was unter anderem der Grund dafür ist, dass die Frauen hier so lange Röcke tragen. Kalderasch der strengen Observanz gehen zum Beispiel nicht auf ein Klo, das auch Fremde, vor allem Nicht-Roma, benutzen. Ein Abort hat im Haus oder gar in der Wohnung nichts zu suchen. Lässt es sich (zum Beispiel im Westen) partout nicht vermeiden, ein Klo in der Wohnung zu haben, so muss es möglichst weit von Räumen entfernt sein, in denen Essen zubereitet wird. Auf gar keinen Fall darf die Toilette von der Küche aus erreichbar sein. An der Unkenntnis dieser Regel sind schon Wohnbauprojekte für Roma gescheitert. Als Anfang der 1990er Jahre Roma und Asylbewerber aus dem islamischen Raum in großer Zahl aus Südost- nach Westeuropa kamen, ärgerten sich viele Betreiber von Asylbewerberheimen darüber, dass manche Neuen die Klos so verschmutzten. Der Grund war, dass sie sich nicht setzen mochten. Wie man sieht, können sich die Vorstellungen von »rein« und »unrein« gewaltig unterscheiden.

Sind die Roma eigentlich Inder?

Ethnologen und sogenannte Zigeunerforscher finden das traditionelle Roma-Wertesystem hoch interessant und haben lange darüber spekuliert, ob es nicht schon uralt ist und möglicherweise aus der Urheimat der Roma stammt. Tatsächlich kann es keinen vernünftigen Zweifel mehr daran geben, dass Vorfahren der Roma ursprünglich in Vorderasien zu Hause waren. Schon im 18. Jahrhundert beschrieb ein deutscher Forscher die Ähnlichkeit des Romanes mit dem Sanskrit, einer Vorläufersprache des heutigen Hindi und Urdu, Sprachen, die in Indien und Pakistan gesprochen werden. Die mal bronzene, mal braune, mal fast schwarze Hautfarbe vieler Roma und die glatten schwarzen Haare sowie die Gesichtszüge lassen ebenfalls an Indien oder Pakistan denken. Sprachwissenschaftler wollen anhand von Lehnwörtern im Romanes sogar den genauen Verlauf der Wanderung rekonstruieren und schließen aus deren jeweiliger Anzahl, wie lange sich die Roma hier oder dort aufgehalten haben. Viele mitteleuropäische Roma schließlich, besonders in Deutschland, nennen sich selbst Sinti; nach Ansicht mancher Forscher verweist das Wort auf die pakistanische Provinz Sindh, die an den indischen Bundesstaat Rajasthan grenzt. Sindh, auf Hindi Sindhu, ist zugleich der Urdu-Name für den Indus, den größten Strom Pakistans. So schön die Theorie klingt, meint der Romanes-Forscher Mozes Heinschink, so unwahrscheinlich sei sie auch. Wäre Sinto oder Sinti ein indisches Urwort, so müsste es nach den Regeln der Sprache auf der Endsilbe betont werden. Die weibliche Form Sintizza schließlich verweise eher auf einen griechischen oder slawischen Ursprung.

In den letzten Jahren haben die Interpretationen der Sprachforscher auch ein naturwissenschaftliches Fundament bekommen. Genetikern fiel auf, dass der erbliche Grüne Star, eine unter europäischen Roma verbreitete Augenkrankheit, auch in Indien häufig vorkommt. Identifiziert wurde schließlich ein Gen, das sich auch bei den Jat findet, einem Hirtenvolk, das im Spätmittelalter aus den heutigen indischen Bundesstaaten Punjab und Rajasthan in sein heutiges Siedlungsgebiet in den pakistanischen Provinzen Sindh und Punjab eingewandert ist. Historiker hatten die Roma vorher auch mit anderen Völkern, Kasten und Stämmen in Indien identifiziert; die Banjara haben sich auf der Basis solcher Vermutungen sogar in die Welt-Roma-Union aufnehmen lassen. Inzwischen stehen die Vergleiche auf einer breiteren Basis. Nach den Erkenntnissen der Bevölkerungsgenetik weisen die Roma von ihrem Erbgut die höchste Ähnlichkeit mit den Menschen in Nordwestindien auf, eine deutlich höhere jedenfalls als mit ihren Mitbewohnern in Europa. Auch über die Migration gibt die Genetik ein wenig mehr Aufschluss. Danach sollen alle aus Asien zugewanderten Roma etwa zwei Jahrhunderte auf dem Balkan verbracht haben, bevor Teilgruppen sich in kurzer Zeit, im 14. und 15. Jahrhundert, bis in die entlegensten Winkel des Kontinents aufgemacht haben.

Der genetische Befund stimmt mit den Kombinationen der Historiker und Linguisten verblüffend überein. Dumm nur, dass sich gerade in den letzten Jahren unter Historikern eine andere Herkunftsgeschichte breitmacht. Danach sollen die Roma vom mittleren Lauf des Ganges stammen und im 11. Jahrhundert von den türkischen Seldschuken nach Kleinasien in das Sultanat Rum verschleppt worden sein. In Rum lebte ein Völkergemisch, es wurden viele Sprachen gesprochen, unter ihnen Griechisch, das auch Amtssprache war. Nicht von jahrhundertelangem Aufenthalt in dieser oder jener Zwischenstation, sondern von der Sprachenvielfalt des Sultanats also sollen nach neueren Erkenntnissen die griechischen, persischen, türkischen oder armenischen Lehnwörter im Romanes kommen. Von Rum aus sind die Roma dann angeblich in die venezianischen Niederlassungen im östlichen Mittelmeerraum gelangt, nach Kreta, Korfu und Nauplia (Nafplio auf dem Peloponnes), die bei den Venezianern »Klein-Ägypten« hießen. Auch der Volksname der Roma wird so erklärbar: Es sind die Leute aus Rum. So hieß das Sultanat bei den Arabern, weil es nahe bei Byzanz lag, dem »neuen Rom«. Somit käme das Wort Roma tatsächlich von Rom.

Der Grad ihrer Vermischung mit Nicht-Roma ist interessanterweise umso geringer, je weiter man nach Norden und Westen kommt. Am höchsten ist er auf dem Balkan. Nach einer vergleichenden Untersuchung tragen Roma in Litauen mit 11 Prozent nur wenig Nicht-Roma-Erbgut, in Bulgarien mit 45 Prozent dagegen erheblich mehr. In Rumänien schließlich war bis ins 19. Jahrhundert Zigeuner gleichbedeutend mit Sklave; das heißt nicht nur, dass alle Zigeuner Sklaven waren, sondern es waren auch umgekehrt alle Sklaven Zigeuner. Das Wort bezeichnete den Status, nicht das Volk oder die Ethnie, wie wir sie heute verstehen. Zur Sklavenbevölkerung aber hatten im byzantinischen Reich ursprünglich auch andere Gruppen gehört, und soweit sie sesshaft waren, kam es immer wieder zu gemischten Ehen auch mit Freien. Die Nomaden in den weiter westlich und nördlich gelegenen Ländern blieben dagegen streng unter sich.

Die Missverständnisse der Ethnologen

Sprache und Abstammung legen nahe, auch den Ursprung des Wertesystems der Roma in Indien zu suchen, zumal auch im dortigen System der Sitten und Gebräuche Reinheit eine große Rolle spielt. Manchmal sind die Parallelen geradezu verblüffend. Ohne voneinander zu wissen, erzählen Forscher von Roma und von Indern zum Beispiel die Anekdote vom Entsetzen ihrer Forschungsobjekte über Badewannen: Hindus und traditionellen Roma ist der Gedanke, dass man im Badewasser und damit in seinem eigenen Schmutz liegen könnte, gleichermaßen widerlich. Wirkliche Beweise für die indische Herkunft der Wertvorstellungen sind das aber keine. Reinheitsgebote, sagen Ethnologen, spielen in Stammesgesellschaften auf der ganzen Welt eine große Rolle, nicht nur in Indien. Und es gibt neben den Gemeinsamkeiten auch klare Unterschiede zwischen den Reinheitsideen der Roma und der religiösen Inder. Traditionelle Roma-Frauen wird man zum Beispiel in Bluse und langem Rock sehen, aber nicht in einem durchgehenden Kleid: Weil der Oberkörper als rein und der Unterkörper als unrein gilt, wüsste man nicht, wie man ein solches Kleid waschen sollte. Mit einem indischen Sari also könnten traditionelle Roma nichts anfangen.

Ethnologen, die sich mit den Roma beschäftigt haben, finden die Traditionen und Werte, auf die sie stoßen, oft aufregend und exotisch. Damit verraten sie dann aber unter Umständen mehr über sich selbst als über die Roma. So kann man zum Beispiel bei dem amerikanischen Forscher Walter O. Weyrauch eine verblüffende Erklärung dafür lesen, dass Roma-Männer aufstehen, wenn eine Frau den Raum betritt: Der Grund sei, dass die Gesichter der Männer sich nicht auf derselben Höhe wie das Geschlechtsteil der Frau befinden dürfen. Dieselbe Regel, nämlich dass Männer beim Eintritt der Frauen aufstehen, wird allerdings in allen bürgerlichen Tanzschulen Europas vermittelt, an Stellen also, wo Roma-Einfluss extrem unwahrscheinlich ist. Die tiefenpsychologische Begründung lässt sich auf den Roma-Brauch genauso anwenden wie auf die bürgerliche Regel. Mit der Begründung aber klingt das Verhalten der Roma auf einmal fremd. Und wer vorurteilsfrei hinsieht, wird feststellen, dass sich heute auch manche US-Amerikaner vor einem Wannenbad ekeln – so ziemlich aus dem gleichen Grund wie die Roma.

Bis zum Fall des Eisernen Vorhangs haben Ethnologen sich vor allem mit Roma in West- und Mitteleuropa beschäftigt und gern Vergleiche mit dem gezogen, was ihnen aus Indien überliefert wurde. Über den Balkan allerdings wussten diese Forscher in der Regel nichts. Hätten sie die Sitten und Gebräuche der Roma mit denen in Südosteuropa verglichen, so wären sie ihnen wohl weit weniger exotisch und vor allem weniger indisch vorgekommen. Dass die Söhne beim Vater bleiben, die Schwiegertöchter bei der Heirat extrem jung sind, dass sie nichts zu melden haben und erst nach der Geburt des ersten Sohnes ein gewisses Ansehen genießen, dass durch Heirat keine Verwandtschaft entsteht und nur der männliche Stamm zählt, schließlich die Obsession mit der Jungfräulichkeit – das alles gibt es auch in traditionellen Balkangesellschaften. Die mazedonischen Privatkliniken, die ihr Geld mit der Reparatur von Hymen oder mit Penisverlängerung bei Jugendlichen verdienen, haben längst nicht nur wohlhabende Roma als Kundinnen und Kunden. Die sexuelle Freizügigkeit, die Roma gern unterstellt wird, ist von Kennern schon vor langer Zeit als Projektion entlarvt worden. Zum Missverständnis trägt bei, dass die Rede über Sexualität unter Roma oft tatsächlich freizügig ist. »Je strenger die Sitten«, hat Mozes Heinschink beobachtet, »desto ordinärer die Sprüche.« Rückschlüsse auf die Praxis sind nicht erlaubt. Schon ein Kuss in der Öffentlichkeit ist unter traditionellen Roma verpönt.

Überhaupt erweist sich so manches, was Ethnologen als Roma-typisch beschrieben haben, bei näherem Hinsehen eher als balkantypisch. Die klassischen Klischees der Roma über die Gadsche, die Nicht-Roma: dass sie »kalt« seien, das Leben nicht genießen könnten, immer nur ans Materielle dächten und ihre alten Eltern in Altersheime abschöben, lassen sich wortgleich auch von Serben, Albanern oder Bulgaren hören, wenn sie über West- und Mitteleuropäer sprechen. Mehr balkanisch als indisch oder Roma ist auch das Verhältnis zur Arbeit. Nicht, dass auf dem Balkan wie unter Roma nicht auch hart gearbeitet würde. Arbeit verleiht aber, anders als in West- und Mitteleuropa, kein Prestige. Im Westen zeichnen sich Wichtigtuer durch gehetzte Fortbewegung, einen übervollen Schreibtisch und ständig klingelndes Handy aus; auf dem Balkan hat ein Wichtigtuer vor allem Gelassenheit zu demonstrieren. Arbeit ist etwas für Frauen. Bei traditionellen Lovara gilt Männerarbeit sogar als Schande. Bei traditionellen Kalderasch dagegen nicht.

In manchen Familien haben sich alte Sitten, Glaubensreste und Kommunikationsformen erhalten, die sich so oder ähnlich allerdings auch bei anderen Menschen auf dem Balkan wiederfinden lassen. Leise zu sprechen gilt zum Beispiel als unhöflich, was zu Missdeutungen führen kann: Eine freundliche Konversation klingt leicht wie ein Streit. Typisch Roma ist die überkommene – türkische – Sitte, einem Fortreisenden einen Eimer Wasser hinterherzuschütten. Manche fürchten sich vor dem *mulo*, dem untoten Verstorbenen, der wiederkehren könnte, andere glauben an den *dušman*, einen geborenen individuellen Feind irgendwo auf der Welt, den man möglichst nicht treffen sollte. Hinzu kommen Geschmacksfragen zweiter und dritter Ordnung – wie die Vorliebe für bunte Rücke und gestreifte Sakkos oder auch die Neigung, Männer mit Glatze für dumm zu halten, die schon manchen alternden Anführer sein Amt gekostet hat. Für »ganz anders« kann die Roma-Kultur nur halten, wer außer den eigenen Gebräuchen keine kennt.

Eine Pilgerfahrt nach Mazedonien

Wer wissen will, was es mit der Roma-Kultur auf sich hat, sollte vielleicht einmal an einem 5. Mai ins mazedonische Prilep reisen. An diesem Tag im Jahr, gegen Mittag, packen die jungen Roma der Stadt ihre Taschen, nehmen Decken mit, stecken sich einen Revolver in den Hosenbund, schnappen sich ein Schaf oder einen Esel, beladen mit Feuerholz, sammeln sich auf der Schotterstraße zum Weiler Dabnica und wandern gut gelaunt in die Berge. Über einen schmalen Pfad steigen sie auf den Samovilec, den Hausberg von Prilep. Es ist ein fröhlicher, aber auch ein frommer Ausflug. Denn in der Nacht zum 6. Mai erscheinen dort drei Feen und spenden den Pilgern das heilige Wasser. Um Mitternacht öffnet Nuri, der Zeremonienmeister, oben auf dem Berg feierlich eine Blechtür zwischen zwei Felsblöcken und zeigt den Pilgern eine von weißgestrichenen Felsen umstandene und von Kerzen gesäumte Pfütze, die sich hier auf wunderbare Weise über Nacht gesammelt hat.

Manche der Pilger vom Samovilec sprechen zu Hause Romanes, manche Türkisch, ein Relikt aus osmanischer Zeit, viele Mazedonisch. Einige sind sogar aus Amerika gekommen und sprechen fast nur Englisch. Ein bisschen Deutsch kann beinahe jeder, seit viele Familien in den Neunzigerjahren nach Wien gezogen sind. Von den sechs »Stämmen« der Roma, die man in der österreichischen Roma-Emigration kennt, sind die »Arli« oder »Arlji«, die sesshaften Muslime, ursprünglich aus Prilep. Anders als die Kalderasch von Sineşti wirken die Arli von Prilep so gar nicht wie aus der Zeit gefallen. Glauben solche Menschen wirklich an Feen? Man könne sie im Prinzip schon sehen, die Feen, sagt Sejdije, eine der wenigen älteren Frauen, die mit den Männern die kalte Nacht auf dem Berg verbringen. Aber das sei »schwierig«. Man müsse schon genau hinschauen. In manchen Jahren sitze auch eine tellergroße Kröte auf dem weißgestrichenen Stein, wenn die Tür aufgeht. Von denen kann die 44-jährige Indiran erzählen, die für das nächtliche Mysterienspektakel eigens aus Mannheim angereist ist. Seit 25 Jahren lebt sie dort, hat drei Kinder in Deutschland großgezogen; Sejdo, ihr Mann, arbeitet beim Metro-Markt. Die Feen entstammen dem balkanischen Volksglauben, erklärt Indiran. Zwei der Feen entsprängen den Legenden der orthodoxen Kirchen in der Umgebung: Die dritte Fee jedoch, sagt Indiran, ist »unbekannt« – eine Leerstelle für alle, die einen anderen Glauben einbringen wollen.

Ethnologen dürften an dem fröhlichen und zugleich geheimnisvollen Fest auf dem Samovilec ihre helle Freude haben. Versucht man aber, das Treffen in vertraute Kategorien einzuordnen, so müssen sie verzweifeln. Nomaden gibt es hier keine, und trotzdem haben alle Verwandte in ganz Europa und darüber hinaus.

Modernes und Archaisches mischen sich zwanglos. Nicht nur die Sprachen und Nationen, auch die Weltreligionen kommen hier auf ganz besondere Weise zusammen. Die Roma von Prilep sind offiziell Muslime, aber auf ihren Berg pilgern sie alljährlich am Tag eines christlichen Heiligen: dem Georgstag, den die orthodoxe Welt am 6. Mai feiert. Manche bringen den Feiertag mit dem Propheten Elias und mit El-Khadr zusammen, dem sagenhaften »Grünen« aus der türkischen und arabischen Volksmythologie. El-Khadr oder – auf Türkisch – Hizir ist bei den Aleviten, einer muslimischen Glaubensrichtung in Anatolien, der Bruder des alttestamentarischen Elias. Iso, der islamische Geistliche von Prilep, hat noch eine andere Deutung. El-Khadr, erläutert der Hodscha, ist eigentlich Buddha – und erzählt die klassische buddhistische Geschichte vom Königssohn, der sieben Jahre unter einem Baum sitzt und lauter grüne Gräser und Blumen hinterlässt, als er endlich aufsteht. Der jüdische Elias und die balkanischen Feen, der christliche Sankt Georg und Buddha – so viel Ökumene auf einmal muss man auf der Welt lange suchen.

»Herdelezi« oder »Ederlezi« heißt der Georgs- oder Hizir-Tag auf Türkisch, und er wird auch in der Türkei gefeiert. Nicht nur von Roma; zur Abgrenzung gegen andere nämlich lässt sich eine Kultur, die ständig so viele Einflüsse in sich aufnimmt, nicht verwenden. Alles kommt hier zusammen und wird auf originelle, aber auch ganz unspezifische Weise miteinander vermischt. Geht man lange genug zurück, findet man solche Mischung zwar in allen nationalen Kulturen. Bei den Roma aber hat nie jemand einen Punkt gemacht und gesagt: »Das ist jetzt typisch Roma!«

Auf der Bergwiese bei Dabnica, wo sich die Leute von Prilep dann noch für zwei, drei Tage nach dem Feenwunder zu einem großen Fest versammeln, Raki trinken und Lammfleisch essen, ertönen Balkan-Folk und westliche Schlagermusik. Wer hier zu den Roma gehört, kann in der Bronx ein »Macedonian«, in der Düsseldorfer Migrantenszene ein »Muslim« oder »Türke« und in Wien-Favoriten ein »Jugo« sein, je nachdem, welche Kategorie den anderen gerade wichtig ist, und ohne sich zu verbiegen oder sich Gewalt anzutun.

Was ist eigentlich »typisch Roma«?

Für die Musik sind auf dem ganzen Balkan traditionell die Roma zuständig. In großen Städten gibt es regelrechte Börsen, wo Bands sich einfinden und den Interessenten, Brautleuten zum Beispiel, auf Wunsch eine Probe ihres Könnens geben. Das heißt zugleich, dass die Musik den Roma nicht gehört; sie produzieren für den Markt. Das berühmteste serbische Zigeunerlied, weit über die Grenzen des Balkan bekannt, wurde erkennbar nicht für Roma geschrieben: *Ja sam mala garava / Crna tvoja ciganka*, lautet der Refrain: Ich bin deine kleine, schmutzige, schwarze Zigeunerin. Der Flamenco ist hohes spanisches Kulturgut, Joseph Haydns Zigeunertänze sind österreichisches. Magyarische Volksweisen, gespielt von virtuosen Roma-Geigern auf der sogenannten Zigeunerskala, einem aus der Türkei stammenden Tonsystem, wurden zur ungarischen Nationalmusik. Mit ihren Texten treffen die modernen Roma-Schlager den Geschmack vieler junger Migranten aus Südosteuropa, etwa wenn der Interpret sich wünscht, »dass wir genug zu essen haben und unsere Frauen nicht arbeiten müssen«. Halb Serbien lag auch in den schlimmsten Tagen seines nationalen Wahns dem Gypsy-Sänger Šaban Bajramović zu Füßen. Die deutsche Schlagersängerin Marianne Rosenberg ist die Tochter eines Auschwitz-Überlebenden und Vorstandsmitglieds im *Zentralrat der deutschen Sinti und Roma*. Sie alle singen für alle. Niemand, oder wenigstens niemand unter den Roma, legt fest, was der Angehörige dieser oder jener Volksgruppe schön finden darf oder muss. Keine Autorität, kein Kulturverein darf entscheiden, was »original Roma« ist und was nicht.

Wenn die Feste, die Heiligtümer, die Musik, die Architektur und manche Sitten der Roma trotzdem ihren Wiedererkennungswert haben, dann ist es die je andere, aber immer überraschende Mischung, die das macht. »Typisch Roma« sind auf ganz andere Art auch die prachtvollen Villen mit den riesigen Säulen, den Gipsskulpturen und üppigen Veranden, die das walachische Metallhändlerdorf Buzescu aussehen lassen wie eine Filmkulisse aus Hollywood. »Coca-Cola« heißt einer der potentesten Männer hier im Ort, ein anderer »Tarzan«, ein dritter »Mannix«, nach der amerikanischen Krimi-Serie, die in den Siebzigerjahren auch in Rumänien im Fernsehen lief. Weil Kinder so gern nach Filmhelden benannt werden, lässt sich aus dem Namen oft ziemlich genau auf das Geburtsjahr schließen. Ein »Elvis« zum Beispiel, international wohl einer der beliebtesten Roma-Jungennamen, hat den Fünfzigsten in der Regel hinter sich. »Typisch Roma« sind aber auch die strengen Traditionalisten, die mit Popkultur und überhaupt der Moderne nichts im Sinn haben, sich selbst als die »eigentlichen«, »urspünglichen« Zigeuner sehen und die zu dem Klischee vom freien, wilden Leben der Roma doch so krass im Widerspruch stehen.

Die »eigentlichen« oder »richtigen« Roma sind die Kalderasch von Sinteşti nur dann, wenn man die Fundamentalisten für die eigentlichen Muslime, die Evangelikalen für die eigentlichen Christen oder die Ultraorthodoxen für die eigentlichen Juden hält. Tatsächlich knüpfen die strengen Regeln zwar an Traditionen an, sind in ihrer aktuellen Form aber meistens höchst moderner Natur. »Seit die Roma aus dem Erwerbsleben hinausgedrängt wurden, hat der Traditionalismus stark an Boden gewonnen«, sagt Vîntilă Mihăilescu, der sich wie kein anderer mit der aktuellen Kultur der Roma in Rumänien befasst und schon dreißig Dissertationen von jungen Roma-Forschern betreut hat. Ein Beispiel dafür, wie man scheinbar Uraltes neu erfinden kann, sind die Gabóri, die sich nicht Roma nennen wollen, gern als eine Art »Urzigeuner« auftreten und en gros Haushaltsartikel an Supermärkte verkaufen. Mit den breitkrempigen Hüten der Männer, die sie von den Siebenbürger Sachsen abgeschaut haben, und den tausendfach plissierten, schwarzen Röcken der Frauen, aber auch mit ihrer Sittenstrenge erinnern die eleganten »Seidenzigeuner« an die amerikanischen Amischen.

Wer sich, wie viele rumänische und ungarische Roma, einem der beiden großen und selbstbewussten »Stämme« zuordnet, den Kalderasch oder auch den Lovara, den ursprünglich aus Ungarn kommenden früheren Pferdehändlern, pflegt meistens auch das eine oder andere Moment von Tradition, ist stolz darauf und weiß,

was Roma anders machen als Gadsche. Je strenger aber das System, desto mehr Dropouts produziert es. Wer die Regeln nicht
beachtet, läuft Gefahr, von der Familie verstoßen zu werden; weil
er mit seiner Wert- und Bildungsausstattung aber in der Mehrheitsgesellschaft keinen Platz findet, landet er im Elendsviertel.
Auch ganze Familien können die »Ehre« verlieren und diesen Weg
gehen. Das heißt nicht unbedingt, dass Roma-Traditionen nicht
auch in den Slums noch eine Rolle spielen würden. »Wenigstens
etwas Tradition gibt es wohl bei allen rumänischen Roma«, sagt
Vîntilă Mihăilescu. Regeln aber, wo die Tradition stark und wo sie
schwach ist, lassen sich kaum finden, und noch weniger lassen sich
dazu Landkarten zeichnen. Unter deutschen Sinti, die in der Regel
gut integriert sind, ist die Bindung an alte Bräuche noch verhältnismäßig häufig. Eher schwach dagegen sind die Bande zu überkommenen Werten unter den Roma der Slowakei und Tschechiens. Im
Einzelfall kommt es aber auch hier immer auf die Siedlung an. Im
einen Dorf tragen alle Frauen Zöpfe und fußlange Röcke, im anderen wollen sie von ihrer Roma-Herkunft nichts wissen. Unter den
muslimischen Roma, die vor allem in der Türkei und Bulgarien,
aber auch in Mazedonien und Albanien anzutreffen sind, kennt
man die berühmten Reinheitsriten gar nicht.

Keiner legt fest, wie es richtig ist

Feste Institutionen gibt es so wenig wie eine anerkannte Hierar-
chie. Das macht schon die Unterscheidung der Roma schwierig.
Nicht-Roma lieben es, Nationen, Volksgruppen, Minderheiten
oder auch Berufsgruppen aus der Vogelperspektive zu betrachten.
Jeder, der sich mit den Roma beschäftigt, will erst einmal wissen,
was es da für verschiedene Gruppen gibt und wie sie sich zueinander verhalten. Auf der nationalen Ebene teilt man sie dann gern
in Dialektgruppen oder »Stämme« ein, stellt fest, dass es die ungarischen Lovara gibt und die rumänischen Kalderasch und fragt
Insider, was die beiden Gruppen denn für ein Verhältnis zueinander haben. Je nachdem, wen man fragt, bekommt man immer

eine andere Antwort. Ein kluger Forscher hat die verwirrenden Zuordnungen und Beziehungen zwischen Stämmen, Berufs- und Verwandtschaftsgruppen und alle vergeblichen Sortierungsversuche einmal alle zusammengetragen und dann vor der Aufgabe der Systematisierung freimütig kapituliert. Auf die Roma blicke man, schloss er dann, am besten wie durch ein Kaleidoskop. Immer, wenn man es ein bisschen dreht und eine andere Perspektive einnimmt, ergibt sich ein ganz anderes Bild. Schaut man von oben auf eine Nation, passt immer hübsch eines zum anderen: Da gibt es Klassen, Schichten, Dialektgruppen, Konfessionen, und wie sie zueinander stehen, ergibt sich aus einer langen Geschichte. Bei den Roma gibt es die Vogelperspektive nicht. Von unten gesehen hat jeder sein eigenes Bild.

Wer in einer Roma-Familie aufgewachsen ist, hat eine Vorstellung davon, was zum Beispiel Lovara sind und was man von ihnen zu halten hat. Erst recht weiß er, wie es um die Nachbarsfamilie bestellt ist und mit wem diese so alles verwandt ist. Begegnen sich Roma, die einander nicht kennen, so fragen sie erst einmal die mögliche Verwandtschaftsbeziehung ab und unterhalten sich dann über bekannte, angesehene Leute, die der andere vielleicht auch kennen könnte. Nicht-Roma können da nicht mithalten.

Wächter über die Tradition sind die Familien selbst; die Regeln und Rituale bei den Traditionalisten haben den Sinn, die alten, überkommenen verwandtschaftlichen Bande gegen die vielen Versuchungen abzusichern, denen die nachwachsende Generation in einer offenen Gesellschaft ausgesetzt ist. Es gibt aber keine höhere Instanz, auf die Konservative sich dabei berufen können; es gibt keinen Roma-Koran, keinen Roma-Imam und keinen Roma-Rabbi. Institutionen sind aber wichtig, wenn man die Nachkommen auf Treue zur Tradition verpflichten will. In die Bresche springen evangelikale Kirchen wie die Adventisten oder die Baptisten, deren Prediger Roma-Traditionen in ihre Verkündigung einbauen. Besonders erfolgreich mit ihrer Mission sind die sogenannten Pfingstler, bei denen die Prediger selber Roma sind. In der Pfingstkirche darf man formale Elemente anderer Religionen in den Kult aufnehmen; den synkretistischen Roma auf dem Balkan kommt das entgegen. Eine ernstzunehmende Volksgruppe, meint man in der Region, braucht auch ihre eigene Konfession; dafür kommen die Missionen gerade recht. In der Mehrheitsgesellschaft, die sonst solchen konfessionellen Absonderungen gern mit Sektenfurcht begegnet, aber auch unter den Roma wird die Zuwendung zu den amerikanisch inspirierten Religionsgemeinschaften ambivalent aufgenommen. Einerseits gehen die Bekehrten, die *pokajmé*, den anderen mit ihrem Missionseifer kräftig auf den Geist. Andererseits üben die Prediger eine disziplinierende Wirkung aus. Zu den artigsten und integrationseifrigsten Zuwanderern im Berliner Problembezirk Neukölln gehören etwa die Roma aus der rumänischen Kleinstadt Buftea, die mit ihrem Pfarrer hergekommen sind und mit ihrem Bildungshunger und ihrem Drang, möglichst schnell und gut Deutsch zu lernen, die Behörden schon ein wenig in Verlegenheit bringen.

Migranten wie andere auch

In westlichen Großstädten wie Brüssel, Berlin, Paris oder Wien treffen emigrierte Roma aus Südosteuropa auf differenzierte Migranten-Communities. Besonders in Deutschland, Belgien, Österreich und Italien haben Roma dort schon in der zweiten oder dritten Generation ihren Platz. Erst hier, in der Emigration, wird aus dem papiernen Begriff von der »transnationalen Minderheit« fassbare Realität. »Mit den Bulgaren kann ich mich auf Romanes verständigen«, sagt die 27-jährige Silvana, deren Eltern in den Achtzigerjahren als Gastarbeiter aus Zaječar in Serbien nach Wien gekommen sind; diesseits und jenseits der bulgarisch-serbischen Grenze leben Roma-Gruppen, die ein ähnliches Romanes sprechen, und auch das Bulgarische und das Serbische sind – bei manchen lustigen Missverständnissen – ähnlich genug, dass man sich verständigen kann. Nicht nur die Sprache, auch die alten Sitten finden hier ihren neuen Platz. Ähnlich wie ländliche Türken und Kosovo-Albaner leben Gastarbeiter-Roma vom Balkan schon länger im Zwiespalt zwischen Tradition und Moderne. Die Väter finden es schwierig, ihre anerzogene Verantwortung für die Ehre der Familie aufrecht-zuerhalten. Manche setzen durch, dass ihre Töchter züchtige Röcke tragen, arrangieren ihre Ehen und achten auf Jungfräulichkeit. Manche nicht. Es gibt, wie bei den Türken, Moderne und soge-nannte Traditionelle, wobei es nicht unbedingt auf die spezielle Tradition ankommt. In Brüssel mit seiner starken Nordafrikaner-Gemeinde tragen viele Roma-Frauen Kopftuch, ihre Männer Bart und Dschellaba. »Ich trage Hosen«, sagt Silvana, die ihr erstes Kind erwartet. Die Gleichaltrigen, die in den besten Jahren in Röcken herumlaufen mussten, verachten sie nicht dafür. »Im Gegenteil, sie beneiden mich.«

Silvana denkt gar nicht daran, ihre Roma-Herkunft zu verleug-nen, und sie bekennt sich viel lauter und deutlicher dazu als ihre Altersgenossinnen, die sich trotz ihrer knöchellängen Röcke vor der differenzierten Migranten-Gesellschaft von Wien lieber scheu verstecken würden. Sie ist »stolz darauf, Roma zu sein«, sagt Silva-na und pflegt auch »die Tradition«. Zur Tradition, sagt sie, gehört die Anhänglichkeit an die Familie, dass man nie alleine wohnen könnte, dass sie wenigstens ein paar Sätze auf Romanes sagen kann und dass sie die Slava feiert, den Namenstag des Familienheiligen, wie es überall in Serbien üblich ist. Was an der Tradition Roma ist und was serbisch, »Balkan« oder einfach »Ausländer«, ist Silvana egal. Ihre Landsleute treffen sich in den Parks von Hernals oder Ottakring. Man weiß voneinander, ob man Serbe, Albaner, Türke oder Roma ist. Nur über einen plausiblen Volksnamen muss man schon verfügen, wenn man nicht am Ende zu den Österreichern gehören will.

Das Volk, das keines wurde

oder: Sind sie eine Nation oder doch nur eine Unterschicht?

Sind die Roma ein Volk, oder sind sie eine soziale Gruppe, eine Gesellschaftsschicht? Das ist keine akademische Frage. Von der Antwort hängt vielmehr ab, wie sich ihre Lage zum Besseren wenden kann. Völker oder nationale Minderheiten verlangen Selbstbestimmung. Sie wollen ihre Angelegenheiten unter sich regeln und die Einmischung von außen möglichst klein halten. Mindestens aber verlangen sie Respekt für ihre Kultur und Lebensweise. Für eine Gesellschaftsschicht ist das dagegen kein Rezept. Niemand käme etwa auf die Idee, dass die Sozialhilfe- oder Hartz-IV-Empfänger Autonomie bräuchten. Schließlich gibt es nichts, dass sie untereinander umverteilen könnten. Sie sind einfach arm und deshalb vom gesellschaftlichen Leben teilweise abgeschnitten. Oft werden sie dafür auch noch verachtet, und selbst sind sie auf ihre Armut alles andere als stolz. Sie wollen ihre Besonderheit, ihr Anderssein nicht konservieren, sondern loswerden. Was sie verlangen, ist die rückstandlose Eingliederung in die Gesellschaft.

Natürlich sind nicht alle Roma arm. Der deutsche Soziologe Anton Sterbling unterscheidet nach ihrer sozialen Stellung drei Gruppen: die Traditionellen, die Verarmten und die Assimilierten. Es ist eine »idealtypische« Unterscheidung, kein Sortieren, betont Sterbling. Viele Roma nämlich lassen sich nicht einfach einer der Kategorien zuordnen, sondern haben Elemente von allen dreien. Wie passen zum Beispiel Kinder aus früher assimilierten Arbeiterfamilien, die seit 1990 arbeitslos sind und sich jetzt vielleicht den Traditionen der Urgroßeltern zuwenden, in die Dreiteilung? Die Traditionellen müssen, wie gesehen, auch keineswegs arm sein. Manche haben es geschafft, ihre klassischen Wandergewerbe so zu modernisieren, dass sie mit ihren Familien ein gutes Auskommen haben. Einige wenige, etwa manche Nachkommen der Rudari oder Aurari, der traditionellen Goldwäscher und Goldschmiede, sind sogar seit jeher wohlhabend. Daneben gibt es, wie unter Rumänen, Bulgaren, Ungarn oder Serben, in den postkommunistischen Staaten auch unter den Roma einige potente Neureiche. Die Zahl der Assimilierten schließlich lässt sich naturgemäß nicht bestimmen, ist aber sicher nicht ganz klein. Gerade in den kommunistischen Staaten, die vor dem Zweiten Weltkrieg noch bäuerlich geprägt waren, herrschte nach 1945 eine große Aufbruchsdynamik, die allen Bürgern bis dahin ungeahnte Aufstiegschancen bot. Nicht immer war der Rückstand der Roma gegenüber der Mehrheitsbevölkerung so groß wie heute. Auch die meisten Albaner und Bulgaren waren vor dem Zweiten Weltkrieg noch Analphabeten.

Was also sind nun die Roma, Volk oder Unterschicht? »Beides«, möchte man antworten, oder »keins von beiden«. Das klingt beides schlüssig, hilft aber nicht wirklich weiter, denn man weiß damit ja noch nicht, was sie nun eigentlich brauchen: Autonomie oder Integration. Irgendwie muss man sich zwischen den beiden gegensätzlichen Konzepten entscheiden. Wollen sie wirklich alle einen Achtstundenjob im Büro und ein Reihenhaus am Rande der Stadt, wie wohl die allermeisten Sozialhilfeempfänger es sich wünschen würden? Oder, umgekehrt gefragt: Sollen sie auf ihre elenden Hütten und die Krätze ihrer Kinder stolz sein? Wenn sie nicht lesen und schreiben können, ist das dann ein Defizit? Oder ist es Ausdruck einer schriftlosen Kultur?

Die »Ethnologen« und die »Soziologen«

Wie die Antwort ausfällt, hängt von der eigenen Grundeinstellung ab, von der gesellschaftlichen Mode, davon, welche Roma man kennt oder an wen man denkt, wenn man »Roma« oder »Zigeuner« hört, nicht selten aber einfach von der politischen Opportunität. Man findet Vertreter beider Sichtweisen, die »Ethnologen« und die »Soziologen«, in allen Zeitaltern, in der Wissenschaft ebenso wie im Straßenklatsch. In der Politik kann man sie in verschiedenen Lagern ausmachen: bei Linken und Rechten, bei Kommunisten, Liberalen, sogar bei den Nazis. Man findet Anhänger der einen wie der anderen These bei Roma-Freunden und bei Roma-Hassern. Nicht zuletzt auch bei den Intellektuellen der Roma selbst: In Rumänien repräsentiert Vasile Ionescu mehr die ethnische und der Soziologe Nicolae Gheorghe mehr die soziale Strömung.

Für die »Roma-Ethnologen« steht das Recht im Vordergrund, »anders« zu sein und sich in seiner eigenen Kultur zu verwirklichen. Kultur und Tradition der Roma verdienen danach prinzipiell dieselbe Anerkennung wie Kultur und Tradition der Franzosen oder der Deutschen. Auf jeden Fall soll sich niemand den ungeschriebenen Regeln einer Mehrheitskultur unterwerfen müssen. Im Konflikt mit den geschriebenen Regeln muss sorgfältig abgewogen werden: zum Beispiel dann, wenn die Tradition einer Familie es verlangt, die Töchter mit vierzehn Jahren zu verheiraten. Folgerichtig wird man die Roma ermuntern, Anführer zu bestimmen, die unter ihnen Meinungsführerschaft erringen und ihre Ansprüche mit dem Rest der Gesellschaft aushandeln. Dass die meisten Roma arm sind und am Rande der Gesellschaft leben, muss dem Respekt vor ihrer Lebensweise keinen Abbruch tun. Vielleicht ist ja ihre randständige Rolle kulturell bedingt und liegt einfach daran, dass sie andere – und nicht unbedingt schlechtere – Lebensziele haben als die Mehrheit mit ihrem Karrieredenken und dass sie sich nicht in ein so enges Zeitkorsett zwingen lassen? Was immer man von diesen kulturellen Werten hält: Sie gehören respektiert.

So oder ähnlich sehen es die »Ethnologen«. Für die »Roma-Soziologen« dagegen ist das Recht auf die eigene, besondere Kultur in Wirklichkeit bloß eine Einschränkung. Jeder Mensch kann im Prinzip alles, meinen sie, und niemand darf jemanden auf eine bestimmte »Kultur« festlegen. Die Roma, argumentieren sie, standen immer am unteren Rand der Gesellschaft. Es war ihnen zum Beispiel versagt, lesen und schreiben zu lernen. Diesen Mangel nun zu etwas Schützenswertem aufzuwerten und ihn gegen die »reiche mündliche Überlieferung« aufzurechnen, sei bloß ein subtiles Mittel, die Roma in ihrem Elend und ihrer Rückständigkeit gefangen

zu halten. Wer so denkt, wird natürlich für autoritäre Familienverhältnisse in der »Kultur« keine Entschuldigung suchen. Ein Vater,
der seine vierzehnjährigen Töchter verheiratet, übt danach einfach
Gewalt aus. Es mag dann zwar sein, dass sich solche Verhaltensweisen über die Generationen am Rande der Gesellschaft einge-
schliffen haben. Auf dem Weg zur Emanzipation der Roma sind sie
aber hinderlich und gehören überwunden.

»Minderwertiges Volk« oder Erziehungsobjekt

Das ist die aktuelle – und die freundliche – Fassung des Gegen-
satzes zwischen den »Roma-Ethnologen« und den »Roma-Soziologen«. Es gibt aber auch eine unfreundliche Fassung, die lange
tabuisiert war, inzwischen aber in den Chatrooms des Internet, in
manchen Zeitungen und Sachbüchern wieder an die Oberfläche
kommt. Wenn sie Roma nicht leiden können, erklären die »Ethnologen« sie dort gern für von Natur aus integrationsunfähig. Es
ist ein altes Vorurteil. Im Deutschland des 20. Jahrhunderts (und
nicht nur dort) dichtete man den Roma einen »ererbten Wander-
trieb« oder einen genetischen Hang zum Stehlen an. Man hielt sie
zwar für ein Volk, aber für ein minderwertiges, das bekämpft gehört. Wer als Roma geboren wurde, war automatisch ein Feind.
Das ist die Kehrseite, wenn man die Verschiedenheit betont. Manche »Ethnologen« nutzen ihre Thesen, wie man sieht, nicht immer zur Entschuldigung oder Relativierung, sondern wollen den
Gegenstand ihres Interesses im Gegenteil stigmatisieren und der
Feindseligkeit der »Normalen« aussetzen.

Aber auch die »Soziologen« meinen es nicht per se gut. Sie haben
den Roma ihre hässliche Seite schon mindestens so ausgiebig ge-
zeigt wie die »Ethnologen«: Umerziehungslager zum Beispiel und
Zwangsadoptionen hatten den Sinn, den Roma ihre »schlechten
Angewohnheiten« auszutreiben. Funktioniert hat es nicht. Bei den
Roma kamen Hass auf die Mehrheitsbevölkerung und tiefe Skepsis
gegen die Aufklärung dabei heraus, bei der Mehrheitsgesellschaft
Resignation und Zynismus. »Ethnologen« und »Soziologen« sind

hier keine Berufsbezeichnungen; gemeint sind vielmehr die beiden Denkschulen. Interessanterweise ordnen sich aber die wirklichen Ethnologen und Soziologen im Wissenschaftsbetrieb den entsprechenden Lagern gerne zu. Die einen konzentrieren sich, ihrer Ausbildung entsprechend, auf Sprache, Bräuche, Trachten, Erzählungen – also die Merkmale einer besonderen Roma-Identität. Die anderen beschäftigen sich lieber mit der Frage, warum Roma nicht nur in Südosteuropa so oft arbeitslos sind und unter der Armutsgrenze leben, über meistens einen niedrigen Stand an Bildung wie an Gesundheit verfügen.

Beide Denkschulen hatten in den letzten zweieinhalb Jahrhunderten immer wieder mal Konjunktur. Die Aufklärer zum Beispiel, die klassischen »Soziologen«, konnten mit kulturellen Unterschieden, wie wir sie heute verstehen, wenig anfangen. Sie betonten stattdessen, was allen Menschen gemeinsam war, allem voran die Begabung zur Vernunft, und schöpften daraus ihre Hoffnung auf eine bessere Welt. Der Gedanke gefiel auch manchen absoluten Monarchen der Zeit. Sie wollten ein einig Volk von Untertanen, das man zum fleißigen Arbeiten und zum Kriegführen gebrauchen konnte. Das Volk wurde gezählt, vermessen, getestet. Die Zigeuner entzogen sich dem.

Zu gleicher Zeit keimte aber auch ein erstes Interesse an der Kultur der rätselhaften Minderheit. Dem deutschen Aufklärer Johann Rüdiger fiel als Erstes die Ähnlichkeit ihrer Sprache mit dem altindischen Sanskrit auf. Der deutsch-baltische Dichter Johann Gottfried Herder entwickelte den Gedanken, dass alle Völker gleich viel wert seien – was wenigstens im Prinzip auch für die Roma gelten muss. In der Romantik dann, als überall die »Volkskunst« beliebt war, wurden die Zigeuner zum großen Faszinosum: Sie wurden gemalt, bedichtet, verklärend beschrieben. Was es an Unbehagen an der aufkommenden industriellen Zivilisation und ihren Zwängen gab, fand in den »wilden« und »unordentlichen« Zigeunern ein willkommenes Gegenbild. So ging es gut hundert Jahre hin und her: Die einen nahmen schnell die Wäsche von der Leine, wenn ein Treck mit Wohnwagen am Horizont erschien, die anderen erfreuten sich in der Oper an der rassigen Carmen und sangen verklärt: *Die Liebe gleicht Zigeunerart / Für sie ist keinerlei Gesetz gemacht.* Viele romantische »Ethnologen« taten auch beides gleichzeitig, ohne sich mit dem Widerspruch weiter aufzuhalten.

Nazis, Schwärmer, Kommunisten

Die deutschen Nationalsozialisten schließlich führten den »ethnologischen« und den »soziologischen« Blick auf die Roma auf eine perfide Weise zusammen. Eigentlich hingen sie nach ihrer Rassenlehre dem »ethnologischen« Paradigma an. Zigeuner waren für sie nicht bloß ein Volk mit einer besonderen Kultur. Hinter jeder Kultur stand immer eine »Rasse«. Die Roma mit ihrem dunklen Teint und ihren schwarzen Haaren schienen für den engen Zusammenhang zwischen Volk, Kultur und Rasse sogar ein besonders schlagendes Beispiel zu sein. Man wusste, dass sie aus Indien kamen und eine indogermanische oder »arische« Sprache von dort mitgebracht hatten. Damit hätten sie eigentlich zur Rassenelite Europas gehören müssen. Ihre Lebensweise hätte sie sogar zu einer Art »edlen Wilden« prädestiniert, für die die Nazis sonst eine Schwäche hatten – wenigstens dann, wenn sie in Amerika und nicht in Deutschland lebten. Andererseits erbten die Nazis von ihren Vorläufern aber die rigorosen, oft zwanghaften Ordnungsvorstellungen, die sich seit der Gründung des Deutschen Reiches 1871 in peniblen »Landfahrerverordnungen« niedergeschlagen hatten. Zigeuner galten als liederlich und latent kriminell und waren strenger Zucht zu unterwerfen.

Der Reichsführer der SS, Heinrich Himmler, der für solche Widersprüche gern sein spitzfindiges Hirn anstrengte, verfiel in dem Dilemma auf einen Kniff. Er machte den jungen Psychiater Robert Ritter zum Leiter einer »Rassenhygienischen Forschungsstelle am Reichsgesundheitsamt« und ließ den Mann die Roma rassenkundlich begutachten. Ritter fand heraus, dass neun von zehn »Zigeunern« in Wirklichkeit »Zigeunermischlinge« waren, und löste so das ideologische Problem. Rassenmischung nämlich war in der Klassifikation des Nationalsozialismus das Schlimmste: Besser ein

»reinrassiger« Chinese, »Neger« oder »Zigeuner« als ein »Mischling«. Mit Ritters Forschungen war nun neben dem soziologischen oder polizeilichen auch das passende ethnologische oder rassische Argument gegen die real existierenden Zigeuner zur Hand. Die Vernichtung der Sinti und Roma konnte beginnen.

Die Kommunisten schließlich konnten sich erst nicht recht entscheiden, welcher der beiden Sichtweisen sie den Vorzug geben sollten. In den Ostblock-Ländern gaben sie sich ab Mitte der Fünfzigerjahre streng »soziologisch« und versagten der Roma-Minderheit die staatliche Anerkennung. Ihre Genossen in Jugoslawien entschieden sich für die »ethnologische« Variante und unterstützten aktiv die Formation der Minderheit. In der Sowjetunion herrschte erst dieses, dann jenes Muster vor. So widersprüchlich ist es auch in den postsozialistischen Staaten im Wesentlichen geblieben. Im Westen wechselten die Moden rasch ab: In den »soziologischen« 1970er Jahren war man davon überzeugt, dass Bildung, Sozialwohnung und ein fester Arbeitsplatz alle Unterschiede zum Verschwinden bringen würden. In den 1980er Jahren, als »Identität« und »Differenz« zu den großen Themen wurden, und in den Neunzigern mit ihrem Lob der Verschiedenheit oder »Diversität« und der »multikulturellen Gesellschaft« schlug das Pendel dann kräftig in die andere Richtung. Der erneute Rückschlag lässt auf sich warten.

Eine Kultur der Roma gibt es also durchaus, aber als Merkmal der Abgrenzung gegen andere, vor allem gegen die unmittelbaren Nachbarn auf dem Balkan, taugt sie schlecht. Für den bekannten bosnisch-serbischen Regisseur Emir »Nemanja« Kusturica sind die Roma eben damit zur Metapher für die ganze Region geworden. In seinen faszinierenden Filmen *Zeit der Zigeuner* und *Schwarze Katze, weißer Kater* zeigt er die Roma als Meister der individuellen Lebenskunst, die freilich nie ein ordentliches Staatswesen zusammenbringen werden und damit die natürlichen, wirklich menschlichen Gegenspieler zur Normierung, Vereinheitlichung und Nationalisierung des Balkan sind, zu Trends also, die alle aus dem Westen kommen. Auch das Serbentum, dem der gebürtige Bosniake Kusturica sich zuwandte, war für ihn nichts national

Exklusives, sondern im Gegenteil die Negation zu Staat und Nation im westlichen Sinne und Hingabe an den bunten Balkan. Identität, so schien es Kusturica, haben die Roma nicht nötig. Man feiert, betet, kleidet sich und verdient sein Geld auf eine Weise, dass alle anderen sagen: Aha, Roma! Selbst aber bedeutet ihnen das nichts. Der Wunsch der Kroaten und Kosovo-Albaner, nach westlichem Vorbild Nationalstaaten zu gründen, drohte dieses letzte Reservat reiner, unvermittelter Menschlichkeit zu zerstören. Folgerichtig hat sich der Nationalismus der Neunzigerjahre in Serbien nicht gegen die Roma gewandt, obwohl sie doch in Lebensweise und Erscheinungsbild von den Serben viel stärker abwichen als etwa die Kroaten und selbst die Albaner und die bosnischen Muslime.

Erste Schritte in die Welt der Politik

Ernste Versuche, auch aus dem Leben der Roma in Südosteuropa eine nationale Identität zu basteln, haben erst um 1970 begonnen; wirklich geglückt sind sie nicht. Als früheste politische Versammlung gilt in der Roma-Geschichtsschreibung ein sagenhaftes Treffen im Jahr 1879 in einem Ort namens Kisfalu. Ob es überhaupt stattgefunden hat und wenn ja, welchen Charakter es hatte, ist ungewiss. Die Forschung ist sich nicht einmal sicher, wo dieses Kisfalu (ungarisch für »kleines Dorf«) liegt; einige meinen bei Košice in der heutigen Slowakei, andere glauben, es handele sich um den Ort Pordašinci im heutigen Slowenien. Noch weniger weiß man, was die möglichen Teilnehmer gewollt haben können. Von nationaler Identität war jedenfalls noch lange nicht die Rede. Ein Vierteljahrhundert später, 1905, traten Roma in Bulgarien erstmals politisch auf und forderten so ziemlich das Gegenteil von Autonomie: Sie wollten das Wahlrecht wiederhaben, das ein Gesetz ihnen genommen hatte, also als gleichberechtigte Bulgaren gelten. Auch die Sprache und Identität waren noch kein Thema. Die erste Roma-Zeitung, die sie 1923 herausgaben, war auf Türkisch, der Muttersprache vieler bulgarischer Roma, und hieß *Istikbal* (Zukunft). Wenig später schlossen sich im siebenbürgischen Fagarasch Roma unter Führung eines wohlhabenden Landsmanns zusammen und gründeten ebenfalls eine Zeitung, *Neamul Ţiganesc* (Das Zigeunervolk) – auf Rumänisch. Erst die junge Sowjetunion, bemüht, mit dem Imperialismus des Zarenreichs zu brechen, förderte Literatur auf Romanes und ermunterte sogar die Gründung einer *Allrussischen Zigeunerunion*. Jugoslawien folgte 1935 mit *Romano Lil* (Die Roma-Letter), der ersten Zeitung auf Romanes. Ein langes Leben war schon aus wirtschaftlichen Gründen keinem dieser Blätter beschieden. Die einzige nennenswerte Roma-Organisation im Europa der Zwischenkriegszeit war die *Generalunion* in Rumänien, die eng mit Kirche und Staat kooperierte und es zeitweise auf etliche lokale Organisationen brachte. Im Zweiten Weltkrieg war sie verboten, gründete sich nach dem Krieg wieder neu und wurde dann bald von den Kommunisten aufgelöst.

Osteuropa, wo die weitaus meisten Roma lebten, war für Selbstorganisation nach dem Zweiten Weltkrieg kein gutes Pflaster; die Kommunisten beobachteten jede politische Aktivität mit Argwohn. So gingen in der Nachkriegszeit die Impulse für die Roma-Bewegung auch nicht von hier, sondern von Deutschland und Frankreich aus. 1956 gründete das Heidelberger Brüderpaar Oskar und Vinzenz Rose einen *Verband rassisch Verfolgter nichtjüdischen Glaubens*. Er verfolgte das Ziel, den Massenmord an deutschen Sinti und Roma ins deutsche nationale Gedächtnis zu holen. Ein Bewusstsein, dass ihnen Unrecht geschehen war, war in der deutschen Öffentlichkeit damals kaum vorhanden. Die kulturellen Besonderheiten der Sinti waren dagegen nicht das Thema der Roses; die Verfolgung und Verachtung sorgte schon für mehr »Identität«, als den Sinti in Deutschland lieb war.

Die Roma-Nationalbewegung

Einen ersten, aber kräftigen nationalen Ton schlug die *Communauté Mondiale Gitane* an, die Zigeuner-Weltgemeinschaft, die der aus Rumänien stammende Ionel Rotaru 1959 in Montreuil-sous-Bois bei Paris ins Leben rief. Der Rumäne, der sich nach den alten transsilvanischen Anführern »Wojwode« und darüber hinaus »oberster Häuptling« der Roma nannte, wollte ein Roma-Reservat in Frankreich und ein Vaterland, ein »Romanestan«, in Somalia gründen und ließ sogar Pässe dafür drucken. 1965 löste die französische Regierung die Weltgemeinschaft auf. Sein Stellvertreter Vanko Rouda machte schließlich mit einem bescheideneren *Comité International Tzigane* weiter.

Die Idee von einem Romanestan klingt vielleicht kurios. Aber waren nicht auch die Ideen von Theodor Herzl belächelt worden, dem Begründer des Zionismus? Dennoch hatten sie Hunderttausende Juden wortwörtlich in Bewegung gebracht. Zur Nation gehört für die meisten Menschen eine irgendwie geartete Bindung an ein Territorium, an eine »Urheimat« etwa oder an ein »gelobtes Land«. Volk sein kann man auch in der Zerstreuung, der Diaspora, Volk werden aber nicht. Es gab in den Sechzigerjahren auch erstmals einen Nationalismus von links: Der chinesische Parteichef Mao Tse-tung, der damals in der Szene der studentischen Rebellen gründlich studiert wurde, setzte weltweit auf den Befreiungskampf unterdrückter Völker. In den USA machte die Black-Power-Bewegung der Schwarzen von sich reden. Der schwarze Nationalist Malcolm X forderte für die Nachfahren der afrikanischen Sklaven ein eigenes Territorium, bevor sie nach Afrika zurückkehren würden. Das kritische Frankreich schließlich stand noch ganz im Bann der Entkolonisierung. Der Algerien-Krieg war noch keine zehn Jahre vorbei, und der führende Denker der Nation, Jean-Paul Sartre, popularisierte die Schriften der Befreiungsphilosophen Frantz Fanon und Aimé Césaire. Es war die Zeit der sozialutopischen Modelle, die freilich fast alle schon aus Mangel an Territorium scheiterten. Heraus kamen in Europa dabei die »Freistadt Christiania« in Kopenhagen und, als Nachzügler, die »Freie Republik Wendland« in Niedersachsen. Soziale Bewegungen entdeckten den Charme nationaler Lösungen. Die Idee einer Roma-Nation lag in der Luft.

Dass die Welteinheit der Roma nicht bloß ein Projekt der Hippie- und Beatnik-Kultur jener Jahre blieb, lag an dem einzigen kommunistischen Land, das bei der rigorosen Politik der Assimilierung und Volkserziehung im Ostblock nicht mitgemacht hatte: an Jugoslawien. 1969 gründete der Schriftsteller und Freiheitskämpfer Slobodan Berberski, Mitglied des Zentralkomitees des Bundes der Kommunisten Jugoslawiens, im ganzen Land die »Rom-Gesellschaften für Bildung, Forschung und soziale Fragen«, selbstverständlich mit Zustimmung Titos. Dem jugoslawischen Diktator kam das sehr zupass. Tito war dabei, seinen Staat in ein kompliziertes Mobile aus nationalen Gemeinschaften umzubauen, die nur durch einen seidenen Faden in Balance gehalten wurden: durch ihn selbst. Jede neue Nationalität kam gerade recht, um der Übermacht der zahlenmäßig großen, selbstbewussten Nationen Grenzen zu setzen. Für 1971 stand wieder eine Volkszählung an, die über die Größe der jugoslawischen Nationen und damit über die Macht ihrer Vertreter entschied. Außerdem war das Engagement für die »Verdammten dieser Erde« geeignet, Titos Staat international weiteres Ansehen zu verschaffen. Schließlich ergab sich die günstige Gelegenheit, über die Roma die Beziehung Jugoslawiens zu Indien zu vertiefen, ihrem Herkunftsland, das schon seit Nehrus Zeiten als Mitglied der Blockfreien-Bewegung mit Jugoslawien verbunden war. Pläne, einen Weltkongress zu veranstalten, stießen bei der jugoslawischen Staats- und Parteiführung auf Wohlwollen; als der Kongress 1971 in Orpington bei London dann stattfand, schickte Belgrad die stärkste Delegation. Das Engagement zahlte sich aus: Berberski wurde erster Präsident des neu gegründeten *Roma-Weltkongresses*. Beim zweiten Kongress sieben Jahre später folgte ihm, jetzt als Präsident der neu gegründeten *Roma-Weltunion*, Sait Balić aus dem serbischen Niš, und ein weiterer Jugoslawe, Rajko Djurić, wurde Generalsekretär.

Beförderung zum eigenen Volk

Dass man aus einer Unterschicht eine Nation macht, um sie zu emanzipieren, kommt Westeuropäern komisch vor. In den Imperien Osteuropas war das aber ein gängiges Muster. Slowaken, Slowenen, Bulgaren, die Ruthenen in den Ostkarpaten und die Rumänen in Siebenbürgen und im russischen Bessarabien waren bis weit ins 19. Jahrhundert einfach Bauern mit einem eigentümlichen Dialekt, für den sich niemand besonders interessierte. Wenn sie in die Stadt umzogen, wie es im 19. Jahrhundert massenhaft vorkam, und zu Arbeitern oder gar zu Bürgern wurden, fingen sie ganz automatisch an, Deutsch, Ungarisch, Türkisch oder Russisch zu sprechen. Als es zu viele wurden, wollten sie das nicht mehr, und vor allem schätzten sie es nicht, dass jemand sich über ihren Akzent und ihre Grammatikfehler lustig machte. So »emanzipierten« sie sich der Reihe nach, bekamen einen offiziellen Namen, eine Flagge, eine Hymne, erfanden eine nationale Heldengeschichte, ließen einen Dichterfürsten das Nationalepos schreiben, und die Regierung ihres Reiches gestand ihnen je eine Universität, ein Nationaltheater und eine Akademie der Wissenschaften und schönen Künste zu. Das alles geschah in wenigen Jahrzehnten und mit Zustimmung des Hofes in Wien oder auch in Moskau, der rasch die Vorteile einer möglichst »vielfältigen« Bevölkerung erkannte: Je vielfältiger, desto weniger würden die Untertanen geneigt sein, sich zusammenzuschließen und Revolution zu machen. Betrieben wurde das nationale Konzept nicht von den Bauern, sondern von gebildeten Bürgern, die im günstigsten Fall noch bäuerliche Großeltern hatten und ihre angeblich vergessene, »eigene« Sprache erst einmal lernen mussten, manchmal auch einfach von Romantikern, die ihre Träume vom echten, wahren Leben in das Bauerntum in ihrer Umgebung projizierten.

Jugoslawien, entstanden aus Teilen Österreich-Ungarns und des Osmanischen Reiches, wandte sich zu kommunistischer Zeit diesem Muster wieder zu. Mit den Mazedoniern und den bosnischen Muslimen entstanden noch einmal zwei neue Nationen, und auch die Albaner im Kosovo, die sich bis dahin als Verwandtschafts- oder Stammesverbände organisiert hatten, bekamen nach und nach die Insignien einer Nation verliehen.

So sollte es nun auch mit den Roma geschehen, den letzten, die ganz ohne nationale Weihen geblieben waren. Auf dem ersten Weltkongress 1971 gaben die Delegierten ihnen an Ort und Stelle schon einmal einen weltweit gültigen Namen, eine Hymne sowie eine Flagge und gründeten ein Institut für Literatur und Folklore.

Der Tag der Eröffnung des Kongresses, der 8. April, wurde zum weltweiten Nationalfeiertag erklärt. Die neue Hymne, das elegische *Djelem, djelem!,* beruht auf einer alten Volksweise und wurde von dem jugoslawisch-französischen Roma-Dichter Žarko Jovanović mit einem schönen, romantischen Text versehen. Von der früheren rumänischen *Generalunion* wurde die blau-grüne Flagge übernommen und um das Chakra ergänzt, das alte Radsymbol der Hindus, das auch in der indischen Nationalflagge Verwendung gefunden hat. Nach den rein formalen Anforderungen, die früher die Höfe in Wien, Moskau oder Istanbul gestellt hatten und die jetzt für die Kommunisten in Jugoslawien oder in der Sowjetunion galten, waren die Roma nunmehr eine »Nation«.

Im Falle der Slowenen oder Slowaken war das Konzept erfolgreich: Aus ihnen sind tatsächlich Nationen geworden, später sogar staatstragende. Bei den Roma aber trug das Nationalkonzept nicht; sie sind ihre Rolle als Unterschicht nicht losgeworden. Zur Nation wurden Slowenen und Slowaken, als ihre Aufsteiger zu zahlreich geworden waren, um sich noch willig zu assimilieren. So zahlreich aber wurden die Aufsteiger der Roma nie. Wer es schaffte, aus der Wohnwagenkultur oder aus den Armutsvierteln in Osteuropa auszusteigen, legte meistens innerhalb einer Generation die Erinnerung an seine Herkunft ab. Jede Verbindung mit den Verachteten hätte sofort Ressentiments wachgerufen und den sozialen Aus- und Aufstieg empfindlich gestört. So ist es im Großen und Ganzen bis heute geblieben.

Warum die Nationsbildung nicht funktioniert hat

Anders als zum Beispiel slowenische Bürger, Bauern und Arbeiter bilden die drei Gruppen der Roma nicht die Schichten einer Gesellschaft. Als die Slowenen zur Nation wurden, beschäftigten slowenische Unternehmer slowenische Arbeiter, und alle aßen sie das, was slowenische Bauern anbauten. Bei den Roma war das nie so: Die Traditionellen verkauften ihre Produkte ausschließlich an Nicht-Roma, die Bettler betteln nur Nicht-Roma an. Die Assimilierten schließlich haben mit den anderen Roma nichts zu tun. Untereinander bilden die drei soziologischen Gruppen der Roma keine Gesellschaft, auch keine »Parallelgesellschaft«. Man könnte auch sagen: Sie sind zu gut »integriert«, um eine Nation zu sein. Wenn es um Bettler geht, mag das zynisch klingen. In Wirklichkeit wirft es nur ein Licht auf unseren Begriff von der Integration. Ohne dass wir uns das klarmachen, stellen wir uns unsere Gesellschaft als eine Gesellschaft der Gleichen oder wenigstens der Chancengleichen vor, wenn wir von Integration sprechen. In Wirklichkeit bestehen unsere westlichen Gesellschaften noch immer aus Armen und Reichen, Mächtigen und Machtlosen. »Integriert«, und zwar nicht nur wirtschaftlich, ist streng genommen auch jeder Sklave. »Den Begriff Integration verwende ich nicht«, sagt der ungarische Roma-Staatssekretär Zoltán Balog daher nicht ohne Grund.

Ein wichtiges Merkmal für eine nationale Gruppe ist die Sprache. Das Romanes mit seinem indischen Grundwortschatz ist ein Unikum und verbietet es, die kulturellen Gemeinsamkeiten der Roma einfach vom Tisch zu wischen und sie zu einer bloßen Unterschicht zu erklären. Bei näherem Hinsehen taugt das Romanes aber auch nicht als Nationalsprache. Zunächst sprechen längst nicht alle Roma in Ost- und Südosteuropa Romanes. Genaue Angaben gibt es nicht, aber die Forscher schätzen, dass es in Tschechien und der Slowakei höchstens die Hälfte sind, in Ungarn gerade 20 Prozent. Höher ist der Anteil in Rumänien und Bulgarien und am höchsten in den Westbalkan-Ländern Albanien und Mazedonien, dort also, wo es große, geschlossene Roma-Siedlungen gibt. Das wäre für die Konstruktion einer lebendigen Sprache noch kein Hindernis; schließlich sind auch andere Sprachen, wie das Griechische oder das Hebräische, von Nationalbewegungen wiederbelebt und verbreitet worden. Beim Romanes ist es aber komplizierter. Indisch ist ein Grundschatz von etwa 700 Wörtern, hinzu kommen noch einmal siebzig persische, dazu eine Reihe grammatischer Besonderheiten. Aber nicht alle 770 »echten« Roma-Wörter finden sich auch in jedem Dialekt wieder. Reines Romanes gibt es nicht; überall ist der Wortschatz stark mit je verschiedenen Einsprengseln aus den Sprachen der Umgebung versetzt. Zur Kommunikation über die Landesgrenzen eignet die Sprache sich nur bedingt. Zwar machen Roma aus verschiedenen Ländern immer wieder die schöne Erfahrung, dass sie sich mit anderen irgendwo in Europa durchaus verständigen können. Oft aber, sagt Heinschink, macht eine andere Betonung ein Wort unerkennbar. Es gibt auch, ähnlich wie in den einander ähnlichen slawischen Sprachen, jede Menge »falsche Freunde«: Die Worte klingen gleich, haben aber jeweils eine andere Bedeutung. Romanes ist vor allem eine Familiensprache. Eine »Sprechergemeinschaft« mit eigenen Medien und eigener Öffentlichkeit gibt es auf überörtlicher Ebene kaum. Versuche, die Sprache zu standardisieren, erweisen sich schon unter den Sprechern derselben Zweitsprache als vertrackt. In der Ostslowakei und in Serbien gibt es immerhin eine Standardvariante, auch in Rumänien, wo eine archaisierende Form für den Schulunterricht benutzt wird.

Wenn die Roma schon keine Nation sein können, dann könnten sie doch wenigstens eine nationale oder internationale Bewegung bilden, die die gemeinsamen Interessen formuliert und durchsetzt. Aber auch die Romani-Nationalbewegung ist kein richtiger Erfolg geworden. Daran sind nicht allein die Aktivisten schuld. Autonomie, etwa nach dem Vorbild etwa der Südtiroler oder der Åland-Schweden, kann sie auf Sicht nicht anstreben. Dazu fehlen den armen Roma-Gemeinschaften nicht nur die wirtschaftlichen und sozialen Voraussetzungen, sondern vor allem das Land. Was »Autonomie« für eine verstreut lebende Volksgruppe bedeuten kann, hat auch im virtuellen Zeitalter noch niemand herausgefunden. In einer pluralistischen Gesellschaft bringt sie es im besten Falle zu einer Art Partei – aber zu einer, die nie eine Chance auf die Mehrheit hat, mit der allein sie ihre Forderungen durchbringen könnte. Den entgegengesetzten Weg, die restlose Eingliederung in die Mehrheitsgesellschaft, konnte die Roma-Bewegung ebenso wenig beschreiten. Wer eine Volksgruppe mobilisieren will, muss gerade auf die Besonderheit, auf die Unterschiede setzen. So verhungert die Roma-Nationalbewegung wie Buridans Esel zwischen zwei Heuhaufen. Ihre Basis ist schwach, Aktionen sind selten. Gegen die Verelendung der meisten Roma nach dem Fall des Eisernen Vorhangs fehlte ihr das Rezept. Wenn die Bewegung überhaupt etwas erreicht hat, dann nur mit Hilfe mächtiger Alliierter. Ihr wichtigster Verbündeter war zunächst das Entsetzen ganz Europas über die Vernichtungspolitik und den Rassismus der Nationalsozialisten, in Deutschland auch das schlechte Gewissen. Heute ist es die massenhafte Einwanderung aus dem Osten und dem Süden, die überall dazu führt, dass Nationen sich kulturell öffnen und neu definieren. Für Erfolge aus eigener Kraft bieten die modernen Gesellschaften einer Roma-Bewegung kaum Möglichkeiten.

Wer ist Roma und wer nicht?

Trotz präziser Volkszählungen, in denen nach der »Nationalität« gefragt wird, herrscht eine große Verwirrung, wie viele Roma es gibt, und damit auch über die Frage, wer Roma ist und wer nicht. In der rumänischen Volkszählung des Jahres 2011 kreuzten bei der Nationalität 619 000 Menschen »Roma« an. Freund und Feind schätzen die Roma-Bevölkerung des Landes aber auf 1,8 bis 2,5 Millionen. Der Europarat, der sich der Interessen der Roma schon seit den späten Sechzigerjahren annimmt, veröffentlicht zusätzlich zu den offiziellen Volkszählungsdaten jeweils eine »minimale«, eine »maximale« und eine »durchschnittliche Schätzung«. In den westlichen Ländern ist man auch allein auf solche Schätzungen angewiesen, denn nirgendwo – außer in Irland – wird bei einer Volkszählung nach der Nationalität gefragt. In Rumänien liegt die »mittlere Schätzung« beim Dreieinhalbfachen der offiziellen Zahl, in Bulgarien über dem Doppelten, in Ungarn beim Vierfachen, in Serbien, in der Slowakei und der Ukraine jeweils beim Fünfeinhalbfachen und in Tschechien sogar beim Siebzehnfachen dessen, was die Volkszählung ergeben hat.

Die Erklärungen, die man für diese enorme Abweichung bekommt, sind in sich halbwegs plausibel, können zusammengenommen das Phänomen aber nicht erklären. So kann man hören, dass viele sich vor Diskriminierungen fürchten und andere gar nicht polizeilich gemeldet sind, bei Volkszählungen also auch nicht erfasst werden. Tatsächlich müssen Roma vielerorts Angst vor Diskriminierung haben, und vor Erfassungen aller Art herrscht eine historisch gut begründete Scheu. Diskriminierung entgehen Roma aber nicht durch ihre Selbstdeklaration bei der Volkszählung. Roşia bei Sibiu zum Beispiel ist – für jeden sichtbar und für alle aus den Nachbarorten klar und unmissverständlich – ein Roma-Dorf mit 1200 Zigeunern und etwa 200 Rumänen. Als Roma haben sich bei der Volkszählung aber nur zwei Dutzend Einwohner deklariert. Auch wenn manche Roma im Melderegister nicht verzeichnet sind und deshalb weder zur Schule gerufen werden noch Sozialhilfe bekommen, so handelt es sich dabei doch um ein Problem einer kleinen Minderheit; in Rumänien wird sie auf vier bis fünf Prozent der Roma geschätzt.

Der nächstliegende Schluss aus der hohen Abweichung zwischen erhobenen und geschätzten Roma-Zahlen ist, dass die meisten Roma keine Roma sein wollen – weil es sie nicht mit Stolz erfüllt, Angehöriger einer verachteten Minderheit zu sein, und weil es ihnen offenbar auch keine Selbstverständlichkeit ist, zu der Volksgruppe zu gehören. Dahinter lauert aber eine zweite, weit brisantere Frage: Was macht einen Menschen zum Roma, wenn er keiner sein will? In modernen Staaten, auch in Osteuropa, gilt es als unzulässig, jemandem eine Identität anzuheften, die er gar nicht haben will. Ob jemand zu einer »Nation« im osteuropäischen Sinne gehört oder nicht, lässt sich nicht objektiv feststellen; so etwas haben die Nazis versucht, als sie mit Schädelmessungen die »Arier« von »Nichtariern« unterscheiden wollten. Nationalität ist in Osteuropa keine Augenfarbe, sondern ein subjektives Kriterium. Wenn im früheren Jugoslawien Serben oder Kroaten behaupteten, die Bosniaken seien »eigentlich« Serben bzw. Kroaten, so galt das mit Recht als nationalistischer Übergriff. Erklärt man jemanden aber gegen seinen Willen zum Roma, so gilt das durch den guten Zweck als gerechtfertigt. Je mehr Roma es gibt, desto größer das politische Gewicht ihrer Vertreter. Damit stehen dann Ursache und Wirkung auf dem Kopf: Nicht weil es so viele Roma gibt, dürfen ihre Vertreter Gehör verlangen. Sondern weil die Roma-Politiker Gehör finden sollen, müssen viele Bürger als

Roma identifiziert werden. Schuld an diesem Missverhältnis sind, wie noch zu zeigen sein wird, allerdings am wenigsten die Roma-Vertreter selbst.

»Roma« oder »Zigeuner«

Ein Meilenstein auf dem Weg zur »inter-nationalen« Einheit war die Durchsetzung des Wortes Roma; es ist allerdings ein brüchiger Meilenstein geblieben. Ein einheitliches Wort für die randständigen Volksgruppen, von denen viele umherzogen, eine fremde Sprache sprachen oder eine bronzene Hautfarbe hatten, gab es vor 1970 nicht. Von den anderen wurden sie entweder »Zigeuner« oder »Ägypter« genannt. Das Wort Zigeuner kommt sehr wahrscheinlich vom griechischen *Athinganoi* (Ἀθίγγανοι), die Unberührbaren. Das muss aber nicht heißen, dass die Vorfahren der Roma »unberührbar« waren wie die Kastenlosen in Indien. Möglicherweise verweist der Ausdruck auch auf die Athinganen, eine Sekte in der Türkei. Wie die Roma zu deren Namen kamen, ist schleierhaft. Das Zigeunerwort ist als *aţigani* erstmals 1385 im Rumänischen belegt und findet sich außer im Deutschen auch im Niederländischen und in den nordischen Sprachen, im italienischen *zingari* und im französischen *tziganes* wieder, darüber hinaus in allen osteuropäischen Sprachen. Die »Ägypter« sind in den englischen *gypsies*, den französischen *gitans* und den spanischen *gitanos* wiederzuerkennen. Als die ersten Roma im 15. Jahrhundert in Westeuropa auftauchten, dachte man, sie kämen aus Ägypten oder »Klein-Ägypten«, wo immer das sein sollte. Heute bezeichnet sich ein Teil der Roma aus Mazedonien und dem Kosovo selbst als Ägypter. Neben »Zigeuner« und »Ägypter« gab es auch eine Reihe Eigenbezeichnungen, von denen man mangels verlässlicher Quellen heute nicht mehr recht weiß, was damit eigentlich gemeint war: ob alle, die von den anderen als Zigeuner bezeichnet wurden, ob eine Teilgruppe davon oder sogar die ganze Menschheit. Das Wort Sinti, das in Deutschland und in Norditalien verwendet wird, ist erstmals im späten 18. Jahrhundert belegt. *Kalé*, wie sich viele Roma in Spanien und Finnland nennen, heißt »Schwarze« und ist damit sicher eine übersetzte Fremdbezeichnung. Das im französischen Sprachraum übliche *Manouche* – wie das niederländische *Manoesj* – ist einfach das Romanes-Wort für Mensch. Wohl deshalb hält sich hartnäckig das Gerücht, »Roma« heiße »Menschen«. Das aber stimmt nicht.

Roma ist der Plural des Romanes-Wortes *rom*, das Ehemann oder einfach Mann bedeutet. Es eignete sich deshalb gut zur Volksbezeichnung, weil keine Roma-Frau oder *romni*, die von »unseren Männern« als *amare roma* sprach, damit irgendwelche Ungarn, Deutschen oder Franzosen meinte. Das Gleiche galt selbstverständlich von »unseren Frauen« oder *amare romnija*. Für die Gatten und die Kinder der »anderen« gibt es im Romanes eigene Wörter. Seit wann Roma ausdrücklich als Volksbezeichnung verwendet wird, ist unklar. Ethnologen sprachen schon im 19. Jahrhundert von »Rom-Zigeunern«, wenn sie die Zuwanderer aus Rumänien meinten; die Nazis übernahmen die Terminologie und wiesen 1943 »Zigeunermischlinge, Rom-Zigeuner und nicht deutschblütige Angehörige zigeunerischer Sippen balkanischer Herkunft« in KZs ein. Gemeint waren mit »Rom« solche Zigeuner, die zur Vlach-Dialektgruppe gehörten und ursprünglich aus Rumänien kamen. Als erster Verband hatte dort die schon erwähnte *Generalunion* 1933 das Wort Roma in ihren Namen aufgenommen. Überall sonst hatten Vereine in der Nachkriegszeit selbst entweder von »Zigeunern« gesprochen, wie noch 1955 das deutsche *Zentralkomitee der Zigeuner*, oder, wie der ebenfalls deutsche *Verband der Verfolgten nichtjüdischen Glaubens*, gar keinen Volksnamen verwendet. In Frankreich war auch unter Roma-Aktivisten bis 1970 durchgängig von *tziganes* die Rede. In Großbritannien nennt sich die Selbstvertretung der Roma auch heute noch *Gypsy Council*. Heute hat das Wort Roma zwei Bedeutungen: Es bezeichnet die Vlach-Leute aus Rumänien und zugleich alle, die früher als Zigeuner bezeichnet wurden. Es verhält sich also ähnlich wie mit dem Wort Holländer, das ebenfalls zwei Bedeutungen hat: Es meint im engeren Sinne die Bewohner der Provinzen Nord- und Südholland und zugleich alle Niederländer, also auch alle Brabanter, Friesen, Limburger.

Man hing nicht an der bloß vorgestellten, real nicht erfahrbaren Gemeinschaft der Roma in aller Welt und schon gar nicht am Wort dafür; entsprechend leicht fiel es den Vertretern auf dem Weltkongress 1971, den Namen Roma (oder Romani) überall durchzusetzen. Widerspruch kam vor allem aus Deutschland, wo sich die Brüder Vinzenz und Oskar Rose seit zwanzig Jahren bemühten, in der Öffentlichkeit ihres Landes das Wort »Zigeuner« durch die Bezeichnung »Sinti« zu ersetzen; schon 1952 hatten sie einen Verband deutscher Sinti gegründet. Man einigte sich als Kompromiss wenigstens für Deutschland auf die merkwürdige Doppelformel Sinti und Roma (in Österreich: Roma und Sinti). Im Februar 1972 wurde der *Zentralrat der deutschen Sinti und Roma* gegründet; das Wort Sinti steht für die seit langem in Deutschland Lebenden, die von Anfang an deutsche Staatsbürger waren und die von den Nazis wegen ihrer »Rassenzugehörigkeit« nicht selten aus einem grundbürgerlichen Leben gerissen wurden – wie der Vater der Rose-Brüder, der eine ganze Kinokette betrieb. Als »deutsche Roma« galten die Menschen, deren Vorfahren seit der Mitte des 19. Jahrhunderts aus Südosteuropa nach Deutschland gekommen waren, im Wesentlichen also die, die von den Nazis Rom-Zigeuner genannt wurden. In internationalen Roma-Kreisen haben die »preußischen Zigeuner«, die Sinti, mit ihrer Betonung der jahrhundertelangen Zugehörigkeit zu Deutschland den Ruf, kurios, wenn nicht arrogant zu sein. In Rumänien und Ungarn, weniger im früheren Jugoslawien, nennen sich manche Roma und auch ganze Roma-Gruppen auch heute noch selbst Zigeuner. Manchmal mischt sich Selbstverachtung in das trotzige Beharren auf dem Wort, manchmal will man wohl einfach nur ausdrücken, dass man »nichts Besonderes« sein will und hohe Ansprüche, internationale sogar, sowieso nicht erfüllen könnte. In Deutschland überraschte eine in Köln ansässige »Sinti-Allianz« in der Debatte um ein Mahnmal für die ermordeten Sinti und Roma mit der Anregung, dabei doch wieder von »Zigeunern« zu sprechen. Wen die »Allianz« eigentlich repräsentiert, ist ungewiss; außer der munteren und unkonventionellen jungen Vorsitzenden Natascha Winter ist niemand öffentlich bekannt. Im Kosovo gibt es neben den Roma und den Ägyptern die Ashkali, die Albanisch sprechen. Dialektal sind noch vereinzelt in Rumänien die Tataren oder Tattern in Gebrauch, in Frankreich auch die Sarazenen.

Sicher ist, dass dem Wort »Roma« vor dem deutschen Wort »Zigeuner« der Vorzug zu geben ist. Wer sich als Roma bezeichnet, kann sich als »Zigeuner« beleidigt fühlen. Umgekehrt ist das nicht der Fall. Auf ein Nationalgefühl darf man aus der bloßen Existenz des Wortes Roma aber nicht schließen. Der Begriff, der dahintersteht, unterscheidet sich von dem des »Zigeuners« nicht; nur schwingt in dem neuen Wort nicht die jahrhundertelange Verachtung mit. Das Roma-Wort als internationaler Volksname wurde auf Kongressen geboren und setzte sich nur mangels Widerstand so rasch durch. Roma-Selbstbewusstsein kann man heute durchaus antreffen, vor allem aber in der Emigration; in Südosteuropa paart es sich oft mit Sarkasmus über die eigenen Leute, und nicht selten werden ungeliebte oder problematische Gruppen aus dem Begriff ausgegrenzt. Wirklichen Kollektivstolz empfinden Roma, wenn überhaupt, meistens mehr für ihre weitere Familie oder auch den »Stamm«, wie die Kalderasch oder die Lovara.

Das Wir-Gefühl und das Ihr-Gefühl

Stärker als das Wir-Gefühl ist unter den ost- und südosteuropäischen Roma das »Ihr-Gefühl«: Anders als das Wort für das eigene Volk hat das Wort für die Nicht-Roma, Gadscho oder in der Mehrzahl Gadsche, in der Umgangssprache seinen festen Platz. Ob jemand Deutscher ist, Rumäne oder Serbe, Christ oder Muslim, ist egal: Gadscho ist Gadscho. Nur die Juden sind traditionell von dem Begriff ausgenommen, und die Roma im Kosovo machen einen Unterschied zwischen Serben und Albanern: Nur Albaner sind Gadsche, Serben dagegen nennt man »Das«. Von Gadsche kann man auch sprechen, wenn man sich selbst nicht als Roma bezeichnen möchte. Das ist nicht so überraschend, denn wenn man einen Begriff von »den anderen« hat, muss man noch lange keinen von der eigenen Gruppe haben: Die anderen sind komisch und damit benennungsbedürftig, man selbst ist gewissermaßen der Normalfall. Das ist nicht so einmalig, wie es scheint. Auch die alten Germanen konnten zwar zwischen Latein sprechenden »Welschen« und slawischen »Wenden« unterscheiden, großen Völkergruppen also, die dem entsprachen, was die Römer als Germanen und die Slawen als »Stumme«, *nemci*, bezeichneten. Von sich selbst als Völkergruppe hatten sie aber keinen Begriff und kannten sich nur unter diversen Stammesnamen. Indirekt jedoch enthält der Begriff vom Gadscho natürlich schon ein vages Selbstbewusstsein dessen, der ihn verwendet. Gadscho heißt auch Bauer, und darin schwingt durchaus der Spott über Leute mit, die zu viel arbeiten statt richtig zu leben, ihre Scholle für die ganze Welt halten und sich leicht übertölpeln lassen. In dem Begriff hallt noch das Überlegenheitsgefühl der Nomaden wider.

Weder die Existenz des Volksnamens Roma noch der Begriff von den Nicht-Roma reichen aber aus, um aus den Roma eine Nation zu machen. Wenn man von »den« Deutschen und »den« Franzosen oder auch von »den« Ungarn in der Slowakei spricht, dann meint man nicht jeden Einzelnen, sondern einen Staat mit mächtigen Institutionen oder wenigstens verfasste, organisierte Bevölkerungsgruppen mit einer gemeinsamen Geschichte und einer mehr oder weniger autonomen Willensbildung. Dass alle, die eine gemeinsame Abstammung oder bestimmte kulturelle Merkmale teilen, deshalb schon ein Volk wären, ist eine Vorstellung des 19. Jahrhunderts, als viele dachten, die Menschheit sei in Völker aufgeteilt wie das Tierreich in Arten. Eine Nation braucht ihre gemeinsamen Institutionen, die gemeinsam agieren, einen gemeinsamen Willen bilden, sich stellvertretend für alle gemeinsam wehren können, denen sich der Einzelne aber auch entziehen kann. Wo die Institutionen fehlen, ist die Zuordnung zu einer Nation nur eine Klassifizierung von außen und – im Fall der Roma – eine Stigmatisierung. Weil es die Institutionen nicht gibt, bringt es auch nichts, von »den« Roma etwas zu verlangen, etwa dass sie »nicht mehr betteln und stehlen«, dass sie »die Mädchen in die Schule schicken, statt sie zu verheiraten« oder »nicht so viele Kinder kriegen«. So sinnvoll eine solche Empfehlung, an einen Einzelnen oder an eine Familie gerichtet, auch sein mag: An das Kollektiv »der« Roma adressiert, geht sie ins Leere, denn es gibt niemanden, der sie umsetzen oder sich nur angesprochen fühlen kann. Diesen Fehler machen bezeichnenderweise gerade wohlmeinende Politiker, die von ihrer geistigen Herkunft her zu große Erwartungen an die Selbstbestimmung und Selbstorganisation der Roma hegen – wie in den Neunzigerjahren der bekannte Grüne Daniel Cohn-Bendit oder der Chef des *Office Français de l'Immigration et de l'Intégration*, Arno Klarsfeld, ein Mann aus engagierter Familie. Die Roma sollten »aufhören, acht Kinder zu haben«, sagte Klarsfeld und zog damit berechtigte Empörung auf sich, und damit die Roma-Kinder sich integrieren könnten, müssten die Erwachsenen sich mit ihnen beschäftigen, statt so »leichtsinnig« mit ihnen umzugehen. »Sie müssen wissen, dass ihre Kinder sonst von der Mafia geholt werden.« Was wohl als Rat gemeint war, wurde mangels Empfänger eine Beleidigung. Woher die Empörung kam, konnte Klarsfeld gar nicht verstehen.

Eine Nation, sagt die moderne Forschung, kann man an zwei Verhältnissen erkennen. Erstens: Die Minderheit unterwirft sich der Mehrheit. Das heißt: Wenn eine Partei bei der Wahl unterliegt, macht sie nicht einfach einen eigenen Staat auf, sondern probiert es in vier Jahren wieder. Zweitens: Die Gewinner kompensieren die Verlierer – mit seinen Steuern zahlt man die Sozialhilfe für die armen Landsleute, aber nicht für die ganze Welt. Auch wenn man es so versteht, sind die Roma keine Nation geworden.

Die Erfolge der Bewegung

Seit dem Rahmenübereinkommen des Europarats zum Schutz nationaler Minderheiten aus dem Jahr 1995 haben die Roma fast überall in Europa als Gemeinschaft einen besonderen Status. Die Staaten in Osteuropa, die bis kurz zuvor kommunistisch beherrscht waren, besannen sich nach der Wende auf ihre vielvölkerstaatlichen Traditionen und gewährten meistens auch den Roma den Status der Minderheit. Nicht unterzeichnet haben das Abkommen von den 47 Mitgliedsstaaten des Europarats – neben Andorra und

Monaco, bei denen das mangels Masse entfällt – nur Frankreich und die Türkei. Deutschland erkannte die Schleswiger Dänen, die ostdeutschen Sorben, die Friesen sowie die Sinti und Roma als nationale Minderheiten an. Rechtlich hat das die Konsequenz, dass die Staaten dem Europarat regelmäßig über die Lage der Minderheiten berichten müssen; Diskriminierung und Schlechterstellung erlangen so internationale Aufmerksamkeit. Für Deutschland hat es sich damit auch schon. Für das Verhältnis des Staates zum *Zentralrat der deutschen Sinti und Roma* ergeben sich keine Folgen, denn er wurde schon vorher aus öffentlichen Mitteln finanziert; weitere Ansprüche auf Förderung sind mit dem Status nicht verbunden. In Dänemark und den Niederlanden wurde den Roma die Anerkennung mit der Begründung verweigert, dass sie in keinem Siedlungsgebiet besonders stark vertreten sind; in Deutschland wurde mit Rücksicht auf die Verfolgungsgeschichte von dem Kriterium abgesehen. Nur in Rumänien steht der Roma-Minderheit automatisch ein Parlamentssitz zu. In Kroatien teilen die Roma sich zwei Sitze mit 21 anderen nationalen Minderheiten. »Deshalb ist die Position der Roma in Rumänien noch lange nicht besser als in Frankreich«, sagt der Roma-Politiker Vasile Ionescu.

Das heißt aber nicht, dass die Nationalbewegung ohne Erfolge geblieben wäre. Fragt man irgendwo in Ungarn einen Passanten nach dem Weg zum Roma-Viertel, so erntet man erst einmal einen entsetzten Blick, und wenn man Auskunft bekommt, so wird sie gewiss mit einer abschätzigen oder ironischen Bemerkung garniert. In Mazedonien ist das ganz anders. »Geradeaus, dritte Ampel rechts«, wäre hier eine übliche Antwort, und niemand meint, seine Auskunft mit einer dummen Bemerkung garnieren zu müssen. Auf den Samovilec, den Berg bei Prilep, kommen regelmäßig auch einzelne ethnische Mazedonier, um dem Feenwunder beizuwohnen. Keinem fiele es ein, ironisch zu grinsen. In die Kultur der manchmal etwas steifen, aber respektvollen Begegnungen, wie sie in diesem Teil des Balkan zwischen den Vertretern der Volksgruppen herrscht, sind die Roma durchaus eingebunden. Christen und Muslime besuchen und gratulieren einander regelmäßig zu Ostern und zum Ramadan-Bajram, und am 8. April, dem »Inter-

Nationalfeiertag« der Roma, begibt sich der Bürgermeister in deren Prileper Siedlung und erweist den Bürgern seine Reverenz. In Kumanovo sind die Büros der Roma-Organsiationen selbstverständlicher Bestandteil des Stadtlebens. Auch in Mazedonien sind Roma arm, und auch hier ist es – während der Kämpfe des Jahres 2001 – in zwei Städten zu Übergriffen gekommen. Aber von der tiefen Verachtung, wie sie in Bulgarien und Rumänien, in Ungarn und der Slowakei herrscht, ist hier nichts zu spüren.

Nicht unbedingt echter Respekt, aber doch eine distanziert-höfliche Umgangsform gegenüber den Roma herrscht auch in den anderen exjugoslawischen Staaten, sogar im Kosovo, von wo viele Roma nach der Nato-Intervention von Albanern vertrieben wurden. Auch hier besuchte man einander und pflegte eine förmliche Nachbarschaft, und im Westkosovo um die Städte Deçani und Gjakova, wo Roma im Krieg an der Seite der Albaner kämpften, hat sich dieses zeremonielle Verhältnis auch bis heute erhalten. Unter den Kosovo-Albanern, bei denen Abstammung eine wichtige Rolle spielt, ist die Distanz zu den Roma größer als etwa bei den Serben, und sie trug bei zu der extremen, auch politisch motivierten Feindseligkeit, die den Roma nach dem Krieg der Jahre 1998/99 entgegenschlug. In Kroatien schließlich üben Roma-Dörfer eine gewisse folkloristische Attraktivität aus, und die Medien berichten über das Geschehen dort meist eine Spur herablassend, aber nicht unfreundlich. Bei Übergriffen auf sie ergreifen Zeitungen jedenfalls nicht automatisch Partei für die Angreifer. Vorurteile und Aggressionen gegen Roma gibt es auch im früheren Jugoslawien, zugleich aber immer auch eine gewisse Würde im Umgang mit ihnen. Der Grund dafür ist wahrscheinlich das vielvölkerstaatliche Modell Jugoslawiens, das seinerseits auf ältere Vorbilder aus dem Osmanischen Reich und der Habsburgermonarchie zurückgeht. Ein ethnisches Kollektiv genießt, wenn es über den formalen Status, eine Vertretung und die nötigen Insignien verfügt, die gebührende Achtung. Etwas Ähnliches kann man heute in der Emigration wiederfinden, in den Vorstädten Westeuropas, wo jeder Migrant auf seine Herkunft und ethnische Zugehörigkeit stolz zu sein hat.

Zum wohl größten Erfolg der Roma-Nationalbewegung wurde ein Anliegen, dem auf dem ersten Weltkongress 1971 einer von fünf Arbeitskreisen gewidmet war: die Anerkennung der Roma als Opfer des Völkermords im Nationalsozialismus. Deutschland hält sich heute vieles auf seine »Vergangenheitsbewältigung« zugute. Dabei wird oft übersehen, wie spät sie eingesetzt hat. Die Vernichtung der europäischen Juden wurde schon von den ersten politischen Vertretern der Deutschen nach Kriegsende öffentlich bedauert, und die Scham über den Holocaust wurde über die Jahrzehnte sogar zu einem Teil der deutschen Identität. Was aber den Roma widerfahren war, galt zunächst bloß als Exzess einer im Prinzip verdienten Behandlung, so wie in den KZs ja ebenso »Berufsverbrecher« und Homosexuelle interniert waren, die auch in der Nachkriegszeit unter Strafandrohung standen. Dass sie Opfer systematischer Verfolgung waren, wurde lange geleugnet. Noch 1956 urteilte der Bundesgerichtshof, die Deportationen der Sinti und Roma seien wenigstens bis 1943 nicht rassisch, sondern ordnungspolitisch motiviert gewesen. Es herrschte kein Unrechtsbewusstsein. Beamte, die vor 1945 für die Erfassung der Sinti und Roma zuständig waren, galten auch nach dem Krieg noch als Fachleute und wurden mit Angelegenheiten der Wiedergutmachung betraut. Aber die Ignoranz war nicht auf Deutschland beschränkt. Als in Frankreich der Krieg vorbei war, sahen die Befreier der Résistance keinen Grund, die von den Nazis internierten Roma sofort freizulassen. In Jargeau bei Orléans und in Angoulême bestanden die Lager sogar bis zum Juni 1946. Das alles hat die Roma-Bewegung an den Tag gebracht. Dass sich Europa inzwischen für seine Behandlung der »Zigeuner« öffentlich schämt, ist immerhin eine Barriere gegen allzu respektlosen Umgang mit ihnen.

Eine Nation, also eine politische Willens- und wirtschaftliche Verteilungsgemeinschaft, sind die Roma deshalb noch nicht. Dass sie über eine eigene Sprache und eine besondere Herkunft verfügen, verleiht ihnen aber ein Prestige, das sie dringend nötig haben. Unterricht in Romanes mag wegen der Vielfalt der Dialekte und der mangelhaften Verschriftlichung schwierig sein. In einer national gemischten Klasse aber, wo jeder seine Sprache hat, verleiht die Sprache Roma-Kindern Selbstbewusstsein. Man besitzt sie, auch wenn man sie zum Sprechen vielleicht nur selten oder gar nicht benutzt. Ihre Eltern haben bei interethnischen und internationalen Begegnungen in ihren Stadtvierteln etwas Positives anzubieten und werden nicht auf ihre Armut reduziert. Die Sprache ist in solchen Zusammenhängen nicht Kommunikationsmittel, sondern vielmehr Ausdruck von Identität. Du sprichst so, ich spreche so; die Begegnung mit anderen rückt von der Vertikalen in die Horizontale. In Vitez in Bosnien hat der Hilfslehrer Sabahudin Tahirović einen Schuppen zur Schule umgebaut. An den Wänden hängen in Schönschrift die Djelem-djelem-Hymne und die Bilder, die die Kinder von der Roma-Fahne gemalt haben. An gleicher Stelle hängen unten im Ort in der kroatischen Schule die nationale Schachbrettfahne und das Konterfei des Staatsgründers. Die schlichten Bilder in der Garage sagen: Wir haben selbst etwas, auf das wir stolz sein können; im Konflikt zwischen den Bosniaken und den Kroaten sind wir nicht einfach das Niemandsland. Der Effekt für das Selbstbewustein muss alle beschämen, die die Pflege ethnischer Besonderheit als bloßen Hokuspokus abtun. Die moderne Philosophie gibt dem Hilfslehrer von Vitez recht: Man kann keinen Menschen wert- und zugleich seine Herkunft und seine kulturellen Bindungen geringschätzen. Die kollektive Identität ist nicht das Ziel, sondern das Mittel der Emanzipation. Respekt vor dem einzelnen Roma ist nur die Hälfte wert, wenn das Kollektiv, zu dem er gehört, im öffentlichen Leben immer nur als Bettler- und Diebesbande vorkommt und wenn es in keinem Schulbuch, keiner Zeitung, bei keiner öffentlichen Feierlichkeit einfach einmal anlasslos gewürdigt wird.

Vom Elend der Politik

oder: Wen vertreten die vielen Organisationen eigentlich?

Es ist spät geworden, aber dann hat Cristinela doch noch Zeit für ein Bier gefunden. Das Layout der Zeitschrift musste noch fertiggestellt und ein Film geschnitten werden, ein paar Telefongespräche waren zu erledigen. Nebenbei betreut die quirlige junge Frau noch einen Verein und hilft, abgeschobenen Roma aus Frankreich Wohnungen zu verschaffen. Cristinela Ionescu ist viel beschäftigt. Nach ihren anstrengenden Arbeitstagen braucht sie vor allem Ruhe und fährt dann heim in ihr Häuschen in einem idyllischen Karpatendorf, wo ihr kleiner Sohn schon auf sie wartet.

Roma sein kann man eigentlich nur in der Familie, sagt Cristinela auf die Frage, was das Roma-Sein eigentlich ausmacht. Sie bewundert und liebt den Zusammenhalt, die Solidarität unter Menschen, die selber nichts haben. Für sie aber ist diese Art Familie nur noch Erinnerung. Eine schöne allerdings: Die Ionescus treffen sich regelmäßig, man feiert, interessiert sich füreinander. Stolz ist Cristinela vor allem auf ihren Urgroßvater, einen Juden, der Rechtsanwalt war, sich in eine Roma-Frau verliebte und mit ihr und deren Familie lebte, weil seine eigenen Leute ihn ausstießen. Cristinela selbst hat Jura und Soziologie studiert, arbeitet fürs Fernsehen und engagiert sich für die Roma im Schiltal, dem Bergwerksgebiet im Süden Rumäniens. Von der Familie bleiben nur die Feste.

Cristinela Ionescu gehört in Rumänien zur Roma-Elite und verkörpert deren Dilemma. Nach Bildung und Emanzipation bleibt vom Roma-Sein ein bisschen Hautfarbe und ein bisschen Sprache übrig, nicht aber die Institution, die die Identität der Roma über Jahrhunderte weitergetragen hat: der enge Familienverband. Cristinela ist alleinerziehende Mutter, ein Muster, das es in der Roma-Gemeinschaft so nicht gibt. Wo der Vater fehlt, leben Mütter sonst fast immer im Kreis der Herkunftsfamilie. Die Kinder wachsen mit Tanten, Onkeln, Vettern und Cousinen, Oma und Opa auf; ihre engste Bezugsperson muss keineswegs die Mutter sein. In der Familie lernen sie, worauf sie stolz sein dürfen und was man von anderen Familien zu halten hat, was man tut, was man besser sein lässt und wovor man sich in Acht nehmen muss.

Bei Cristinela war das schon anders. Sie kam mit Vater und Mutter aus der Moldau, als sie fünfzehn war. Ihr noch bronzener Teint wird sich in den nächsten Generationen wohl weiter aufhellen, denn es müsste schon ein Zufall sein, wenn ihr Sohn im Rahmen seiner voraussichtlich akademischen Ausbildung wieder eine Roma kennen und lieben lernen würde. Manche Rumänen, besonders hier in der südwestlichen Provinz Oltenien, sind ohnehin genauso dunkel oder noch dunkler als Roma. Die Sprache schließlich, das einzige wirkliche Alleinstellungsmerkmal, taugt für alles, was die Familie betrifft; man kann in ihr träumen, schmeicheln, fluchen und einen Toast ausbringen. Aber selbst wenn Cristinela die Roma im Schiltal interviewt, spricht sie mit ihnen Rumänisch. Manchmal bittet sie ihre Gesprächspartner, doch ein paar Sätze auf Romanes zu sagen. Dann werden die Interviewten gern ein wenig feierlich. In der Enge einer Roma-Siedlung mit ihrer totalen sozialen Kontrolle kann und will Cristinela nicht wohnen, und auf die Solidarität, die dort herrscht, ist sie nicht angewiesen. Anders als die Roma in den Quartieren Sasca und Bosnia hat Cristinela Ionescu die Wahl.

Wer die Roma-Elite stellt

Auf Leuten wie der jungen Filmemacherin in den Karpaten ruhen viele Hoffnungen. Herzstück aller Entwicklungsprogramme nämlich ist die Förderung von Zivilgesellschaft und Bürgerengagement, nicht nur in Südosteuropa und längst nicht nur, wenn es um Roma geht. Internationale Organisationen und Stiftungen legen zu diesem

Zweck Programme auf, stellen Mittel bereit und hoffen, dass sich in der einheimischen Bevölkerung Vereine bilden, die sich ihre Zwecke zu eigen machen und mit Hilfe finanzieller Unterstützung dafür aktiv werden. Aber so, wie es sollte, läuft es nicht. Im Kosovo zum Beispiel, dem bevorzugten Aktions- und Experimentierfeld für Entwicklungshelfer, freuten sich die »Internationals« anfangs sehr, dass nach Krieg und Polizeiherrschaft auf einmal zu Dutzenden Nichtregierungsorganisationen für die Gleichstellung der Frau, den Schutz von Minderheiten oder der Umwelt aus dem Boden sprossen. Bald kamen sie aber dahinter, dass es nur ihr eigenes Geld war, das diese blühende Landschaft düngte. Wirkliches Interesse an den gemeinsamen Angelegenheiten hatten sie nicht angestoßen; viele Einheimische engagierten sich nur immer gerade für das Thema, für das gegenwärtig Mittel bereitstanden. Kein Wunder: Arbeitsplätze gab es kaum, und wer studiert hatte und Englisch sprach, hatte gar keine Wahl, als den Programmen und Ideen der Ausländer hinterherzulaufen. Was als solidarische Unterstützung für fortschrittliche, aber arme Gesinnungsgenossen gedacht war, wurde bei dem enormen Reichtumsgefälle zur Dominanz.

Im Osten und Südosten Europas sind die Strukturen der Zivilgesellschaft viel schwächer als im Westen. Bis um 1990 wurden die Gesellschaften von kommunistischen Parteien beherrscht, die eigentlich keine Parteien, sondern Herrschaftsapparate waren. Dass Menschen sich spontan zur Vertretung gemeinsamer Interessen zusammenschließen, ist einfach kein verbreitetes Muster. Man lebt viel stärker in der Familie. Das ist nicht nur Tradition, sondern oft auch eine Überlebensstrategie, seit die Netzwerke der sozialen Sicherung zusammengebrochen sind – ebenfalls nicht nur unter Roma. Man trifft sich nicht auf dem Marktplatz, um gemeinsame Angelegenheiten zu beraten, sondern hält sich lieber an »seine Leute«, an die Verwandtschaft. Man heiratet früh. Wer stark in der Familie lebt, hat viel weniger Bedarf an Austausch, Freundschaft, Öffentlichkeit. Zu Hause wartet keine leere Wohnung, sondern ein lebhaftes Kommen und Gehen von Kindern, Eltern, Geschwistern, die alle ihre Ansprüche und ihre Probleme haben. Die vielen jungen Aufbauhelfer und Berater aus dem Westen, die seit 1990 in die exkommunistischen Staaten zogen, hängen auch deshalb immer gemeinsam ab, weil ihre einheimischen Altersgenossen ständig anderweitige Verpflichtungen haben.

Roma, die für diese Art Zivilgesellschaft zu haben sind, findet man schwer. Die wenigen, die es gibt, teilen mit den Elenden die ethnische Herkunft, manchmal das Aussehen und gelegentlich auch die Kenntnis der Sprache, nicht aber die Armut und den Analphabetismus. Zur schmalen Roma-Elite gehören hervorragend ausgebildete Rechtsanwälte, die bulligen Provinzpolitikern in geschliffener Sprache die Regeln der Europäischen Grundrechtekonvention auslegen können und vor Kongresspublikum mühelos in akzentfreies Englisch wechseln. Besonders in Rumänien stechen die Gebildeten unter den Roma ihre Nicht-Roma-Widerparte oft aus; sie sind besser ausgebildet, präziser, internationaler, sie sprechen das bessere Englisch. Verantwortlich dafür ist nicht selten ein gezieltes Training auf Feldern wie *Public Policy Management* oder *Human Rights Administration*, angeboten etwa von der Soros-Stiftung oder dem Politik-Institut der Demokratischen Partei der USA.

Ob man sie »Roma-Elite« nennen darf, ist jedoch zweifelhaft. Die »Elite« nämlich, die Auslese, aus der sie hervorgegangen sind, haben nicht die Roma veranstaltet. Die allerwenigsten gut ausgebildeten Roma kommen aus einer Hüttensiedlung. Vom Rand in die Mitte der Gesellschaft gerückt sind schon ihre Eltern oder die Großeltern, und das zu einer Zeit, als das für Einzelne leichter möglich war: im Kommunismus. Mit dem Umzug vom Land in eine Industrieregion entfielen schon in den Fünfzigerjahren die Versorgungspflichten für die ärmeren Angehörigen. Niemand durfte damals öffentlich sagen: Ich will keinen Zigeuner als Chef. In der unmittelbaren Nachkriegszeit bemühte sich die rumänische KP sogar regelrecht um junge Roma, bot ihnen gezielt Aufstiegschancen in der Hoffnung, sich auf diese Weise besonders dankbare und loyale Mitglieder heranzuzüchten. Schon die Eltern der jungen Roma-Aktivisten von heute gehörten zum mittleren Management der Staatsbetriebe, wohnten in Drei-Zimmer-Wohnungen Tür an Tür mit Rumänen und brachten ihren Kindern oft nicht einmal mehr die Sprache ihrer Eltern bei. Cristinelas Vater war Ingenieur, ihre Tante ist Juristin.

Die gut ausgebildeten Enkel der Nachkriegsaufsteiger können selbst entscheiden, ob sie Roma sein wollen oder nicht. Nicht wenige entscheiden sich aus nachvollziehbaren Gründen dafür. Zur Roma-Elite zu gehören ist keine schlechte Alternative zu einem Akademikerdasein im rumänischen, bulgarischen oder ungarischen Staatsdienst. Die Emanzipation der Benachteiligten ist im illusionslosen bis zynischen Klima der postsozialistischen Staaten eines der wenigen ideellen Ziele, für die einzusetzen sich lohnt. Nach Roma-geführten Nichtregierungsorganisationen herrscht in der Projektkultur der jungen EU-Ländern rege Nachfrage. Seit dem Ende des Kommunismus mangelt es an Nachwuchs. Wer als Einzelner den Sprung aus dem Ghetto schafft und über Bildung aufsteigt, ist froh über die gewonnenen Chancen und will mit der armen Verwandtschaft oft nichts mehr zu tun haben. Im ungarischen Pécs hat der Mangel an Elite das Gandhi-Gymnasium hervorgebracht, eine Schule vorwiegend für begabte Roma-Kinder, die aus den Grundschulen im ganzen Land zusammengezogen werden und meist im Internat leben. Ihren Familien entfremden sie sich früh. Dafür lernen sie in der Schule das, was an Roma-Kultur mit der Nationalkultur Ungarns kompatibel ist: Roma-Geschichte, Romanes, Roma-Politik.

Ein Topf für den Geldfluss

Von selbst aber entsteht unter den Roma-Gemeinschaften keine Elite. Das kann es auch nicht; die Roma bildeten auch in besseren Tagen nie eine Gesellschaft, einen Funktionszusammenhang also, der unterschiedliche soziale Positionen und Lebenslagen anzubieten hatte. Familien wirtschafteten gemeinsam und verkauften ihre Produkte an Nicht-Roma. Die eine Familie wirtschaftete besser als die andere, brachte es damit zu Wohlstand und zu Ansehen bei den anderen. Es war aber nie der eine der Arbeitgeber oder der Vorgesetzte des anderen; es gab keine Roma-Fürsten, keine Roma-Großgrundbesitzer, keine Roma-Schulen oder Intellektuellen und keine Roma-Priester. Hierarchien herrschten nur innerhalb der Familie. Das Wenige, was über die Familie hinaus in Anspruch genommen wurde, stellten andere bereit. Roma lebten eben immer mit Nicht-Roma zusammen. Soweit ein Bedarf an Lehrern, Priestern, Chefs oder Gelehrten bestand, konnte man sich bei den Gadsche bedienen. Das Verhältnis will einem schwer in den Kopf, denn in die vertrauten Kategorien wie Integration und Ausgrenzung passt es schlecht hinein. Nur von außen gesehen sind die Roma eine »Welt für sich«, ganz so wie nur vom Stadtzentrum aus die Roma-Viertel unsichtbar sind.

Institutionen gibt es in den Roma-Communities keine oder kaum. Für die Konflikte zwischen Familien bildeten sich Schiedsgerichte heraus, die sich zum Teil bis heute erhalten haben. In Rumänien werden die Parallelgerichte *Stabor* oder *Kris* genannt, in Bulgarien *Meschare*. Vertreten sind darin lebenskluge Männer aus den »besseren« Familien. Ins Gefängnis können sie niemanden sperren, und wenn die Geldbußen, die sie verhängen, nicht bezahlt werden, haben sie Pech gehabt. Das machte und macht die Sprüche besonders heikel. Ein Urteil, das nicht umgesetzt wird, lässt die Richter alt aussehen; sie müssen aufpassen, dass sie sich nicht der Lächerlichkeit preisgeben. Schaffen sie sich aber einen exekutiven Arm, so geraten sie in Konflikt mit der Staatsmacht, die auf ihr Gewaltmonopol pocht. Die schlimmste Sanktion eines Roma-Gerichts, der Ausschluss aus der Gemeinschaft, funktioniert nur, wenn sich alle daran halten. In Rumänien soll es etwa 500 dieser informellen Gerichte geben.

Seit Europa ein »Roma-Problem« diagnostiziert hat, fließt öffentliches Geld, und damit es fließen kann, muss es Institutionen geben, die es aufnehmen. Tatsächlich sprossen sie aus dem Boden wie Pilze nach dem ersten Herbstregen. Auch wenn die Beträge, die für einzelne Projekte gezahlt werden, meistens nicht üppig sind und nur ein paar Vollzeitstellen abdecken, so reichen sie in Ländern mit hoher Arbeitslosigkeit allemal aus, finanziell Interessierte anzuziehen. Manche von ihnen leisten nützliche Arbeit, vor allem in Rumänien, wo eine besonders zahlreiche Roma-Elite zur Verfügung steht. Im Prinzip aber sind Roma-NGOs ebenso von Geldgebern inspiriert wie andere Organisationen der osteuropäischen Zivilgesellschaften. Allein in Bulgarien sind 3000 Roma-Organisationen registriert. Die meisten sind Ein-Mann- oder bestenfalls Familienbetriebe und geben sich als Experten mal für dieses, mal für jenes Thema aus: Heute haben sie die Gleichstellung von Frauen auf ihre Fahnen geschrieben, morgen eine Reform der schulischen Erziehung und übermorgen nachhaltiges Wirtschaften in kleinen Gärtnereien. So entstand die *Gypsy industry*, wie kritische Fachleute die Szene nennen; sie besteht beileibe nicht nur aus Roma-Organisationen, sondern auch aus vielen anderen, die sich – den Interessen der Geldgeber folgend – dem »Roma-Problem« zugewandt haben.

Die Gypsy industry und ihre willkommene Misswirtschaft

Je kleiner und je künstlicher sie sind, desto anfälliger sind die Organisationen für finanzielle Unregelmäßigkeiten. Ein solider Unterbau sorgt in Vereinen und Stiftungen normalerweise dafür, dass die Anführer nicht abheben, dass sie ihre Position nicht missbrauchen, dass sie keine Günstlingswirtschaft betreiben oder sich gar Geld in die eigene Tasche stecken. Vorsitzende müssen sich kritischen Rechnungsprüfern stellen, potente Vorstände und vereinsinterne Konkurrenten schauen ihnen streng auf die Finger. Wo es den Unterbau nicht gibt, kann sich Misswirtschaft ungehindert ausbreiten. Immer wieder dringen so Fälle von Unterschlagung und missbräuchlicher Verwendung öffentlicher Gelder in eine Öffentlichkeit, die insgeheim eh nichts anderes erwartet hat. Man stellt Verwandte ein, erteilt sich selbst Beratungsaufträge, rechnet rätselhafte Reisekosten ab. Sogar das hoch angesiedelte *European Roma and Travellers Forum* beim Europarat blieb von Finanzskandalen nicht verschont: Eine interne Prüfung, nach langem Tauziehen endlich durchgesetzt, ergab bei 101 Rechnungen 33 Beanstandungen. Erkenntnisse wie diese mischen sich mit dem altbekannten Vorurteil, und so schlägt die politische Vertretung, die den Roma doch zur Emanzipation verhelfen soll, am Ende negativ auf sie zurück. Für die Regierungen dagegen sind solche Skandale komfortabel. Wird das Gremium rebellisch, kann man diskret künftige Finanzprüfungen andeuten.

Die *Gypsy industry* saugt nicht nur Geld auf, sondern verursacht mit ihrer finanziellen Potenz und der damit verbundenen Macht auch manche Fehlsteuerung. »Projektpartner« schreiben immer in ihre Abschlussberichte, die Arbeit sei sehr erfolgreich gewesen; um den Erfolg nicht zu gefährden, müsse man jetzt aber unbedingt ein Anschlussprojekt starten. Wirtschaftlich sind die Organisationen nicht an der Lösung der Probleme orientiert, sondern an deren Verstetigung; nur damit kann man sich Folgeaufträge sichern. So wurden in Bulgarien »Schulassistenten« ausgebildet, obwohl es im Schulwesen gar keine Stellen für sie gab. Schließlich verlegten bulgarische Stiftungen sich darauf, spezielle Roma-Schulen zu gründen, oft als Vorbereitungsklassen getarnt, obwohl die Strategie doch eigentlich sein sollte, Roma-Kinder ins staatliche Schulsystem zu integrieren. Als Kritiker die Fehlentwicklung aufzeigten, sorgten die Stiftungen über eine neu gegründete Roma-Partei für Widerstand: Roma wüssten doch selbst am besten, was für sie gut sei, und sie müssten »autonom« ihren Unterricht gestalten dürfen.

Die Geldgeber, die Stiftungen, Staaten und internationalen Organisationen drücken bei Misswirtschaft und offensichtlichen Interessenkollisionen in der Szene gern mal ein Auge zu; es lohnt sich. Für die Geldgeber ist das ein kleines Übel. Sie wollen nicht mit zehn konkurrierenden Vereinen oder gar mit hundert Großfamilien kooperieren. Im Prinzip brauchen sie auf der Gegenseite einen möglichst breit aufgestellten, alles umspannenden Dachverband, der sich auf einen breiten Unterbau aus Vereinen, Verbänden und Regionalorganisationen stützt. So etwas aber bringen die Roma nun einmal nicht hervor.

Zwischen den Organisationen mit den großen Namen und der kleinförmigen Welt der Roma-Siedlungen in Ost- und Südosteuropa klafft eine beträchtliche Lücke. Für die Staaten und internationalen Organisationen muss das kein Unglück sein; es reicht auch, wenn ein Verband sich einen klingenden Namen gibt und nur so tut, als stütze er sich auf eine breite Basis. Funktionäre überbrücken die Lücke mit Sprüchen wie:»Letzte Woche war ich da in so einer Siedlung.« Dann ist es auch gut; genauer will man es meist nicht wissen. Aus ihrer Vogelperspektive schauen die international agierenden Geldgeber ohnehin immer nur auf die Dächer. Was darunter ist, bleibt ihren Augen entzogen. Man will Verhandlungspartner, die nicht bei jedem Vorschlag aus dem Saal gehen müssen und zwanzig Beteiligte aus ihren eigenen Reihen auf einen Nenner bringen müssen. Die Partner sollen klar ja oder nein sagen; am besten natürlich sagen sie einfach ja. Ohne komplizierte Abstimmungsgespräche ja oder nein sagen kann am besten, wer unter seinen Leuten unbestrittene Autorität genießt – oder wer niemanden außer sich selbst repräsentiert. Je weniger basisverbunden die Verbände sind, desto leichter kann man sie herumschieben, desto besser kann man mit ihnen umgehen. Wenn die großen Dachverbände, die nationalen und internationalen Zusammenschlüsse der Roma nur Kulisse sind, können staatliche und überstaatliche Akteure nach Lust und Laune entscheiden und bei Kritik darauf verweisen, dass ihre Entscheidung ja mit den Vertretern der Betroffenen bis ins Detail abgesprochen war. Hinter dem Namen eines Dachverbands oder gar einer Weltorganisation können sich nicht nur selbsternannte Anführer, sondern auch Entscheidungsträger der Verwaltung prima verstecken.

Auf nationaler Ebene geht es nicht anders zu. Die Interessen hinter den Organisationen verschwimmen mit den Ansprüchen der Geldgeber. Manche lassen sich sogar vorschicken, wenn es um Ausgrenzung und Abschiebung geht. Lokale Roma-Vereine in Rumänien zum Beispiel ließen sich nach der Abschiebung von Roma aus Frankreich für deren »Reintegration« einspannen und von der französischen Regierung bezahlen. Als die westeuropäischen Staaten die Beitrittskandidaten Serbien und Mazedonien nötigten, Roma mit »Informationskampagnen« von der Wanderung nach Westen abzuhalten, halfen die von westlichen Botschaften finanzierten Roma-Organisationen fleißig mit. »Wir haben über unsere Büros, über unsere Koordinatoren, sogar über unsere Gesundheitsmediatoren und unsere pädagogischen Assistenten den

Leuten in direktem Kontakt vermittelt, dass aus ihrem Wunsch auf wirtschaftliches Asyl nichts wird«, erklärte Vitomir Mihajlović, der Vorsitzende des Nationalrats für die Roma-Minderheit in Serbien. Im Widerstreit zwischen den Interessen der Roma und denen der Geldgeber hat der Reichere gute Chancen, die Oberhand zu behalten. Die Belgrader *Gruppe 484* legte wie viele andere Nichtregierungsorganisationen ein Projekt zur »Wiedereingliederung« von Abgeschobenen auf, gemeinsam mit der norwegischen Botschaft und dem Belgrader Zentrum für Sicherheitspolitik.

Spieglein, Spieglein an der Wand, wer ist der Demokrat im Euro-Land?

Die europäische Förderungs- und Entwicklungsmaschine hat unter den Roma und auch sonst in Ost- und Südosteuropa die beabsichtigte Zivilgesellschaft nicht hervorgebracht. Alles, was sie geschaffen hat, ist ein Spiegel, in dem sie sich jetzt selbst betrachten kann. Für jede Idee, jeden Wunsch, jedes soziale Ziel gibt es in jedem Land mindestens einen Verein. Aber wenn man sich die löbliche Initiative näher anschauen will, sieht man immer nur sich selbst. Die Zivilgesellschaft im Spiegel engagiert sich genau so, mit den gleichen Worten, den gleichen Projekten und Kampagnen für Frauenförderung, gegen ethnische Diskriminierung, für die Integration der Roma, für gesunde Ernährung oder gegen Korruption, wie die westlichen Geldgeber es vorgeben. Verschwindet der Geldgeber, löst sich auch das Spiegelbild auf.

Den tückischen Spiegeleffekt kennen nicht nur Geldgeber. Jeder Journalist, der in eine Roma-Siedlung fährt, fragt erst einmal: Wo ist denn hier der Chef? Man braucht schließlich einen Ansprechpartner, den man zitieren und dessen Bedeutung man ungefähr einschätzen kann. Das gilt erst recht auf nationaler Ebene. Was sagen denn die Roma selbst dazu?, fragen die Redakteure, wenn es irgendwo eine Razzia gab oder wenn eine Vertreibung ansteht. Vertritt unser Gesprächspartner wirklich seine Volksgruppe, oder hat er mit den Leuten, die da unter Druck geraten sind, vielleicht selbst ein Hühnchen zu rupfen? Wir müssen wissen, an wen wir uns zu halten haben. »Die Roma« müssen unserer hierarchisch geordneten Gesellschaft irgendwie kompatibel gemacht werden.

Derselbe Impuls trieb schon die sklavenhaltenden Bojaren im alten Rumänien dazu, unter ihren Roma einen Chef zu ernennen. Schließlich wollte man, wenn es um die Eintreibung der Pro-Kopf-Abgaben ging, nicht zu tief in die Familienverhältnisse eindringen. So schuf das System den »Bulibascha«, den Zigeunerhäuptling, der manchmal gewählt, manchmal einfach nur ernannt wurde und zur Verantwortung gezogen werden konnte. Dass es überall, wo Roma leben, einen solchen Bulibascha geben muss, ist ein schwer ausrottbares Vorurteil. Fragt man in einer Roma-Siedlung, wo denn der Bulibascha zu finden ist, wird man meistens zu einem größeren Haus geführt, wo man dann von einem würdigen Herrn jenseits der Fünfzig empfangen wird. Die so ernannten Chefs haben dann meistens auch keine Scheu, im Namen der ganzen Gemeinschaft zu sprechen. Aber weder haben sie ein formales Mandat zu, noch genießen sie unbedingt das Ansehen, das sie zu genießen glauben.

Die Vertretungsmacht, die den Bulibaschas, »Häuptlingen« oder »Königen« zugeschrieben wird, kommt nicht von den Roma, sondern von außen. Gibt sich jemand selbst einen klangvollen Titel, so macht er damit den Anspruch geltend, von den Gadsche respektiert und gehört zu werden. Unter den Roma kann er allenfalls, keineswegs immer, auf Reputation hoffen, nicht aber auf Unterwerfung. Wie sollte er seine Macht auch durchsetzen? Die anderen Roma sind bloß seine Nachbarn, nicht seine Angestellten, nicht seine Vasallen, nicht einmal seine Kunden, und sie haben ihn auch nicht gewählt. Medien, mit denen man sich allen oder den meisten Roma eines Landes mitteilen könnte, gibt es nicht oder noch nicht lange. Also muss sich, wer als Anführer wahrgenommen werden will, der Gadscho-Medien bedienen. Diese wiederum lieben Repräsentanten, die farbige Zitate von sich geben, groteske Paläste bauen, Goldringe tragen und auch sonst die Bilder repräsentieren, die man von den Zigeunern hat.

Ob wir Nicht-Roma kommunistische Apparatschiks sind, Koordinatoren Roma-freundlicher Fonds, internationale Organisationen, Sensationsmedien oder seriöse Zeitungen: Den Bedarf an einem Ansprechpartner haben wir alle gemeinsam. Weil die Roma sich aber nicht veranlasst sehen, solche Ansprechpartner hervorzubringen, schafft man sich eben welche. Hat man sich Anführer erst einmal geschnitzt, so bildet sich um sie herum ein fiktives Panorama einer Roma-Gesellschaft, die aus irgendwelchen Gründen der Öffentlichkeit unbekannt ist und die eh schon exotische Volksgruppe noch rätselhafter macht.

König, Kaiser, Präsident

Kaum wurden Roma als ethnische Gruppe und nicht mehr bloß als umherziehendes Gesindel wahrgenommen, im frühen 20. Jahrhundert also, sprossen überall »Könige«, »Fürsten« und »Weltpräsidenten« hervor. Den Anfang machte die polnische »Königsdynastie« der Familie Kwiek. Stammvater Gregor krönte sich nach dem Ersten Weltkrieg zum König der Zigeuner und wurde von der Presse natürlich begeistert aufgenommen. Auch die polnische Regierung war froh über die Ordnung im Chaos der Randgruppe und erkannte seinen Status an. Sein Sohn Michael, gekrönt 1930, gelangte sogar zu europaweiter Berühmtheit, zerstritt sich aber mit seinen Brüdern. Als dritter »Monarch« folgte 1937 Janusz I. und ließ sich vom Erzbischof von Warschau förmlich anerkennen; nach der Besetzung Polens durch Nazi-Deutschland wurde er ermordet. Nach dem Zweiten Weltkrieg machte sein Bruder Rudolf als Präsident eines »Weltrates der Roma« von sich reden, bis er 1964 im Alter von fast neunzig Jahren starb.

Die Kommunisten machten es mit den Roma nicht anders. In Rumänien entdeckte die KP im Kreis Dolj 1949 einen begabten 14-jährigen Jungen namens Ion Cioabă, machte ihn mit zwanzig zum »Zigeunerführer« in seiner Heimatregion, ließ ihn ins Zentralkomitee der kommunistischen Jugendorganisation aufsteigen und nutzte seine guten familiären Kontakte, um ihn zum Ansprechpartner in allen Roma-Fragen zu machen. Gleich nach der Wende nutzte der KP-Roma die Gunst der Stunde und gründete unter seinem Vorsitz einen nationalen Roma-Verband. Zum Entzücken der Weltöffentlichkeit ließ sich Cioabă, inzwischen sehr beleibt, dann sogar zum »internationalen König der Roma« krönen. Die Berichterstatter notierten präzise das Gewicht seiner Krone (zwei Kilo) und des Zepters (zweieinhalb Kilo) sowie die Edelsteine auf den königlichen Insignien (Rubine und Smaragde). Schier außer sich vor Freude gerieten Reporter und Fotografen aus aller Welt, als sich daraufhin Cioabăs neidischer Nachbar, Iulian Radulescu, zum »Kaiser« krönte. Beider Fürsten Bekanntheitsgrad dürfte in der rumänischen Mehrheitsbevölkerung um ein Vielfaches über dem in der Roma-Minderheit liegen.

Obwohl als Anführer bloß den Wünschen und der Phantasie der rumänischen Kommunisten entsprungen, wurden die Cioabăs mit den Jahren zu einem Teil der Roma-Realität im Lande, zu einem problematischen allerdings. Es war die Zeit, als die Roma massenhaft entlassen wurden und einer wirklichen Vertretung dringend bedurft hätten. Für die politischen Vorgänge im Land fehlte dem ungelernten Vorarbeiter zeitlebens das Verständnis, und seine öffentlichen Äußerungen fielen stets zu pompös aus. Bald begann die US-amerikanische *Pentecostal Church* ihre Missionstätigkeit unter den Roma, feierte im spirituell ausgehungerten Land mit ihren sinnlichen Gottesdiensten gute Erfolge und gewann auch den »König« für sich. Nach seinem Tod 1997 folgte ihm sein Sohn Florin auf den »Thron«. Der Sohn, ebenfalls Pfingstler, betonte die religiöse Fundierung seiner Autorität noch stärker, seine Schwester Luminiţa machte sich international als Lyrikerin einen Namen. Im Hause der Cioabăs am Rande von Sibiu (Hermannstadt) gingen und gehen Politiker und Diplomaten ein und aus. Florin Cioabă vermittelt heute vielen Roma in Rumänien zwar eine Identität und einen gewissen Stolz; eine Orientierung bietet er mit seinem Schwanken zwischen Tradition und Prunk auf der einen und den sozialen Ansprüchen der verarmten Roma auf der anderen Seite aber nicht. Er blieb der Spielball der Medien. Als er seine erst dreizehnjährige Tochter verheiraten wollte, fiel die Presse, die sich an seiner Erscheinung so ergötzt hatte, kollektiv über ihn her. Der König der Roma, eben noch gefeiert, war schlachtreif.

Wie die Achtundsechziger die Roma entdeckten

Erste Vertreter einer »modernen« Roma-Elite lassen sich im Rumänien der 1930er und dann, deutlicher, in den 1950er und 60er Jahren in Frankreich ausmachen. Schon der Gründer der Roma-Generalunion in Rumänien, Gheorghe A. Lăzărescu-Lăzurică, war allerdings selbst kein Roma. Auch die schon erwähnten beiden Chefs der beiden ersten »internationalen« Organisationen, Ionel Rotaru und Vanko Rouda, entstammten nicht dem Milieu. Im Klima der 1960er Jahre interessierte man sich nicht sonderlich für Abstammungsfragen; hätte man die Herkunft der beiden öffentlich bestritten, wäre wohl bloß ein Schulterzucken die Antwort gewesen. Immerhin schafften Rotaru und Rouda es erstmals, Familien von Kalderasch, Kalé und Sinti für ihre Organisationen zu interessieren.

Viel Freude mit ihrem Roma-Spiegelbild hatten auch die Achtundsechziger, die beim ersten Weltkongress 1971 Pate standen. Motor der Bewegung war Grattan Puxon, der Anführer der Gypsies auf der anderen Seite des Ärmelkanals. Puxon war 1939 in eine gut situierte englische Mittelstandsfamilie in East Anglia geboren worden und genoss zeitweise eine Privatschulbildung. Er flüchtete 1960 vor dem britischen Militärdienst nach Irland, wo er sich den *Travellers* anschloss, einer reisenden Minderheit, die sich von den anderen Iren nicht durch die Abstammung, sondern allein durch die Lebensweise unterscheidet. Ihr Nonkonformismus passte gut zum Zeitgeist der Sechzigerjahre, der später die Hippies, die Provos und die Hells Angels hervorbrachte und überhaupt ein lebhaftes Interesse für alle Nichtangepassten entwickelte. Zu den wichtigsten Geburtshelfern der Roma-Bewegung jener Zeit wurde die deutsche *Gesellschaft für bedrohte Völker*. Der Engländer Puxon wurde Generalsekretär der *World Romani Union*, der ersten Roma-Organisation, der für eine Zeitlang wirklich internationale Bedeutung beschieden war. Seinem Aktivismus ist er nie untreu geworden; bis heute ist Puxon Sprecher der Dale Farm, einer Traveller-Siedlung im englischen Essex, die ihrer Räumung durch die Polizei immer wieder trotzigen Widerstand bietet. Leute wie Puxon spielten für das Interesse an den unkonventionellen Minderheiten auch anderswo in Europa eine wichtige Rolle. Integration oder gar Assimilation war so ziemlich das Letzte, was ein moderner Aktivist in der spießigen Atmosphäre der Nachkriegszeit für eine Minderheit gefordert hätte. Es galt vielmehr, sich möglichst wirksam abzugrenzen. Roma und Travellers ließen in dieser Beziehung nichts zu wünschen übrig; nicht umsonst kamen damals die ersten Pumphosen und Flatterkleidchen im Zigeunerstil in die Boutiquen.

Für ihre Freunde unter den Achtundsechzigern waren die Roma gerade als Nomaden interessant, als Gegenbild zur immobilen Kultur der Einfamilienhaussiedlungen. Der Literat Sergius Golowin machte in der Schweiz die »Fahrenden« zum Thema. Dass die meisten Roma überhaupt nicht »fuhren«, sondern längst sesshaft waren, verdrängten die libertären Aktivisten ebenso wie den Umstand, dass die Objekte ihrer Bewunderung sich mit der Protest- und Demonstrationskultur der Zeit nie richtig anfreunden mochten. Echte Massenmobilisierung hat keine Roma-Organisation je zustande gebracht. Wenn es einmal, selten genug, unter Roma zu Unruhen kommt, dann zu spontanen Reaktionen, etwa auf Stromabschaltungen im bulgarischen Plowdiw, auf Polizeirazzien im Bukarester Stadtteil Ferentari oder zu Straßenkämpfen mit Nordafrikanern im französischen Perpignan. In Deutschland widersetzen sich von Abschiebung Bedrohte immer mal wieder durch ihre Flucht ins Kirchenasyl, in Österreich tauchen slowakische Roma auf einer Demonstration von Menschenrechtsgruppen gegen das Bettelverbot auf. Aber es sind kleinere Aktionen, meist angeregt und unterstützt von Fördervereinen, Kirchen oder Parteien.

In den Siebzigerjahren wurden die Tabus der Nachkriegszeit nach und nach gebrochen. Migrationswellen setzten ein, Anderssein roch nicht mehr nach Rebellion. Minderheiten und sogenannte Randgruppen verlangten und bekamen von staatlichen Stellen Anerkennung. Über Politik wurde immer weniger aus dem Bauch oder aus der hohlen Hand entschieden. Wo es früher nur *politics* gab, brauchte man jetzt überall eine *policy*. Abgeordnete engagierten Berater, Parteien beauftragten Forschungsinstitute mit Studien. Die Probleme der Roma-Minderheit wanderten von der Straße in die Welt der Fonds, der Projekte, der Strategien und der öffentlichen Haushalte. Schon Ende der Sechzigerjahre begann sich der Europarat für die Roma zu interessieren, ein Zusammenschluss der damaligen westeuropäischen Staaten, der von Parlamentariern dominiert wird und der seiner Zeit schon damals voraus war. Das neue Spiegelbild ließ nicht lange auf sich warten. Auf europäischer Ebene wimmelt es heute von Beiräten, Verbänden, Netzwerken und Expertengruppen, deren tatsächliches oder vermeintliches Eigenleben mit den Interessen der zuständigen Beamten und interessierter Parlamentarier eng verzahnt ist. Zu einer wahren Explosion kam es nach 1999, als der Europäische Rat auf seinem Gipfel im finnischen Tampere Empfehlungen für die Situation der Roma in den Kandidatenländern beschloss. Neben dem *European Roma and Travellers Forum* (ERTF) unter dem deutschen Roma-Politiker Rudko Kawczynski mit seinen besonderen »Netzwerken« für Frauen und Jugend gibt es heute den *Roma National Congress* (RNC), ein Europäisches Zentrum für Antiziganismusforschung und -bekämpfung unter Kawczynskis Sohn, eine Expertengruppe *MGS-Rom*, das *European Roma Rights Center* (ERRC), ein *Project on Ethnic Relations* (PER) und ein *European Roma Information Centre* (ERIO), bei dessen Gründung eine niederländische Parlamentsabgeordnete Pate stand. Das *European Roma and Travellers Forum* in Straßburg vereint nach eigener Angabe in den Mitgliedsstaaten des Europarats nicht weniger als 2000 Organisationen. Die große Zahl ist nicht Stärke, sondern Schwäche. Die weltumspannende *International Romani Union* (IRU), gegründet auf dem zweiten Weltkongress der Roma 1978 in Genf, ist inzwischen weitgehend Kulisse.

In Südosteuropa, besonders auf dem Lande, wo die meisten von ihnen leben, ist Roma-Politik nicht bloß Kulisse oder Spiegelbild. In Ländern wie Ungarn, Bulgarien, Mazedonien oder Rumänien machen sie zwischen sieben und zehn Prozent der Bevölkerung aus; deshalb sind auch arme und ungebildete Roma ein wichtiger Faktor. Selbst wenn sie keine Zivilgesellschaft hervorbringen und politischen Debatten fernstehen, so verfügen sie doch über ein beträchtliches Stimmenpotenzial. Zwar stellen sie nur in wenigen

Gemeinden eine Mehrheit. Da aber, wo zwei Parteien annähernd gleich stark sind, können sie ihre Position als Zünglein an der Waage ausspielen. Trotzdem hat die Wählermacht zur Emanzipation der Roma kaum beigetragen. Wer genau hinschaut, muss feststellen: Daran sind ein weiteres Mal am wenigsten die Roma schuld.

Reise in ein transsilvanisches Dorf

Wer oben und wer unten steht, kann man in Tărlungeni, einem Dorf in Transsilvanien, auf den ersten Blick sehen. Oben auf dem flachen Hügel, rund um die evangelische Kirche, wohnen die Ungarn. Etwas weiter die Straße hinunter, nahe der Umgehungsstraße zu den anderen Dörfern, leben die Rumänen. Unten am Fuße des Hügels schließlich, parallel zur ungarisch-rumänischen Dorfstraße, erstrecken sich die eng gebauten Häuser der Roma. Auch hier ist das Gelände noch leicht abschüssig, und je näher man dem Bach kommt, desto ärmlicher werden die Behausungen. Tărlungeni ist ein Bild der Welt, wie sie nun einmal ist. Solange man sicher weiß, wo jeder hingehört, leben Ungarn, Rumänen und Roma hier harmonisch zusammen. Alle drei Nationalitäten sind etwa gleich zahlreich. Es gibt keine Übergriffe, keine Diebstähle, keinen fühlbaren Hass.

Bürgermeister József Kiss, ein Ungar, will wie alle seine Amtskollegen auf der Welt von seinen Bürgern geschätzt werden und Streit vermeiden. Mit den Roma in seinem Ort hat er kein prinzipielles Problem. Allerdings sind sie für seinen Geschmack etwas zu zahlreich, was indirekt doch auf eine gewisse Reserve schließen lässt. Noch 1960 lebten hier ganze sieben oder acht Roma-Familien und arbeiteten in der Kolchose. Dann kam Ceauşescu und »hat sie dafür bezahlt, dass sie Kinder kriegen«, wie Kiss das ausdrückt – unter anderem mit einem Gesetz, das Frauen eine Abtreibung erst erlaubte, wenn sie schon vier Kinder hatten. Heute stellen die Roma in der Gemeinde ein Drittel der Bevölkerung; die restlichen zwei Drittel sind Ungarn und Rumänen. Von den 1400 Schulkindern in der Großgemeinde, zu der drei weitere Dörfer gehören, sind sogar volle 1000 Roma. Streit gibt es in Tärlungeni keinen, aber doch ein Spannungspotenzial, das der Bürgermeister dämpfen möchte. Als wohlhabender Geschäftsmann besitzt József Kiss eine Pension und hat dort drei Roma-Frauen Arbeit als Zimmermädchen gegeben. Mit solchen Gesten kann man bei den Ungarn schon ein leises Stirnrunzeln auslösen. »Die sind ja so schwarz, hieß es da gleich«, erzählt Kiss. Als im ganzen Dorf die Wasserleitungen neu verlegt wurden, hat der gute Bürgermeister die Roma-Siedlung nicht ausgelassen, »obwohl ich dort keinen Leu kassieren kann«. Es gab böses Blut im Ort. Warum zahlen wir und die nicht?, hatten die Leute gefragt. »Aber ich kann sie ja nicht ohne fließendes Wasser lassen!«, meint József Kiss und illustriert sein menschenfreundliches Argument gleich mit einer kleinen Spitze: Einmal hat er eine Roma-Tanzgruppe aus Tärlungeni auf Gemeindekosten mit dem Kleinbus zu einem Festival fahren lassen, doch die Teilnehmer hätten »gestunken wie die Ziegen«. Eine Wasserleitung hier, eine kleine Roma-Beleidigung da – der erste Mann im Ort ist offenbar ein Meister der Balance.

Dafür wird der Bürgermeister allseits geschätzt. Alexandru Savu unterhält auf der Mitte der langgezogenen Roma-Siedlung ein Geschäft und eine kleine Kneipe und ist hier so etwas wie der Anführer, sagt er. Savu ist ein verständnisvoller Mann und als Wirt, ähnlich wie der Bürgermeister, der soziale Ausgleich in Person. Am Hauptproblem der Leute, sagt Savu, kann die Gemeinde nichts ändern. Arbeit gibt es so gut wie keine. Fast alle seine Nachbarn leben von 200 Lei Sozialhilfe im Monat, umgerechnet etwa 46 Euro. Hinzu kommen bei nachgewiesenem Schulbesuch noch einmal 9,70 Euro Kindergeld. Vom Bürgermeister erwartet Savu, dass er freundlich und respektvoll mit den Roma umgeht, dass er bald die Straße hier asphaltiert, eventuelle Verstöße gegen die Regeln des Zusammenlebens nicht allzu hart ahndet und dass er auf anständige Behandlung der Roma beim Arzt und in der Schule achtet. »Der Bürgermeister ist uns nicht schlecht gesinnt«, sagt der Wirt. Der Arzt im Ort behandelt alle gleich, die Schule wurde hübsch renoviert, und möglicherweise kommt vor der nächsten Wahl die Straße dran.

Bürgermeister Kiss hat es also geschickt angelegt, und eigentlich, dachte er, müssten die Roma ihm nun ihre Stimme geben. Obwohl sie ein knappes Drittel des Wahlvolks von Tărlungeni ausmachen, haben sie nur einen der Ihren in den Gemeinderat gewählt. Da müssten sich ein bisschen väterliche Freundlichkeit und eine neue Wasserleitung für einen Roma-freundlichen Politiker schon rentieren. Aber tatsächlich bekam der ungarische Bürgermeister in der Siedlung am Bach nur fünf Prozent der Stimmen. Schuld war nicht der paternalistische Ton, sondern der sogenannte Forstdiebstahl, der in Tărlungeni den großen Teil der Kriminalitätsstatistik ausmacht. Die Roma gehen traditionell in den Wald Feuerholz sammeln, was nicht erlaubt ist, aber auch kaum jemanden stört. Vor der letzten Wahl nun trat József Kiss' populistischer Gegenkandidat in der Roma-Siedlung auf und versprach, dass er im Falle seiner Wahl alle in den Wald Holz holen lassen würde – was er zwar nicht wirklich versprechen konnte, ihm aber die Herzen der Roma-Wähler zufliegen ließ. »Ich lasse sie auch Holz holen«, sagt Kiss, »aber nur ein bisschen.« Jetzt hofft er, dass sich wenigstens die Wasserleitung auszahlt. »Das nächste Mal sollte mir die Hälfte der Roma ihre Stimme geben.«

Schulterklopfen mit falschen Freunden

Aber Roma in Südosteuropa wählen nicht unbedingt Roma-freundlich. Mit der scheinbaren Undankbarkeit der Roma-Wähler haben vor József Kiss schon viele andere Politiker Bekanntschaft gemacht. Nicht selten sind es gerade die bulligen, autoritären, nationalistischen Populisten, die unter ihnen die Stimmen abräumen. Das sozialistisch regierte Ungarn zum Beispiel wurde bis weit in die Zweitausenderjahre europaweit für seine vorbildliche Minderheitenpolitik gelobt. Nur in Ungarn selbst nicht. Dort führte Flórián Farkas, ein verdienter und bekannter Roma-Aktivist der ersten Stunde, seine Organisation *Lungo Drom* (Der lange Weg) in ein Wahlbündnis mit dem rechten Ungarischen Bürgerbund *Fidesz*. Als Fidesz unter Premier Viktor Orbán – auch mit Hilfe von Roma-

Stimmen – an die Macht kam, beschloss die Partei ein rigoroses Sozialhilfegesetz, ließ jeden Hühnerdiebstahl mit Gefängnis bestrafen und brachte mit ihren autoritären Tendenzen den ganzen Kontinent in Wallung. Fidesz stellte mit Livia Járóka auch die einzige Europa-Abgeordnete aus den Reihen der Roma. Der Mann, der empfahl, aufs Gas zu treten, wenn einem ein Roma-Mädchen vor die Kühlerhaube läuft (siehe Seite 83), ist ein Parteifreund von ihr.

Ungarn ist dabei nur das verblüffendste Beispiel für die Wahlentscheidungen von Roma. Im Kosovo schaffte es Ende der Neunzigerjahre der Autokrat Slobodan Milošević, viele Roma hinter sich zu bringen. Er trat zwar nicht öffentlich gegen die Minderheit auf, schuf aber in ganz Serbien ein Klima, in dem jede Kommunalbehörde nach Lust und Laune Roma-Siedlungen schikanieren und sogar abräumen durfte. Miloševićs wichtigster Koalitionspartner, der aggressive Nationalist Vojislav Šešelj, ließ regelmäßig Roma auf seinen Wahlveranstaltungen reden, und er fand auch immer welche, die dazu bereit waren. Mădălin Voicu, früher Abgeordneter im rumänischen Parlament und wohl bekanntester Roma-Politiker des Landes, pflegte eine persönliche Freundschaft mit Corneliu Vadim Tudor, einem wilden Antisemiten und Zigeunerhasser. Rumäniens Staatspräsident Traian Băsescu, der eine lästige Journalistin als »dreckige Zigeunerin« beschimpfte, verbrüdert sich auf Roma-Festen mit mafiösen Roma-Tycoons und fordert alle Roma auf, sich bei Volkszählungen als solche zu bekennen. Gleichzeitig unternahm ein Abgeordneter seiner Partei den Vorstoß, das Wort »Roma« in offiziellen Dokumenten wieder durch »Zigeuner« zu ersetzen.

Politiker der jeweiligen Opposition in Osteuropa legen den Roma ihre merkwürdigen Freundschaften und Allianzen gern als Ausdruck von Bildungsferne und Ahnungslosigkeit aus. Wollte man sie psychologisch deuten, könnte man so etwas wie »Identifikation mit dem Aggressor« diagnostizieren. Aber bei näherem Hinsehen zeigt sich, dass das eigenartige Wahlverhalten der Roma so ungewöhnlich gar nicht ist. Niemand in den ländlichen Gegenden Südosteuropas wählt eine Partei wegen ihres Programms oder wegen des überzeugenden Auftretens ihrer Führungsfiguren. Man wählt sie vielmehr, um von ihren künftigen Schikanen und Raubzügen ausgenommen zu werden. Der Macht muss man sich unterwerfen, damit sie einen verschont. Es ist keine Wahl, sondern eine Huldigung. Das Kriterium für die Wahlentscheidung ist sogar von schwer widerlegbarer Logik. Der frühere serbische Außenminister Vuk Drašković pflegt dazu eine schöne Anekdote zu erzählen. Er war in einer südserbischen Kleinstadt aufgetreten und hatte eine seiner flammenden Wahlreden gegen Milošević gehalten; der ganze Saal hatte dem Charismatiker zu Füßen gelegen. Nach der Rede wandte er sich einem alten Bauern zu. »Na, hat dir meine Rede gefallen?«, fragte Drašković. »Ja, sehr!«, antwortete der Bauer. »Und ich? Wie findest du mich?« »Sehr gut bist du aufgetreten!« »Und? Wirst du mich jetzt wählen?« »Wenn du an der Macht bist«, entgegnete ihm der Bauer, »dann wähle ich dich.« Die Antwort des Bauern mag zynisch klingen oder naiv, ist aber nur vernünftig. Einem Mächtigen schließt man sich an. Wer sind wir, dass wir uns über die Herrschaft ein Urteil anmaßen könnten? Man strebt nach Schonung, nicht nach der Erfüllung irgendwelcher Heilsversprechen. In der Haltung versteckt sich jahrhundertelange Erfahrung, nicht nur der Roma.

In den Ländern, in denen viele Roma leben, haben sich nirgendwo überzeugende Parteiensysteme herausgebildet. Auch für die jeweilige Mehrheitsbevölkerung sind die gängigen Parteinamen wie »liberal«, »konservativ« oder »sozialdemokratisch« bloß sinnentleerte Handelsmarken. Parteien werden als Seilschaften und Netzwerke wahrgenommen, die um Posten und Ressourcen konkurrieren und sich ihre Programme, wenn sie überhaupt welche haben, von ausländischen Politik-Instituten schreiben lassen. Die Wahrnehmung ist auch durchaus angemessen. Politiker wollen nicht, wie im Westen, »Probleme lösen«. Sie schaffen sich vielmehr eine Klientel, vermitteln Jobs und Aufträge und kommen auf den Gefallen, den sie einem erwiesen haben, bei Gelegenheit zurück. Wenn man sie wählt, dann nicht etwa, weil man von ihnen für die Gestaltung der Verhältnisse im Lande etwas erwartet. Man wählt sie vielmehr, damit man seinen Job oder seine Pfründe behält. Kommt ein anderer dran, so versorgt der seine eigenen Leute, und man selbst geht leer aus. Wer aus dem System herausfällt, wie die Roma und überhaupt viele arme Leute auf dem Lande, kann höchstens noch seine Stimme verkaufen – und handelt dabei dem Prinzip nach nicht anders als die Klienten der Mächtigen.

Stimmen kann man auch (ver-)kaufen

Macht jemand die Erfahrung, dass die gefürchtete Staatsgewalt ihn umwirbt, so wird er seinen schnellen Deal machen wollen. Lange kann die künstliche Unterwürfigkeit der Mächtigen ja nicht anhalten! Entsprechend ist in ärmlichen Siedlungen auf dem Balkan, nicht nur unter Roma, der Kauf und Verkauf von Wählerstimmen an der Tagesordnung. Die Preise für eine Stimme schwanken zwischen 15 Euro im ländlichen Bulgarien und 100 Euro in Podgorica, der Hauptstadt von Montenegro. Am einfachsten funktioniert das Geschäft, wenn in einer Siedlung nur eine oder zwei Großfamilien leben, wenn ein Bewohner die unbestrittene Autorität genießt und es zudem ein Wahllokal gibt, das gesondert ausgezählt wird. Dann zeigt das Auszählungsergebnis, ob der Anbieter geliefert hat. Sonst muss man sich ein System ausdenken, wie man sich die richtige Stimmabgabe beweisen lässt. Klassisch ist das Handyfoto: Man zeigt das Bild des ausgefüllten Wahlzettels als Beweis vor. Komplizierter, dafür aber auch in Armutssiedlungen ohne Handy anwendbar, ist das sogenannte »bulgarische Karussell«. Der erste Wähler nimmt sich seinen Stimmzettel, wirft dann aber nur einen leeren Umschlag in die Urne. Den leeren Stimmzettel gibt er vor der Tür dem Agenten des Stimmenkäufers, der ihn in seinem Sinne ausfüllt und an den nächsten Wähler weiterreicht – und so fort. So werfen alle nur Wahlzettel mit dem Kreuz an der richtigen Stelle in die Urne. Die Dimension des Handels mit Wählerstimmen liegt naturgemäß im Dunkeln; wüsste man genauer Bescheid, ließe sich das Problem ja unterbinden. Es gibt jedenfalls Anlass, die Dimension ein wenig aufzubauschen. Dass der Gegenkandidat nur wegen gekaufter Roma-Stimmen die Wahl gewonnen hat, ist für jeden unterlegenen Kandidaten eine willkommene Ausrede.

Wenn Roma-Gemeinschaften eigene Führungsfiguren hervorbringen, dann tun sie es am ehesten auf dem eigentlichen Balkan, also in Ländern wie Serbien, Mazedonien und Bulgarien. Das liegt an der Struktur der Wohngebiete. In mitteleuropäischen Ländern wie Ungarn, der Slowakei und Tschechien sind in den ghettoartigen Siedlungen alle Roma arm. Wer es schafft, sich aus dem Elend zu befreien, zieht als Erstes einmal um und wird sich in der Folge wahrscheinlich assimilieren. In Rumänien, in dieser Frage ein Übergangsland, gibt es viele arme und einige wenige reiche Roma-Siedlungen. Auf dem Südbalkan dagegen, in Bulgarien, Mazedonien oder Albanien, leben arme und wohlhabende Roma in der Regel Tür an Tür. Im Osmanischen Reich war es üblich, dass die Volksgruppen in eigenen Vierteln lebten, sogenannten Mahalas; das galt für Roma wie für alle anderen. Noch heute bleiben arrivierte Roma in Sofia oder Skopje in ihrer alten Umgebung; ihre stolzen Häuser stehen nur einen Steinwurf von elenden Hütten entfernt. Das produziert Neid, wie man im Roma-Stadtbezirk von Skopje am Stacheldraht und den Kameras um die besseren Einfamilienhäuser sehen kann. Es produziert aber auch Abhängigkeiten. Wer zu Geld gekommen ist, wird ständig von mehr oder weniger aufdringlichen Bittstellern umlagert, die er sich auf diese oder jene Weise gewogen machen muss – oder kann, denn die Dankbarkeit der Beschenkten lässt sich wiederum nutzen.

So entwickeln Roma auf dem Balkan, wenn sie über Geld verfügen, die gleichen Klientel- und Patronagesysteme wie ihre Landsleute auch. Wie in der Mehrheitsgesellschaft drängt jeder, der zu Geld gekommen ist, auf diese oder jene Weise in die Politik. Weil sie im Durchschnitt ärmer und weniger gebildet sind, wirken die Systeme oft härter, klarer und offensichtlicher. Die Strukturen und die Chargen aber sind exakt die gleichen wie unter kleinstädtischen Bulgaren, Serben, Mazedoniern oder Albanern. Es gibt den mächtigen, reichen und korrupten Patriarchen, der über einen großen Clan gebietet und ein Netzwerk von vielen *bliski*, ihm »Nahestehenden« unterhält, die ihm irgendwie einen Gefallen schulden. Und es gibt den gefallenen Engel: einen einstigen engen Mitarbeiter, der zum Feind geworden ist. In der Šutka, dem Roma-Stadtbezirk von Skopje, hat die Familie Bajram die Rolle des alten, reichen Clans. Wer Geld hat, muss auch in die Politik gehen, denn sonst kommen die Politiker und nehmen es einem weg: Das ist die Grundregel, der alle Tycoons auf dem Balkan unterworfen sind. Vater Amdi Bajram hat die Regel stets beherzigt. Er war in der Šutka Bürgermeister, ließ sich auch ins Parlament wählen und spielte dort mit unterhaltsamen Sprüchen den Clown der Nation. Auf der nationalen Ebene vernetzte er sich gut mit der einen mächtigen mazedonischen Partei, aber nicht genug mit der anderen, um einer Verurteilung wegen der Veruntreuung öffentlicher Gelder zu entgehen. Sein engster Mitarbeiter und Consigliere fiel von ihm ab und gründete eine Gegenpartei, die sich folgerichtig mit der Partei arrangierte, die Bajrami ins Gefängnis gesteckt hatte. Als der Patriarch seine Strafe abgesessen hatte, verbündete er sich mit einer weiteren weit verzweigten Familie und eroberte die Macht zurück. Bürgermeister wurde Amdis Sohn Elvis. Die beiden Parteien rivalisieren wie zwei Fußball-Fanclubs. Mit Programmen, Ideologien, Visionen oder Strategien hat die Rivalität der Familien nichts zu tun.

Vom spezifischen Roma-Touch der Verhältnisse darf man sich nicht blenden lassen; in rein mazedonischen Kleinstädten geht es genauso zu. Hinter etlichen klangvollen Parteinamen verbirgt sich in Rumänien, Bulgarien, Serbien oder Mazedonien nicht viel mehr als ein mehr oder weniger charismatischer Mann, in jedem Fall aber wohlhabender Mann mit seiner Familie und einer Handvoll loyaler Freunde. Wirkliche Auseinandersetzung über inhaltliche Fragen findet dort nicht statt. Man folgt dem Chef, und bei Meinungsverschiedenheiten kommt es zum Bruch. Es lohnt sich nicht, dabei zu bleiben, wenn man in einer wichtigen Frage unterlegen ist. Genauso gut kann man seinen eigenen Laden aufmachen. Nicht eine starke Roma-Partei gibt es in den meisten mittel- und osteuropäischen Staaten, sondern etliche kleine, schwache, die einander mitunter heftig bekämpfen. Auch wenn sie nicht zu den korrupten Tycoons gehören wie ihre Kollegen auf dem Balkan, kennen die Anführer sich aus früheren Parteiverbänden gut und oft einfach zu gut, um nüchterne Allianzen schließen zu können; zu groß sind die Verletzungen, die sie aus früheren Brüchen mit sich herumtragen. In Rumänien konkurrieren mehr als zehn, in Ungarn zehn bis fünfzehn und in der Slowakei achtzehn Roma-Parteien.

Die finsteren Fürsten von Bulgarien

In Bulgarien haben etliche der mächtigsten Roma-Politiker schon im Gefängnis gesessen oder wenigstens vor Gericht gestanden, und zwar nicht als politisch Verfolgte, sondern wegen ordinärer Straftaten. Christo Warbanow, genannt »der Papst«, ist Chef der Organisation *Meschare*, die sich zugleich als oberster Roma-Gerichtshof von Plowdiw ausgibt. Er kam unter dem Vorwurf vor Gericht, 500 000 Euro von einem anderen Geschäftsmann erpresst zu haben. Zwetelin Kantschew, genannt Don Zezi, ist Chef der Partei *Euro-Roma* und bekam zwei Jahre wegen einer Entführung. Der dickste Fisch von allen aber ist Kiro Raschkow, ein landesweit agierender Schmuggler und Schwarzhändler, der sich als »König« feiern ließ und auf diese Weise hoffte, als Angehöriger einer verfolgten Minderheit der Strafverfolgung zu entgehen. Kiril Raschkow, Jahrgang 1942, begann schon in den Siebzigerjahren mit dem Schmuggel von gefälschter Markenware und Gold und legte sich parallel eine persönliche Legende zurecht. Angeblich war er als Sohn eines Zigeunerkönigs namens Gogo in Stolipinowo geboren; in Wirklichkeit stammt er aus Gevgelija in Mazedonien. Seit den Achtzigerjahren handelte sich Raschkow immer wieder hohe Gefängnisstrafen ein. Als er im Zuge der Wende begnadigt und aus dem Gefängnis entlassen wurde, hatte sich das Strafmaß schon auf dreißig Jahre addiert. In der Demokratie erging es ihm besser. »Zar Kiro«, wie die empörte und zugleich faszinierte Presse ihn nannte, wurde begnadigt und hielt fortan engen Kontakt zur korrupten Politik. Schließlich gründete er selbst eine Partei namens *Freies Bulgarien*. Bald gehörte er als einziger Roma zu den »Unberührbaren«, dem Kreis der Tycoons und Oligarchen, denen die Polizei nichts anhaben konnte.

Als Ermittler bei Raschkow eine riesige Schwarzbrennerei aushoben, ließ ihn ein Gericht auf Kaution wieder frei. Wer ihm zu nahe kam, wie die Zeitung *Trud* und die Bürgermeisterin des Dorfes, in dem er sich auf einem riesigen Areal ein pompöses Anwesen errichtet hatte, musste mit einer Bombe vor dem Haus rechnen. Ermittlungen verliefen immer wieder im Sande, selbst als einmal eine tote Frau in seinem Haus gefunden wurde. Schließlich fuhr einer seiner Leute den 19-jährigen Enkel der feindlichen Bürgermeisterin tot, worauf Dorfbewohner ihm das Haus anzündeten. Rechtsradikale nutzten den Zwischenfall, um im ganzen Lande gegen die »Zigeuner« und die Auflösung der Ghettos zu demonstrieren. Dem kriminellen Oligarchen kam der ethnische Zungenschlag zupass; er sprach von »Diskriminierung« und »Verfolgung« und drohte, eine »Armee von 5000 Zigeunern« aufzustellen. Dass sich der Ältestenrat von Stolipinowo unter seinem Rivalen Warbanow scharf von seinem angeblichen König distanzierte und ihn sogar »zum Tode« verurteilte, nützte nichts. »Zar Kiro« repräsentierte für den Geschmack weiter Teile der bulgarischen Öffentlichkeit die Roma viel besser, als die angesehenen Roma-Familien in Plowdiw das konnten.

Lokale Tycoons auf dem Balkan kontrollieren in ihrem Revier alles und jeden und bringen ihre Macht auch höheren Orts ein, um sicherzugehen, dass sie es sich mit den noch Mächtigeren nicht verderben – wie die Patrone von Kratovo in Mazedonien, von Čačak oder von Jagodina in Serbien, die alle auch auf überregionaler Ebene einen Fuß in der Tür haben. Um unangreifbar zu sein, muss man ganz oben mitmischen. Wo es sich anbietet, haben die Klientelsysteme ein ethnisch-nationales Label: Wenn die Kunden alle derselben Volksgruppe angehören, ist das für die Patrone besonders praktisch und übersichtlich. Die Stimmen der »eigenen Leute« fallen einem sowieso zu. Nicht »Nationalismus« oder sonst eine idealistische Neigung ist das Geheimnis des ethnisch-nationalen Wahlverhaltens. Es ist vielmehr Abhängigkeit; das System funktioniert auch da, wo es ethnische Gegensätze gar nicht gibt.

Warum Roma ungern Roma wählen

Wo es allerdings nichts zu verteilen gibt, funktioniert das System nicht. Das ist der Grund, warum Roma nicht unbedingt Roma wählen. Die rumänische Partei der Roma, die mit Abstand stärkste Kraft der Volksgruppe, bekommt bei Parlamentswahlen kaum mehr als ein halbes Prozent der Stimmen. Die Parteien der ungarischen Minderheit im Lande schöpfen ihr Wählerreservoir dagegen fast zu hundert Prozent aus. In Serbien schaffte es der langjährige Weltpräsident der *Internationalen Romani-Union* einmal, für seine Roma-Union einen Parlamentssitz zu erobern; gewählt hatte ihn jeder vierte Roma. In den anderen Ländern wäre wohl auch eine geeinte Roma-Minderheit numerisch zu klein, um ins Parlament zu kommen.

Selbst auf kommunaler Ebene bedeutet eine Roma-Mehrheit noch lange keine Roma-Führung. Ungarn hat zwei Roma-Bürgermeister, Rumänien keinen einzigen. Nur in der Slowakei mit ihren 2900 meist kleinen Gemeinden ist die Zahl der Roma-Bürgermeister mit 29 vergleichsweise hoch; wo die Ghettos groß genug sind, um Gemeindestärke zu erreichen, führt an der Selbstvertretung von Roma schließlich kein Weg vorbei. In der ganzen Region hat das *National Democratic Institute* der US-Demokraten ein Programm der Schulung und Ausbildung von Roma-Politikern aufgelegt und verzeichnet die gestiegene Zahl von Roma-Bürgermeistern in der Slowakei als großen Erfolg – zu Recht wahrscheinlich, denn andere Kommunalpolitiker haben ihr Geschäft nirgends gelernt, und die Trainingsprogramme dienen indirekt auch der Auswahl der Besten und Fähigsten. Konflikte gibt es trotzdem, wie in der Gemeinde Žehra, wo 400 Slowaken und 1500 Roma leben; als dort ein Roma-Bürgermeister gewählt wurde, verlangten die Slowaken eine eigene Gemeinde und stießen bei der Regierung dabei auch auf Unterstützung.

Dass Roma nicht unbedingt Roma wählen, ist im Prinzip und besonders bei diesem Angebot eigentlich kein Fehler. Im Gegenteil: Gerade wo die Wähler das Patronage-System hinter sich gelassen haben, wählen sie auch nicht mehr »entlang ethnischer

Linien«, wie die ausländischen Diplomaten das anderswo zu be-
klagen pflegen. Namentlich in Bosnien-Herzegowina versuchen
internationale Verwalter, Berater und politische Institute seit vielen Jahren, den Wählern das ethnische Wahlverhalten auszureden.
In Sibiu, dem siebenbürgisch-sächsischen Hermannstadt, wählte
eine große Mehrheit der 170 000 Bürger einen Siebenbürger Sachsen zum Bürgermeister, obwohl in der Stadt 95 Prozent Rumänen
und nur 1,6 Prozent Deutsche leben. Wenn im slowenischen Piran
ein gebürtiger Ghanaer Bürgermeister wird, gilt das zu Recht als
Fortschritt. Nicht weniger vorurteilsfrei entschieden die Wähler in
dem slowakischen Dorf Kunova Teplica, wo ethnische Slowaken
einem Roma zum Wahlsieg verhalfen.

Weder die korrupten Lokalpotentaten noch die geschmeidigen
Funktionäre der *Gypsy industry* sind Argumente gegen die Selbstvertretung der Roma. Im Gegenteil; sie sind Argumente für eine
wirkliche Selbstvertretung. Politikern, Diplomaten oder Vertretern
von Stiftungen fällt es viel leichter, mit einem beschlipsten Herrn
über Projekte zu verhandeln, als sich selbst in eine Elendssiedlung
zu begeben und dort die Menschen zu fragen, was sie wollen und
brauchen. Ob die Herren im Anzug und die Damen im Kostüm
wirklich tun wollen und können, was sie versprechen, lässt sich
kaum nachprüfen. Eine nationale oder gar internationale Organisation mit klangvollem Namen liefert den geldgebenden Organisationen eine bequeme Rechtfertigung für ihre Ausgaben. Man hat
ja »die Roma« gefragt und braucht sich für seine Ausgaben keine
komplizierten Begründungen mehr auszudenken. Jeder Staat, jede
internationale Organisation hält sich Beiräte und Experten, hinter
denen man sich prima verstecken kann. Geraten die fragwürdigen
Strukturen ins Zwielicht, waren es wiederum »die Roma«, von denen man ja immer ahnte, dass sie Vetternwirtschaft betreiben und
in die eigene Tasche wirtschaften.

Dass kein »Zigeunerkönig« und auch kein Amdi Bajram die
Lösungen für die existentiellen Schwierigkeiten der Menschen in
den Roma-Communities liefern wird, liegt auf der Hand. Aber
auch junge sozialwissenschaftliche Hochschulabsolventen, die zufällig aus Roma-Familien kommen, sind mit der Dimension der

Probleme überfordert. Weil sie das spüren, suchen sie sich stattdessen Aufgaben, die sich auf den ersten Blick leichter lösen lassen, und prangern vor allem die Benachteiligungen und Herabsetzungen an, denen Roma ausgesetzt sind. Um das zu tun, braucht man kein Mandat, keinen Beifall, keine Partei und keine Wählerstimmen. Man schreibt Berichte, Leserbriefe, zieht zur Not vor Gericht. Adressat ist die Mehrheitsgesellschaft.

So nötig und verdienstvoll der Kampf gegen Diskriminierung ist, so liegt in der Schlagseite darauf doch auch ein Problem: Wer für die Roma vor allem Wertschätzung, Anerkennung und Gleichbehandlung einfordert, wird Probleme wie Armut, Arbeitslosigkeit und geringe Bildung nicht in den Vordergrund rücken. Lieber zeichnet man das Bild vom »ganz normalen« Nachbarn, der zufällig etwas dunkler ist als andere und deshalb von der ganzen Gemeinde gemobbt wird; je »normaler« der Nachbar, desto unverständlicher wird seine Ausgrenzung. Um erfolgreich gegen Diskriminierung aufzutreten, wird man die Lage der Roma somit eher ein bisschen schönreden, als sie in ihrer ganzen Dramatik darzustellen. Der Zwiespalt ist vielen, die sich mit Recht gegen Diskriminierung engagieren, auch bewusst. Sie versuchen ihn damit zu umgehen, dass sie Diskriminierung und Ausgrenzung durch die Mehrheitsbevölkerung zum Urgrund aller Probleme der Roma erklären. Aber auch das trifft das Problem nicht. Die Wurzel des Übels liegt nicht nur nicht bei den Roma. Sie liegt nicht einmal im Verhältnis der Mehrheit zur Minderheit. Sie liegt vielmehr in der Mehrheitsgesellschaft selbst.

Wozu die Roma gebraucht werden

Rumänien heißt auf Englisch Romania, auf Französisch Roumanie und auf Italienisch wiederum Romania, was zu ärgerlichen Missverständnissen Anlass geben kann. Britannien zum Beispiel, argumentierte ein bekannter rumänischer Literat, sei bekanntermaßen das Land der Briten, Mauretanien das Land der Mauren, und so könnte ein oberflächlich informierter Europäer einen Analogieschluss ziehen und dem Irrtum aufsitzen, Rumänien – oder România – sei eben das Land der Roma. Einem einflussreichen Medienunternehmer und Abgeordneten der Regierungspartei leuchtete das Argument ein, und er startete im Parlament eine Initiative, im amtlichen Sprachgebrauch das Wort Roma wieder durch das Wort »Zigeuner« zu ersetzen. Der Vorstoß fand immerhin den Segen eines Parlamentsausschusses sowie der Rumänischen Akademie der Wissenschaften, bevor er dann im Plenum doch scheiterte. Das Wort »Zigeuner« werde als herabsetzend empfunden, war das Argument der Mehrheit. Aber das Problem der Verwechslungsgefahr wird als solches durchaus anerkannt. Es ist in Rumänien ein Dauerbrenner. Schon in den Neunzigerjahren hatte das Land einmal die Schreibweise Rrom, mit Doppel-r am Wortanfang, eingeführt, ebenfalls nur um der besseren Unterscheidbarkeit willen. Andere schlugen vor, »Dom« zu nehmen, nach einem indisch-iranischen Volksstamm, der mit den frühen Roma angeblich identisch war. Auch Dorin Cioabă, Spross des bekannten Roma-Geschlechts aus Sibiu, beteiligte sich am allgemeinen Brainstorming und schlug vor, sein Volk in »Indirom« umzubenennen, womit man praktischerweise gleich auch die indische Herkunft klargestellt habe.

Normalerweise fürchten Mehrheitsvölker nicht, mit ihren Minderheiten verwechselt zu werden. Es ist eher anders herum: Es sind die Angehörigen der Minderheit, die Wert darauf legen, dass man aus ihrem Pass nicht auf die ethnische Zugehörigkeit schließt, und die betonen, dass sie zum Beispiel Ungar und nicht Slowake oder Åland-Schwede und nicht Finne sind. Die jeweilige Mehrheit dagegen gibt sich in Fragen ethnischer Zugehörigkeit eher ignorant. Sie hält die Minderheit für ganz normale Landsleute, deren Urgroßeltern vielleicht anders gesprochen haben und die sich deshalb wichtig machen wollen – wahrscheinlich, um Fördergelder abzugreifen. Die Minderheit hütet ängstlich ihre Identität. Die Mehrheit findet das albern. Rumänien geht es mit den Roma andersherum; hier fürchtet die 90-prozentige Mehrheit, man könnte ihr die Identität einer Minderheit von – laut letzter Volkszählung – 3,2 Prozent der Bevölkerung anheften. Normalerweise rechnen Mehrheiten die Minderheit herunter. Nur wenn es um Roma geht, kann deren Zahl den Mehrheiten in Osteuropa nicht hoch genug sein.

Wenn Roma regelrecht herbeigerechnet werden, erfüllen sie für die Mehrheit offensichtlich eine Funktion. Viele Völker in Südosteuropa pflegen die Vorstellung, sie gehörten eigentlich in den Kreis der großen westlichen Nationen und seien nur durch einen Zufall in die Gesellschaft primitiver Nachbarn geraten. Rumänen verweisen gern auf die Abkunft von den historischen Dakern und freuen sich darüber, dass sie als einziges Volk weit und breit eine Sprache sprechen, die dem Latein und dem Französischen verwandt ist. Ungarn teilen die traditionelle Slawenverachtung der Österreicher und fühlen sich ihren Nachbarn überlegen. Kroaten legen sich eine Abkunft von den Iranern oder von den Goten zurecht, Bulgaren pflegen die Erinnerung an die Hunnen, Albaner an die Illyrer als Vorfahren. Wenn die Verhältnisse im eigenen Land dem nationalistischen Ideal nicht entsprechen, muss es an einer Minderheit liegen. Das müssen nicht die Roma sein; auch serbische oder türkische »Unterdrücker« können die Rolle spielen. Die Roma eignen sich aber besonders gut für Projektionen, denn sie verkörpern gerade die Rückständigkeit, die man im eigenen Land so verachtet. Die Roma sind die Nicht-Rumänen.

Was wäre, wenn es die Roma nicht gäbe

Um ihre Rolle zu verstehen, ist es nützlich, sich die Kategorie »Roma« einmal einen Moment lang wegzudenken. Die Rumänen hätten, wenn sie keine Roma unterscheiden würden, nicht nur ein europaweites Imageproblem. Auch ihr Armutsproblem wäre weit drängender. Wären alle Einwohner des Landes einschließlich der Roma nur Rumänen, gäbe es im Land nicht einen einzigen Arbeitsplatz mehr. Statt sich über die kulturellen Eigenarten der Roma den Kopf zu zerbrechen, müsste man sich vielmehr fragen, was beim Übergang zur Marktwirtschaft falsch gelaufen ist, wenn Kinder abends hungrig ins Bett gehen müssen. Man würde nicht mehr nach der Solidarität der reichen Roma verlangen, die sich in ihren Gips- und Messingpalästen um das Schicksal ihrer Stammverwandten nicht scheren. Die Frage nach der Solidarität würde sich vielmehr an reiche Rumänen richten.

Die Roma nützen nicht nur den Rumänen. Wenn sie von Roma nichts wüsste, würde die Europäische Union keine Roma-, sondern Sozialprogramme auflegen. Es gäbe keine »Roma-Dekade«, sondern ein Zehn-Jahres-Programm zur Bekämpfung der Armut. Kein Roma-Beirat beim Europarat wäre mit dem Problem befasst, sondern eine Art Armuts-Task-Force, die wahrscheinlich keine Sonderfonds verlangen, sondern vergleichsweise revolutionäre Forderungen stellen würde. Bettelei wäre kein Gegenstand der Kulturforschung, sondern das Thema einer Sozialdebatte. Kaum ist von Roma die Rede, erscheinen Probleme plötzlich in einem anderen Licht. In Graz zum Beispiel war der Bevölkerung von den dortigen slowakischen Bettlern anfangs nicht bekannt, dass es sich um Roma handelte. »Komisch«, wundert sich der Grazer Roma-Forscher Stefan Benedik, der den Streit um die Bettler wissenschaftlich verfolgt hat: »Von dem Moment an, als sie hier als Roma galten, hat niemand mehr gefragt, was diese Leute eigentlich in die Bettelei treibt.«

Wenn es die Kategorie Roma nicht gäbe, würde nicht mehr darüber diskutiert, warum so viele Roma-Kinder in Sonderschulen gehen. Stattdessen würde man sich vielleicht fragen, warum es so etwas wie Sonderschulen überhaupt noch gibt. Man läse auch nicht, wieviel Prozent der Roma in Bulgarien nicht lesen und schreiben können. Eher würde man wissen wollen, was in bloß zwei Jahrzehnten nach der Wende aus einem Bildungssystem geworden ist, das früher weltweit die meisten Sieger bei Mathematik-Olympiaden hervorgebracht hat. Sowohl bei Roma als bei Nicht-Roma sind Bildungsstand und Alphabetisierungsrate in den letzten zwanzig Jahren deutlich gesunken; bei den Roma nur am stärksten.

Das Geheimnis der Armut ist nicht bei den Roma zu finden. Jede Gesellschaft bietet Rollen und Plätze an; wer sie ergreift und wahrnimmt, ist letztes Endes egal. Rumänien hat nicht deshalb so wenige Arbeitsplätze, weil so viele Menschen nicht arbeiten wollen, sondern weil die Märkte schon übervoll sind und weil ausländische Konzerne, die im Land produzieren wollen, vergleichsweise hohe Löhne zahlen müssen, damit ihre Angestellten sich die allesamt importierten Güter des täglichen Bedarfs leisten können. Über die Ursachen der Arbeitslosigkeit hat man nichts gelernt, wenn man weiß, warum ausgerechnet Herr A. und Frau B. arbeitslos sind. Etwa zehn Prozent der Rumänen und Bulgaren leben inzwischen im Ausland; das gilt für Roma wie für Nicht-Roma. Auch Kriminalität hat man noch lange nicht verstanden, wenn man die Täter kennt. In Mailand mag der Drogenhandel in der Hand der Nigerianer sein. Das macht manche Leute glauben, dass es ohne Nigerianer in Mailand keinen Drogenhandel mehr geben würde. Es ist aber bloß ein bequemer Denkfehler.

Die Roma eignen sich dazu, ihren Volksnamen an eine ganze Reihe von anderen Problemen zu verleihen: an das Armutsproblem, die Arbeitslosigkeit, die Verödung des ländlichen Raumes durch Vernachlässigung der Infrastruktur, an das ausgehungerte Bildungs- und das fehlgesteuerte Gesundheitswesen, die defekte Demokratie und das prosperierende organisierte Verbrechen. Für die meisten der Probleme gibt es Ideen und Konzepte. Sie sind lösbar. Nur das »Roma-Problem« ist nicht lösbar. Das macht es so beliebt. Zwar ist das »Roma-Problem« nicht groß genug, für alle gesellschaftlichen Probleme eine hinreichende Erklärung zu bieten; schließlich weiß jeder, dass auch viele Nicht-Roma arbeitslos sind. Wo aber die Roma von jedem sozialen Problem in Potenz betroffen sind, werden sie im öffentlichen Bewusstsein zur Wurzel jedes dieser Probleme. Das Muster ist übrigens kein spezifisch osteuropäisches. Als etwa die Pisa-Studie deutschen Bundesländern für ihr Bildungswesen ein schlechtes Zeugnis ausstellte, kamen Kultusminister auf die Idee, den Anteil der Migranten aus den Schulversagern herauszurechnen. Nicht mehr das Bildungswesen hatte fortan ein Problem, sondern die Zuwanderer hatten eines. Das Denkmuster frisst sich fort. Sind die Zuwanderer erst herausgerechnet, kommt die nächste benachteiligte Gruppe an die Reihe.

Gäbe es keine Roma, so gäbe es natürlich auch keine Roma-Organisationen. Das muss nicht heißen, dass eine Selbstvertretung der Slum-Bewohner nicht möglich wäre. Die Organisationen nähmen ihre Macht aber nicht aus einem formalen Status, sondern aus ihrer Mobilisationskraft. Es würde als fragwürdig empfunden, wenn Berufsfunktionäre oder reiche Geschäftsleute sich zu Vertretern der Armen ernennen würden. Die Diskriminierung, der Spott, die Herabsetzung und die öffentliche Beleidigung schließlich würden nicht verschwinden, wenn es die Kategorie Roma oder »Zigeuner« nicht gäbe. Auch den Bewohnern lateinamerikanischer Favelas schlägt von Seiten der Bessergestellten kollektive Verachtung entgegen. Der Mehrheit fiele es aber weniger leicht, sich von den Verachteten zu distanzieren und sich mit deren Fremdheit über die Gefahr der eigenen Verelendung hinwegzutrösten.

Wem die Probleme sonst noch gehören

So erhellend es ist, sich die Kategorie Roma für einen Moment wegzudenken, sollte das aber nicht dazu verleiten, die Kategorie einfach wegzudefinieren. Roma gibt es wirklich, solange Menschen sich Roma nennen; trotz vieler Vorhersagen sind es heute nicht weniger als vor hundert Jahren. In der Vergangenheit, nicht nur in der kommunistischen, hat die Ignoranz ihrer Besonderheit immer wieder zu brutalen und mindestens gedankenlosen Umsiedlungen und zu zwangsweiser Assimilation geführt. Es geht vielmehr darum, der Kategorie Roma den rechten Platz zuzuweisen. Ein »Volk« mit Vertretern, die auf nationaler oder internationaler Ebene für sie sprechen können, haben die Roma nicht werden wollen. Das darf nicht heißen, dass man ihre Gemeinschaft ignoriert. Sie sollen ihre Zugehörigkeit nicht verleugnen oder sich für sie schämen müssen. »Ach, du bist Roma? Aber das macht doch nichts!« Was wie Offenheit daherkommt, ist in Wirklichkeit eine Beleidigung. Niemand soll, um bei der Mehrheit akzeptiert zu werden, seine Eltern, seine Freunde und Verwandten geringschätzen müssen. Umgekehrt hat aber niemand ein Mandat, Roma in allen ihren Angelegenheiten zu vertreten. Alle Roma sind jeweils Teil der Nation, über deren Pass sie verfügen. Die nationale Verantwortungsgemeinschaft wird durch die Existenz von Minderheiten nicht verkleinert. Nicht dass Rumänen, Ungarn, Serben oder Deutsche sich dieser oder jener Ethnie zugehörig fühlen, ist das Problem, sondern dass sie ihre Ethnie mit der Nation verwechseln. So wie es möglich sein muss, dass jemand ethnischer Türke und gleichzeitig ein vollwertiger Deutscher ist, so muss man auch Roma und Rumäne sein können. Die Formel von der »europäischen Minderheit«, die der Europarat für die Roma gefunden hat, bleibt dagegen leer. Eine europäische Nation, in der man Minderheit sein könnte, gibt es nicht.

Was getan werden muss, hat mit den Roma im Prinzip nichts zu tun. Die Leute von der Müllkippe in Pata-Rât können erst dann wie andere vernünftige Wirtschaftssubjekte handeln, wenn ihre Grundbedürfnisse erfüllt sind. Ebenso braucht auch die ganze Gesellschaft eine Basis aus Bildung, Mobilität und natürlich Ernährung und Wohnung, damit sich darauf dann eine prosperierende Marktwirtschaft entfalten kann. In den Übergangsländern, die man mit viel Optimismus auch nach zwanzig Jahren noch so nennen darf, ist diese Basis erodiert.

Roma emanzipieren sich am liebsten und am besten siedlungsweise. Schon jetzt gibt es überall »gute« und »schlechte« Roma-Viertel, arme und weniger arme, verwahrloste und peinlichst gepflegte. Jede Siedlung im 21. Jahrhundert braucht Strom und einen Abwasserkanal. Eine Katastrophe für die Landbevölkerung ist vielerorts der Wegfall des öffentlichen Personennahverkehrs.

Wo keine Busse mehr fahren, können Kinder nicht zur Schule und Erwachsene nicht an Arbeitsplätze kommen. Das Problem stellt sich besonders scharf in der Ostslowakei, wo die Roma während des Zweiten Weltkriegs und sogar danach an entlegene Orte umgesiedelt wurden, aus denen sie heute nicht mehr herauskommen. Einen regelmäßigen Busverkehr bereitzustellen ist leichter, billiger und menschlicher als Tausende umziehen zu lassen.

Die Gesundheitssysteme der meisten Übergangsländer sind nicht privatisiert, der Zugang zu medizinischer Behandlung ist theoretisch leicht. In der Praxis aber bekommt man das, was man braucht, nur mit Zahlungen unter der Hand. Ärzte verlangen ein Schmiergeld. Krankenhäuser erwarten, dass ihre Patienten das Verbandsmaterial und die Medikamente selbst kaufen, obwohl beides im Pflegesatz enthalten ist. Der Zugang zu ärztlicher Behandlung ist nicht per se ein Roma-Problem. Die Mangelwirtschaft und die Korruption im Gesundheitswesen treffen nur die am härtesten, die kein Geld haben. Mit moralischen Appellen und Kampagnen kommt man dem Bakschisch-System nicht bei. In Rumänien verdienen Ärzte nach achtjähriger Ausbildung im Schnitt 200 Euro im Monat. Weil sie für dieses Geld nicht arbeiten wollen, haben Tausende das Land in Richtung Westen verlassen; in den Kliniken herrscht akuter Personalnotstand.

Bildung sei der »Schlüssel« zur Lösung des Roma-Problems, pflegen Politiker zu sagen. So wichtig Bildung auch ist, allein kann sie die Probleme nicht lösen. In Mazedonien, das viel für die höhere Bildung von Roma getan hat, sind von den Hochschulabsolventen aus Roma-Familien 20 Prozent arbeitslos, gegenüber 6,5 Prozent bei den anderen Akademikern.

Aber auch der Schlüssel zum Bildungsproblem der Roma liegt nicht bei den Roma; es ist vielmehr das Schulwesen, das ein gravierendes Problem hat. Immer noch hält sich – nicht nur in Osteuropa – die Vorstellung aus der Zeit der Aufklärung, alle Kinder seien gleich und müssten deshalb am Ende des Schuljahrs über eine gleich hohe Hürde springen. Wer die Hürde nicht schafft, kommt auf eine andere Aschenbahn, eine mit niedrigeren Hürden. Moderne Schulen dagegen haben den Anspruch, jeden Einzelnen entsprechend seinen individuellen Vorkenntnissen, seinen Fähigkeiten und Anlagen zu fördern. Das Aussortieren von Versagern findet in der »Schule für alle«, wie die Uno-Behindertenrechtskonvention sie fordert, nicht mehr statt. Die Konvention zielt vor allem auf behinderte Kinder, kommt aber allen zugute, die von Aussonderung betroffen sind. Viele Roma-Kinder gehen auch deshalb nicht gerne – und dann vielleicht irgendwann gar nicht mehr – zur Schule, weil sie dort gemobbt werden. Ein Klassenklima zu schaffen, in dem das nicht geschieht, gehört zu den großen Herausforderungen einer »Schule für alle«. Das Ergebnis käme nicht bloß den kleinen Roma, sondern darüber hinaus allen lernschwachen, dicken, brillentragenden, rothaarigen, muslimischen oder dialektsprechenden Kindern zugute. So ziemlich allen also.

Nötig sind alle diese Reformen und viele weitere mit und ohne Roma. Eine moderne Verwaltung etwa orientiert sich an konkreten Problemen und Konflikten, statt die Gesellschaft als ein zu ordnendes und zu dirigierendes Chaos misszuverstehen. Die überkommene, hoheitliche Art der Verwaltung scheitert an den Roma zuerst. Wer in einer illegal erbauten Roma-Siedlung sein Set an Gesetzen und Vorschriften durchsetzen will, muss rigoros Familien zerschlagen, wird Kinder von ihren Eltern trennen und Empörung und Gewalt provozieren. Immer wenn eine Behörde für den Umgang mit ihnen meint eine Formel gefunden zu haben, wird es entweder zynisch oder totalitär. Man braucht für den Umgang mit Roma-Siedlungen ein flexibles Sozialamt, einen sensiblen Schulrat, eine innovative Stadtverwaltung und eine pragmatische Justiz. Der Bürger ist der Kunde, dem optimal geholfen werden muss, und die »Produkte« der Verwaltung sind so zu gestalten, dass sie den Bedürfnissen der Kunden am besten dienen. Das ist exakt der Weg, den moderne Behörden ohnehin gehen müssen; Roma-Siedlungen sind für sie nur ein gutes Trainingsfeld. Allerdings erfordert die Modernisierung der Verwaltung bei den Regierenden ein grundsätzliches Umdenken. Man kann den Staat dann nämlich nicht immer »schlanker« machen, sondern muss Personal nach der Nachfrage einsetzen, so, wie der Handel das auch tut. Nicht nur Roma, auch alte Menschen haben ja zuweilen Probleme, Formulare auszufüllen und können nicht mal schnell auf der Internetseite nachschauen oder ein juristisch perfektes Schreiben an die Verwaltung richten.

Dass schließlich niemand wegen seiner Hautfarbe oder seiner Herkunft diskriminiert werden darf, ist die Voraussetzung dafür, dass die Gesellschaft der Zukunft funktioniert. Das typische Muster ost- und mitteleuropäischer Staaten: hier das Mehrheitsvolk, dort eine Reihe von nationalen Minderheiten, ist überholt und findet in den Einwanderungsländern auf »neue Minderheiten« auch keine Anwendung mehr. In der Welt des Internet hat die Forderung nach »kultureller Autonomie« ihre Bedeutung verloren. Muttersprachlicher Schulunterricht ist keine Initiation mehr für eine Minderheit, sondern ein Vehikel für bessere Integration: Einwandererkinder, die zu Hause Türkisch sprechen, lernen die Landessprache besser als solche, die von den Eltern ein eingeschränktes und fehlerhaftes Deutsch hören. In den Berliner »Europaschulen« wird vom ersten Schuljahr an zweisprachig unterrichtet: Deutsch-Englisch, Deutsch-Französisch, Deutsch-Italienisch, Deutsch-Neugriechisch, Deutsch-Polnisch, Deutsch-Portugiesisch, Deutsch-Russisch, Deutsch-Spanisch, Deutsch-Türkisch. Die Schulen stehen allen offen. Natürlich funktioniert das nur in großen Städten. Aber auch wenn man in Schleswig Dänisch oder in Kärnten Slowenisch lernt, muss das mit der Herkunft nichts mehr zu tun haben. Romanes wird in Deutschland an Schulen nicht unterrichtet, weil deutsche Sinti ihre Sprache als internen Familiencode gegen den Zugriff des Staates schützen wollten. Der Bann trifft aber auch die Zuwanderer aus Südosteuropa, denen dieser Impuls fremd ist.

Viele dieser Reformen, wenn auch nicht alle, kosten Geld. Besonders viel kosten das arbeitslose Grundeinkommen, die Investitionen in die Infrastruktur der Städte und Gemeinden, in das Gesundheitswesen und die öffentlichen Verkehrsmittel. Die Staaten, in denen viele Roma leben, sind arm. Ungarn steht schon vor dem Staatsbankrott, die anderen finanzieren ihr Wachstum mit Kreditaufnahme im Westen. Das Modell kommt an sein Ende. Rumänien kann einerseits seine Ärzte nicht bezahlen, nimmt aber andererseits sogar seinen Rentnern einen Beitrag zur Krankenversicherung ab. Europa ist nicht zuständig. In der Europäischen Union, der mit Serbien, Montenegro, Mazedonien, Bosnien und dem Kosovo noch fünf weitere Balkanstaaten beitreten wollen, gilt das sogenannte Subsidiaritätsprinzip: Zunächst soll alles in der unmittelbaren Umgebung geregelt werden, im Nationalstaat oder besser in der Region; die nächsthöhere Ebene springt immer erst ein, wenn das kleinere, lokale oder regionale Netzwerk überlastet ist.

Wenn von Subsidiarität die Rede ist, werden gern Bilder von Nachbarschaftshilfe und Solidarität in der engeren Umgebung bemüht. In Wirklichkeit produziert es Hass und Vertreibungsphantasien, wenn es immer die Sache der Armen ist, den ganz Armen zu helfen. Der Nachbar eines Bettlers ist in aller Regel selbst nicht reich. Alle osteuropäischen Gemeinden mit einer Armutsbevölkerung sind überlastet und ihre Nachbargemeinden sind es auch; ein Finanzausgleich mit den bessergestellten Gemeinden in der Region oder im Land zieht nur alle herunter. Die Fonds zur regionalen Entwicklung und zur »Kohäsion«, dem Zusammenhalt der Union, sowie der Europäische Sozialfonds unterliegen ebenfalls dem Subsidiaritätsprinzip. Nur wer auf unterer Ebene Mittel anfordert, bekommt welche. In armen Gemeinden fehlt es aber oft schon am Know-how, um die Anträge auszufüllen und alle bürokratischen Anforderungen zu erfüllen. Wo es um Roma geht, tritt der Neid hinzu: Wozu kriegen die jetzt einen Sportplatz, wenn sie doch nicht arbeiten?

Gebraucht wird für die Kohäsion der Gemeinschaft kein Fonds, sondern ein großes europäisches Infrastrukturprogramm. Bisher sind in der Europäischen Union die Einkommensunterschiede zwischen reichen und armen Mitgliedsstaaten nach deren Beitritt immer geringer geworden. Seit der Griechenlandkrise droht die Entwicklung sich umzukehren. Dass es die Gemeinschaft überlebt, wenn ihre reicheren Mitglieder reicher und ihre ärmeren ärmer werden, ist unwahrscheinlich. Ein europäisches Infrastrukturprogramm könnte, solange es noch finanzierbar ist, im Interesse aller wenigstens einen Boden einziehen. Die Roma sind wahrlich nicht die Wurzel der Probleme Europas. Sie können aber der Anstoß zur Lösung sein.

Anhang

Angaben zu den Quellen

Dieses Buch ist das Ergebnis von vielen Gesprächen, gezielten journalistischen Recherchen, auch von Begegnungen und Beobachtungen im Rahmen meiner Korrespondententätigkeit, sowie eines – nicht umfassenden – Studiums der Literatur.

Besonderen Dank für die kritische Begleitung meiner Arbeit schulde ich Frau Karin Waringo von der luxemburgischen Roma-Organisation Chachipe, deren engagierter und zugleich illusionsloser Zugang zum Thema mir zum Vorbild geworden ist. Viel verdanke ich auch Stefan Benedik, Mozes Heinschink, Peter Şragher und Anton Sterbling, die mir viel Zeit geschenkt und sich auf meine Fragen und Ideen tief eingelassen haben.

Für Gespräche und nützliche Hinweise danke ich Viorel Achim (Bukarest), Alexandru Agache (Frechen), Zoltán Balog (Budapest), Daniel Barbu (Bukarest), Krisztina Barnarné-Bittner (Gyöngyöspata), Dan Berindei (Bukarest), Stefan Borissow (Sofia), Norbert Ceipek (Wien), Florin Cioabă (Sibiu), Géza Csömer (Gyöngyöspata), Beqë Cufaj (Stuttgart), Stephan von der Deken (Wien), Samuil Dimitrow (Sofia), Oliver Ditzel (Köln), Ioana Enache (Bukarest), Sandrine Fabre (Straßburg), Stefan Feller (Sarajewo), Tobias Flessenkemper (Sarajewo), Ion Floricel (Bukarest), Eben Friedman (Skopje), Anneli Ute Gabanyi (München), Skënder Gushani (Leposavić), Hassan El-Hage (Frankfurt), Max Haller (Graz), Gernot Haupt (Klagenfurt), Kurt Holl (Köln), Andrea Härle (Wien), Stefan Ilijew (Sofia), Cristinela Ionescu (Petroşani), Vasile Ionescu (Bukarest), Josef Janßen (Bielefeld), Thede Kahl (Jena), József Kiss (Tărlungeni), Sabrina Kopf (Wien), Gabór Kovács (Budapest), Berry Kralj (Straßburg), Diljana Lambrewa (Wien), Bert Looij (Cluj), Margriet Looij (Cluj), Joseph Marko (Graz), Arnold Mengelkoch (Berlin), Gregor Mayer (Budapest), Maria Metodiewa (Sofia), Vîntilă Mihăilescu (Bukarest), Hil Nrecaj (Prishtina), Goranka Oprešnik-Vidović (Vitez), Nicolae Păun (Bukarest), Robert Pichler (Graz), Christa Preuning (Wien), Grattan Puxon (Crays Hill), Romani Rose (Heidelberg), Michal Ruzicka (Bratislava), Alexandru Savu (Tărlungeni), Esther Schäfermeyer (Köln), Harald Schenker (Skopje), Eginald Schlattner (Roşia), Petur Schlawow (Sofia), Melania Şragher (Bukarest), Andreas Stage (Köln), Iwan Stefanow (Plowdiw), Wilhelm Steitz (Dortmund), Andrej Stephan (Halle an der Saale), Gerald Tatzgern (Wien), Barbara Tiefenbacher (Wien), Marion Thuswald (Wien), Sabahudin Tahirović (Vitez), Gabriel Tomoiu (Bukarest), Nuri Uzeroski (Prilep), Ina Voinea (Craiova), Jovana Vuković (Belgrad) und Cătălin Zamfir (Bukarest).

Zahlen und Sachinformationen, die sich im Netz leicht finden lassen, weise ich nicht gesondert nach. Wenn ich meine Erkenntnisse aus Büchern oder aus Aufsätzen habe, führe ich die Quelle hier auf. Ich gebe allerdings keine Seitenzahlen an. Damit will ich verhindern, dass andere Autoren bei mir abschreiben. Der Grund ist nicht die Angst um mein Copyright, sondern dass ich zum Thema Roma in der Literatur immer wieder Behauptungen gefunden habe, die einer vom anderen kopiert hat und deren ursprüngliche Quelle sich irgendwo im Nichts verliert.

Der im Motto zitierte Zanko war das Oberhaupt der Großfamilie Paleşti, die zum »Stamme« der Kalderasch gehört. Das Verhältnis der Roma zu recherchierenden Fremden hat er irgendwann in den 1950er Jahren dem Dominikanerpater Joseph Chatard erläutert. Ich gebe seine Erklärung hier wieder als Antwort auf die mögliche Frage, warum ich die Roma in den Elendssiedlungen Südosteuropas nicht viel mehr selbst gefragt habe. Quelle: Zanko, chef tribal chez les Chalderash. La tradition des tsiganes conservée par l'aristocratie de ce peuple, le »Livre des ancêtres«, la mise à mort du serpent, les légendes annexes, documents recueillis par le R.P. Chatard, présentés par Michel Bernard. Paris 1959.

Kapitel 1: Die Ökonomie der Armut

»Mihai« und »Elena«, zwei Leute von Pata-Rat, tragen in Wirklichkeit andere Vornamen; dasselbe gilt für »Aimée«, die Studentin aus der Schweiz. Bert und Margriet Looij dagegen heißen wirklich so.

Die Studie der Eheleute Zamfir gibt es leider nur auf Rumänisch: Elena und Cătălin Zamfir: Ţigani între ignorare şi îngrijorare [Zigeuner zwischen Ignoranz und Sorge]. ˙Bucureşti 1993. Eine Darstellung zur Geschichte der Roma im rumänischen Sozialismus und danach findet man bei Sonja Schüler: Die ethnische Dimension der Armut. Roma im postsozialistischen Rumänien. Mit einem Vorwort von Anton Sterbling. Stuttgart 2007.

Die Statistik über die Erfolge der Roma-Politik im sozialistischen Ungarn ist aus dem Buch von Michael Stewart: Time of the Gypsies. Boulder (Colorado) 1997.

Die Erfahrungen aus Vel'ka Ida habe ich mir von der Forscherin Sabrina Kopf persönlich erklären lassen. Ihre Studie darüber findet man aber auch im Internet: http://www.univie.ac.at/alumni.ksa/images/text-documents/ASSA/ASSA-Journal-2011-01.pdf.

Zum Umgang mit der Zeit finden sich vieles in dem Sammelband: Lilies of the Field. Marginal People Who Live for the Moment. Hg. von Sophie Day, Evthymios Papataxiarchis und Michael Stewart. Boulder (Colorado) 1999.

Die Daten über den Schulbesuch stammen aus der Unicef-Studie Breaking the cycle of exclusion. Roma children in South East Europe, http://www.unicef.de/fileadmin/content_media/presse/fotomaterial/Roma_Konferenz/Sub-regional_Study_on_Roma_Children_Embargoed_5March.pdf. Die bösen Sprüche der slowakischen Lehrerin habe ich nicht selbst gehört; erzählt hat sie mir die Feldforscherin Barbara Tiefenbacher, die in der Slowakei gelebt und selbst als Lehrerin gearbeitet hat.

Zur »Intelligenzforschung« bei Roma zitiere ich hier drei Arbeiten. Zunächst das Buch von Volkmar Weiss: Die IQ-Falle. Intelligenz, Sozialstruktur und Politik. Graz 2000. Der Aufsatz der kanadisch-serbischen Wissenschaftler J. Philippe Rushton, Jelena Čvorović und Trudy Ann Bons: General mental ability in South Asians: Data from three Roma (Gypsy) communities in Serbia. In: Intelligence 35 (2007), S. 1–12, ist auch im Internet zu finden: http://psychology.uwo.ca/faculty/rushtonpdfs/2007%20intell%20(roma).pdf . Dass die getesteten Roma keinesfalls behindert, sondern pseudo-retarded sind, fällt eigentlich allen einigermaßen vorurteilsfreien Forschern auf. Sie ziehen aus ihrer Beobachtung bloß unterschiedliche Schlüsse. Manche staunen auch einfach nur. Eine rumänische Untersuchung zum Beispiel kam bei Roma auf einen Durchschnitts-IQ von 55. »Dabei zeigten sie alle normale Fähigkeiten im Gespräch«, wunderte sich die Forscherin, »alle argumentierten schlüssig. Weder Erwachsene noch Kinder waren abnorm, wie der IQ glauben machte.« Tatiana Dumitrascu: Family Factors of Child Development. A comparative psychological study of three populations. Timişoara 1998.

Das schmale, aber lesenswerte, sauber argumentierte und glänzend geschriebene Buch von Charles Karelis sollte jeder lesen, der über Armut nachdenkt. Charles Karelis: The Persistence of Poverty. Why the economics of the well-off can't help the poor. New Haven und London 2007.

Kapitel 2: Auf dem Weg nach Westen

Die Zahlen über die Roma-Migration stammen zum Teil aus einem Bericht der Europäischen Grundrechteagentur: http://fra.europa.eu/fraWebsite/attachments/ROMA-Movement-Comparative-report_en.pdf, zum Teil auch aus dem Bericht über eine Umfrage unter Städten in den Benelux-Staaten: Onverwachte en moeilijk beheersbare instroom van personen uit Midden- en Oost Europa in steden van de Benelux en aangrenzende regio's. http://www. benelux.int/pdf/pdf_nl/dos/dos24_instroom_nl.pdf. Einen guten, wenn auch ans Jahr gebundenen Überblick, verbunden mit einer treffenden Analyse, findet man bei Gerald Knaus und Alexandra Stiglmayer: http://euobserver. com/7/113807.

Zur Nachkriegspolitik gegenüber den Roma ist das Buch von Peter Widmann zu empfehlen: An den Rändern der Städte. Sinti und Jenische in der deutschen Kommunalpolitik. Berlin 2001. Von hier stammt auch das Zitat aus Freiburg.

Minutiös mit der Asylpolitik gegenüber Roma aus Südosteuropa hat sich die Luxemburger Organisation *Chachipe e.V.* auseinandergesetzt. Auf ihrer Website findet sich viel aktuelles Material. http://romarights.wordpress.com.

Über die Vertreibung von Roma aus dem Kosovo sind die Informationen sehr widersprüchlich. Ein informativer Aufsatz von Stephan Müller steht im Lexikon der Vertreibungen. Deportation, Zwangsaussiedlung und ethnische Säuberung im Europa des 20. Jahrhunderts. Hg. von Detlef Brandes, Holm Sundhaussen und Stefan Troebst. Wien, Köln und Weimar 2010. Die Zahlen zu den Sozialleistungen im Kosovo stammen aus einem informativen Bericht, den die deutsche Organisation ProAsyl veröffentlicht hat: http://www. proasyl.de/fileadmin/fm-dam/q_PUBLIKATIONEN/Kosovo_Bericht_2009. pdf.

Den Bericht über die Pariser Bettelstudie habe ich von der französischen Caritas: http://www.secours-catholique.org/actualite/la-mendicite-coute-plus-qu-elle-ne-paie,9324.html.

Die Zahlen über den rumänischen und bulgarischen Stundenlohn sind von 2009 und entstammen dem zitierten Papier über die Benelux-Städte.

Kapitel 3: Faktum und Vorurteil

Zum Thema Kriminalität unter Roma gibt es so gut wie keine (oder keine brauchbare oder keine zugängliche) Literatur. Im slowenischen Ambrus, im ungarischen Gyöngyöspata und in den zitierten siebenbürgischen Dörfern bin ich gewesen und habe mit den Beteiligten gesprochen. Die Geschichte über den lieben Gott und den löchrigen Sack habe ich aus dem klaren, informativen und sehr gut lesbaren Buch von Michael Stewart: The Time of the Gypsies. Boulder (Colorado) 1997.

Seine Gedanken über die »Kultur der Armut« hat Oscar Lewis in zahlreichen Schriften dargelegt, zum Beispiel hier: Oscar Lewis: Culture of Poverty.

In: Daniel P. Moynihan (Hg.): On Understanding Poverty: Perspectives from the Social Sciences. New York 1969, S. 187–220.

Zu den Gastarbeiter-Roma gibt es ein im theoretischen wie im praktischen Teil gleichermaßen ausgezeichnetes Buch von Elizabeta Jonuz: Stigma Ethnizität. Wie zugewanderte Romafamilien der Ethnisierungsfalle begegnen. Opladen und Farmington Hills 2009. Leider traut sich die Autorin nicht an die Frage heran, wie viele Roma wohl als Gastarbeiter nach Deutschland gekommen sein könnten.

Die Familie »Evangheliu« heißt in Wirklichkeit anders.

Kapitel 4: Geschichte und Kultur

Zur Geschichte der Sklaverei habe ich mich zweier Werke bedient. Gründlich und systematisch aufgearbeitet hat die Geschichte Viorel Achim: The Roma in Romanian History. Budapest und New York 2004. Die Geschichte vom Kutscher und seiner Geliebten sowie die vielen anschaulichen Details habe ich aus Neagu Djuvara: Le pays roumain entre Orient et Occident. Les Principautés danubiennes au début du XIXe siècle. O. O. 1989.

Aus der US-Forschung herangezogen habe ich Joy DeGruy Leary: Post Traumatic Slave Syndrome: America's Legacy of Enduring Injury and Healing. Milwaukie, Oregon 2005.

Die Geschichte mit der Jagd in Dänemark ist wiedergegeben in Donald Kenrick und Grattan Puxon: The Destiny of Europe's Gypsies. New York 1972.

Die Studie zu den Sitten und Gebräuchen der Kalderasch habe ich in deutscher Übersetzung gelesen: Walter O. Weyrauch: Das Recht der Roma und Sinti. Ein Beispiel autonomer Rechtschöpfung. Frankfurt am Main 2002. Der deutsche Titel ist unsinnig, denn von Sinti ist überhaupt nicht die Rede. Überhaupt scheint auch die informierte Öffentlichkeit in Deutschland den Sinn des merkwürdigen Doppelnamens gar nicht begriffen zu haben. Der Gedanke muss einem kommen, wenn man in einem Bericht über eine »Gruppe von drei Sinti und Roma« liest. Ob sie wohl ausgeguckt haben, wer von den dreien der Sinto ist und wer der Rom?

Die Beispiele für technologisch versierte Roma habe ich alle aus Franz Remmel: Die Roma Rumäniens. Volk ohne Hinterland. Wien 1993.

Wer sich kurz und gründlich über die Beziehungen unter Roma-Familien informieren will, sollte Jean-Pierre Liégeois lesen: Roms et Tsiganes. Paris 2009. Das schmale Büchlein enthält eigentlich so ziemlich alles, was man als Staatsbürger über die Roma wissen sollte. Aus dem Buch des Pariser Soziologen habe ich auch den neuesten Forschungsstand zur Herkunft der Roma.

Die Erkenntnisse zur Bevölkerungsgenetik der Roma entstammen dem grundlegenden Aufsatz von Luba Kalaydjieva u. a.: Mutation history of the Roma/Gypsies. In: American Journal of Human Genetics 75 (2004), S. 596–609. Was seither publiziert wurde, scheint den Befund nur zu präzisieren.

Den Vergleich mit dem Kaleidoskop kann man inzwischen in jedem Roma-Buch lesen. Die älteste Quelle, in der ich ihn gefunden habe, ist das schöne, ruhige und informative Buch von Reimer Gronemeyer und Georgia A. Rakelmann: Die Zigeuner. Reisende in Europa. Köln 1988.

Kapitel 5: Das Volk, das keines wurde

Mit der Unterscheidung zwischen den »Roma-Ethnologen« und den »Roma-Soziologen« lehne ich mich an die Gegenüberstellung von Kulturalismus und Universalismus bei dem deutschen Kulturwissenschaftler Werner Schiffauer an: Kulturalismus vs. Universalismus. Ethnologische Anmerkungen zu einer Debatte. In: Ders. (Hg.): Fremde in der Stadt. Frankfurt am Main 1997. S. 144–156.

Über die Zigeunerpolitik der SS findet sich vieles Aufschlussreiche bei Peter Longerich: Heinrich Himmler. Biographie. München 2008.

Wer sich über die Geschichte der Roma-Nationalbewegung kundig machen will, lässt vom Internet am besten die Finger. Auf den Websites zahlreicher Organisationen finden sich etliche knappe, manchmal tabellarische Auflistungen von Daten, die bei näherem Hinsehen aber oft sehr fragwürdig sind. Auch in der Buchliteratur ist vieles widersprüchlich. Vielleicht sollte sich jemand über das Thema einmal habilitieren. Ich selbst habe mich bei Ian Hancock, Grattan Puxon, Thomas Acton und wiederum vor allem bei Jean-Pierre Liégeois bedient. Hier ein paar wichtige Bücher und Aufsätze:

Ian Hancock: We are the Romani people. Ame sam e Rromane džene. Hatfield, Hartfordshire 1988.

Jean-Pierre Liégeois: Naissance du pouvoir tsigane. In: Revue française de Sociologie XVI (1975), S. 295–316.

Scholarship and the Gypsy struggle. Commitment for Romani studies. Hg. von Thomas Acton. Hatfield o. J.

Thomas Acton: Gypsy politics and social change. The development of ethnic ideology and pressure politics among British gypsies from Victorian reformism to Romani nationalism. London und Boston 1974.

In deutscher Sprache gibt es eine gründliche und seriöse Übersicht bei Bernhard C. Schär: »Nicht mehr Zigeuner, sondern Roma!« Emanzipation, Forschung und Strategien der Repräsentation einer »Roma-Nation«. In: Historische Anthropologie 16 (2008), S. 205–226.

Unter den vielen Fremdbezeichnungen für Roma fallen die »Sarazenen« auf. Eigentlich ist es der Name eines arabischen Volksstamms, der aber in Frankreich auf die ebenfalls dunkelhäutigen Zigeuner übertragen wurde. Damit stammt wahrscheinlich auch die westfälische Hugenottenfamilie Sarrazin von einem Roma-Stammvater ab. Ich kenne diese Theorie aus der Familienforschung; meine Großmutter war eine geborene Sarrazin.

Kapitel 6: Vom Elend der Politik

Ionel Rotaru, meinen Kenner, sei höchstens »ein bisschen Roma« gewesen. Jean-Pierre Liégeois nennt ihn einen »Roumain qui se dit Rom«. Vanko Rouda, der sich mit dem Namen als Anführer der sogenannten Rudari auswies, der Goldwäscher und Holzschnitzer, hieß jedenfalls mit bürgerlichem Namen Jacques Dauvergne (Grattan Puxon: The Romani Movement: Rebirth and the First World Romani Congress in retrospect. In: Scholarship and the Gypsy struggle. Commitment for Romani studies. Hg. Von Thomas Acton. Hatfield o. J., S. 94–113).

Einen gründlichen, wenngleich veralteten Überblick über die Roma-Politszene in Ost- und Südosteuropa gibt Zoltan Barany: The East European Gypsies. Regime Change, Marginality, and Ethnopolitics. Cambridge 2002.

Schlusskapitel: Wozu die Roma gebraucht werden

Der »bekannte Literat«, der so eindringlich vor der Verwechslungsgefahr warnt, ist George Pruteanu. Der Medienunternehmer und Parlamentsabgeordnete, der daraus eine parlamentarische Initiative machte, heißt Silviu Prigoană.

Zahlen zum rapiden Absinken des Bildungsstands in den Neunzigerjahren bietet die Weltbank-Studie von Sue E. Berryman: Hidden challenges to education systems in transition economies. Washington 2000.

Angaben zum Autor

Norbert Mappes-Niediek

Jahrgang 1953, lebt seit 1992 als freier Korrespondent für Österreich und Südosteuropa in der Steiermark (Österreich). 1994/95 war er Berater des UNO-Sonderbeauftragten für das ehemalige Jugoslawien, Yasushi Akashi. Er schreibt u. a. für *Frankfurter Rundschau, Berliner Zeitung, NRC Handelsblad* (Rotterdam).

Bücher im Ch. Links Verlag: »Österreich. Einblicke in ein fremdes Land«, 2001/2012; »Balkan-Mafia. Staaten in der Hand des Verbrechens – Eine Gefahr für Europa«, 2003; »Die Ethno-Falle. Der Balkan-Konflikt und was Europa daraus lernen kann«, 2005; »Kroatien. Ein Länderporträt«, 2011.